〈2판〉

# 다문화사회 교수방법론

**Teaching and learning for multicultural society**

정문성 · 전영은 · 김태진

교육과학사

본서는 법무부장관이 인정하는 '사회통합 프로그램 다문화사회 전문가' 양성에 필요한 학위 과정(법무부훈령 제1186호)의 필수과목 중의 하나인 '다문화사회 교수방법론'의 교재로 개발되었다.

우리나라는 문화체육관광부, 보건복지부, 여성가족부, 법무부, 교육부 등 부처별 다문화 전문가(강사)를 양성하고 있다. 법무부는 2008년 5월 다문화사회 전문가 양성을 위해 다문화 사회통합 주요 거점 대학 ABT(Active Brain Tower)를 선정하였다. 또한 법무부는 「출입국관리법」 제39조 제3항, 「출입국관리법 시행령」 제51조, 「출입국관리법 시행규칙」 제53조의2 제2항 제2호 가목, 「출입국관리법 시행규칙」 별표2 「사회통합프로그램 다문화사회전문가 인정 기준 등에 관한 규정」 제3조에 따라 다문화사회 전문가(2급) 관련 과목을 개설한 대학(원)을 공고하였다. 2020년 11월 현재(법무부 공고 제2020-349호), 다문화사회 전문가 과목 개설 대학 현황은 성결대학교 프라임대학원 행정학과 이민정책전공과 일반대학원 행정학과 이민정책전공, 계명대학교 정책대학원 이민다문화사회학과와 교육대학원 다문화교육전공, 동아대학교 국제전문대학원 국제학과 글로벌다문화전공, 목원대학교 신학대학 신학과와 일반대학원 한국어다문화학과, 성산효대학원대학교 HYO효교육학과 다문화전공, 공주교육대학교 교육대학원 다문화교육전공, 선문대학교 글로컬통합대학원 가족상담치료학과와 글로컬통합대학원 다문화교육학과, 전남대학교 일반대학원 디아스포라협동과정, 진주교육대학교 교육대학원 다문화교육전공, 인하대학교 일반대학원 다문화학전공과 교육대학원 다문화상담교육전공과 정책대학원 이민다문화정책학과, 명지대학교 산업대학원 산업시스템경영학과 국제교류경영전공과 교육대학원 교육학과 국제다문화교육전공, 동국대학교 일반대학원 국제다문화학과와 교육대학원 교육학과 다문화융합교육전공, 중앙대학교 문화다양성 융합전공 과정과 행정대학원 다문화정책학과, 건양사이버대학교 다문화한국어학과, 한국외국어대학교 교육대학원 다문화교육전공, 부산외국어대학교 한국어문화학부와 일반대학원 다문화교육학과, 광주교육대학교 교육대학원 다문화교육전공, 대구교육대학교 교육대학원 다문화교육전공, 경인교육대학교 교육전문대학원 다문화교육전공, 대구사이버대학교 한국어다문화학과, 대구가톨릭대학교 사회과학대학 사회학과와 프란치스코칼리지 사회복지대학원 다문화학과와 일반대학원 다문화학과, 서울교육대학교 교육전문대학원 다문화교육전공, 배재대학교 주시경교양대학 융복한교육센터 융합전공 다문화학과, 강릉원주대학교 보건복지대학 다문화학과, 원광디지털대학교 한국어문화학과와 사회복지학과, 건국대학교 교육대학원 상담학과 다문화소통교육전공, 전주대학교 교육대학원 교육학과 다문화교육전공, 디지털서울문화예술대학교 한국어교육학과, 중원대학교 평생학습대학원 평생교육학과 다문화교육전공, 평택대학교 다문화가족복지 융복합전공 사회복지대학원 사회복지학과와 사회복지대학원 아동청소년복지학과와 일반대학원 사회복지학과와 일반대학원 아동청소년학과, 고려사이버대학교 사회복지학과와 한국어·다문화학부 한국어교육전공과 한국어·다문화학부 다문화·국제협력전공 상담심리학과, 우석대학교 경영행정문화대학원 다문화학과, 동덕여자대학교 글로벌 다문화학 연계전공, 경기대학교 교육대학원 다문화교육전공, 화신사이버대학교 글로벌 교육문화학부 한국어교육학과와 상담복지학부 상담심리학과와 글로벌 교육문화학부 실용외국어학과와 글로벌 교육문화학부 영상콘텐츠학과와 글로벌 교육문화학부 국제태권도지도학과, 조선대학교 일반대학원 문화학과 이민·다문화정책전공, 군산대학교 일반대학원 다문화학과, 세종사이버대학교 한국어학과와 아동가족상담학과와 사회복지학과와 상담심리학과, 경북대학교 국제대학원 국제문화학과 다문화학 전공, 서울사이버대학교 한국어문화학과, 한성대학교 크리에이티브 인문예술대학 이민·다문화트랙, 한일

장신대학교 사회복지대학원 다문화복지학과, 숙명여자대학교 정책대학원 사회복지학과 다문화정책전공, 경희사이버대학교 교양학부와 한국어문화학과와 사회복지학부 사회복지전공, 상명대학교 일반대학원 한국학과 한국이민통합전공, 사이버한국외국어대학교 한국어학부, 중부대학교 글로벌한국어 전공, 서울사회복지대학원대학교 사회복지학과 다문화가족복지 전공, 송원대학교 휴먼산업대학원 글로벌한국학과 다문화과정, 광운대학교 교육대학원 평생다문화교육전공, 한양대학교 사범대학 일반대학원 다문화교육학과, 경남대학교 사회학과, 서울미디어대학원대학교 미디어비즈니스학과 한국어교육전공과정 등 53개 대학(원)이 있다.

초기 우리나라 다문화교육은 외국인 거주자의 한국문화 적응교육 위주로 진행되었다. 그러나 최근에는 일반 국민들의 다문화에 대한 의식의 변화가 필요하다는 점이 지적되면서 다문화에 대한 바른 이해와 태도 중심의 교육으로 전환되고 있다. 그동안 결혼이주여성과 외국인 근로자가 급증하면서 외국인 거주자 규모가 급속히 증가되었으나 최근에는 그 추세가 안정적인 국면에 접어들었다. 그동안 다문화교육의 필요성도 외국인 거주자의 양적 증가 때문에 강조되어왔다면 이제는 다문화사회로써 우리 삶 곳곳에 자연스럽게 접하게 되는 외국인과의 자연스러운 어울림이 일상화되는 생활교육으로 전환되고 있다. 아울러 1995년 세계무역기구(WTO) 출범으로 본격화된 세계화가 이제는 지구촌 사회로 자리 잡고, 문화다양성이 사회의 동력으로 주목받는 시대에서 바람직한 세계시민의 자질과 태도 양성에 기여해야 하는 임무도 맡게 되었다.

이를 위해 공교육에서 교육과정을 통해 다문화교육이 반영되기도 하지만 다양한 영역에서 학생은 물론 일반 시민에 이르기까지 다문화사회 전문가들이 강의를 통해 이 임무의 일익을 담당하고 있다. 본서는 이처럼 다문화교육을 하는 교사와 강사를 위한 수업방법론을 다룬다. 보통 수업은 교수(teaching)와 학습(learning)의 조화로 이루어진다. 그래서 교수·학습이라고도 한다. 대학교 이상, 즉 성인을 대상으로 하는 수업은 강의(講義, lecture)라고도 한다. 다만 교사와 강사의 입장에서 수업을 논할 때 교수법 또는 교수방법이라고 한다.

교사나 강사는 대학에서 수업방법을 배우기도 하지만 전공 내용학만 배우는 경우가 많다. 그래서 전문지식은 풍부하지만 이를 가르치는 방법론에서는 어려움을 겪는다. 직업가수도 무대에만 서면 떨리는 것처럼 수업을 잘하시는 분도 좀 더 잘하기 위해서 수업방법을 고민한다. 그런데 현장에서 가르치는 교사나 강사를 위한 이론과 실제가 잘 반영된 교수법 교재가 의외로 부족하다. 본서는 다문화교육을 다루기 이전에 교수법의 기초가 먼저 확인되고 여기에 다문화 내용을 담는 것이 필요하다는 전제에서 구성되었다. 운동선수에게 기술훈련 이전에 기초체력이 필요하듯이 이론적 기초가 우선되어야 하기 때문이다. 그래야 상황에 맞게 적절히 응용하면서 자신 있게 수업을 할 수 있다. 동시에 학습자의 요구와 흥미도 반영하여 수업의 협력자로 끌어들이는 수업모형의 적용과 수업기술도 필요하다. 그래서 본서는 다문화교육뿐만 아니라 현장의 교사와 강사에게 필요한 기본적인 교수법을 알기 쉽게 담으려고 노력했다.

다문화사회 교수방법론을 강의하면서 마땅한 교재가 없어 시작한 일이지만 여전히 미흡함을 느낀다. 독자들의 많은 질책과 충고를 기대하며 빠른 출판을 위해 노력해준 교육과학사 편집실에 감사의 뜻을 전한다.

2023. 1.

저자 대표 정문성

# 차례

# 제1장 다문화 교수 · 학습의 기초

## 1. 다문화의 개념

다문화(multiculture)란 말 그대로 여러 문화를 뜻한다. 여기서 문화란 Tyler (1871)가 '한 사회의 구성원이 갖는 법, 도덕, 신념, 예술, 기타 여러 행동양식을 총괄하는 것'이라고 한 이후, 여러 학자들이 약간씩 달리 정의하였지만 공통적인 표현은 '인간 삶의 양식'이라고 할 수 있다. 말 그대로 문화는 인간의 살아가는 모습이어서 사회적으로 학습되고, 축적된다. 또한 시대와 지역에 따라 특수한 모습을 가지기도 하고 보편적인 모습도 가지고 있다.

과거 소수의 강대국들이 가졌던 문화제국주의와 이에 따라 나타난 문화사대주의가 배격되고, 모든 문화의 고유성과 다양성을 인정하고 그 가치를 살리는 것이 궁극적으로는 인류문화의 융성을 가져온다는 생각이 보편화되면서 다문화에 대한 관심이 높아졌다. 원래 다문화는 미국, 캐나다, 호주, 뉴질랜드 등 이민 국가들이 자국 내 소수민족들의 문화를 지칭하는 개념으로 사용되었다. 한편으로는 다양한 문화를 이해 · 관용 · 수용해야 하고, 다른 한편으로는 국가사회질서를 위해서 문화를 통합해야 하는 모순적 상황에서 많은 혼란을 겪어왔다. 소위 용광로(Melting Pot)정책과 샐러드 볼(Salad Bowl)정책을 시계추처럼 반복하면서 적절한 수준에서 균형을 유지해 왔다고 볼 수 있다.

전 세계적으로 국가 내 다문화현상이 일어나게 된 계기는 1995년 세계무역기구(WTO)의 출범으로 본격화된 세계화 현상 때문이다. 인류의 역사는 세계화의 역사라고 해도 과언이 아니다. 인류가 불을 발견하면서 좀 더 추운 지역까지 삶의 영역을 넓힐 수 있었고, 좀 더 늦은 시간까지 활동을 할 수 있게 되었다. 그러면서 또 다른 지역에 사는 사람들과의 교류도 확대되었다. 몽골이나 로마 등이 정복전쟁을 통해 영토를 넓혀갔던 것도 세계화의 일환으로 볼 수 있다. 근대적 의미의 1차 세계화는 15세기 중상주의라고 볼 수 있다. 서구적 시각에서는 '지리상의 발견'으로 표현되지만 식민지 개척에 앞장섰던 5대 선진국 영국, 프랑스, 네덜란드, 스페인, 포르투갈은 오대양을 건너 육대주에 식민지를 건설하면서 지경을 넓혔다. 2차 세계화는 18세기 후반 산업혁명이라고 볼 수 있다. 대량생산과 대량소비로 표방되는 산업화가 전개되었다. 영국, 프랑스, 네덜란드가 앞장섰고, 독일과 일본이 그 뒤를 따랐다. 그리고 한국과 같은 개발도상국이 마지막 주자로 산업화에 뛰어들었다. 3차 세계화는 1995년 세계무역기구(WTO) 출범으로 시작되었다. 보호무역을 철폐하고, 전 세계가 하나의 시장에서 무한 경쟁하는 새로운 경제 질서가 시작된 것이다. 이러한 세계화가 가능하게 된 결정적 계기는 동구권(Eastern Bloc)의 몰락이다. 사회주의 경제가 하나의 시장경제로 통합되었고 물리적으로 이를 가능하게 뒷받침한 것은 교통·통신의 눈부신 발달 덕분이다. 이에 인적·물적 교류가 활발해지면서 국가의 개념은 퇴색하고 민족, 문화의 중요성이 새롭게 부각되었다. 특히 정보와 지식을 포함한 '문화의 상품화'는 문화의 중요성과 문화에 대한 새로운 생각을 갖게 하였다.

관세 철폐와 무한 경쟁을 추구하는 세계화는 선진국에게 유리한 정책이었고, 개발도상국과 후진국들을 중심으로 반세계화 운동이 벌어지기도 했다. 아울러 문화가 상품화되면서 미국 등 몇몇 강대국의 문화제국주의에 대한 우려도 나타났다. 이에 UNESCO는 '문화다양성 협약'을 체결하였고, 미국과 이스라엘은 이에 반대하였다. 그러나 이 협약을 중심으로 각국은 문화의 상업성을 경계하고, 문화다양성을 인정하고 그 가치를 키워나가는 노력들을 하게 되었다. 다문화도 이러한 문화다양성의 틀 안에서 논의될 수 있는 개념이라고 볼 수 있다.

## 2. 다문화교육의 개념

다문화교육에 대한 다양한 정의가 존재한다. 일반적으로 다문화교육이라고 하면 인종, 민족, 성, 언어, 계층, 종교 등에 나타나는 차이를 이해 · 수용하고 상호 존중하여 인간의 자유, 평등, 인간존엄 등이 실현되는 사회를 만들기 위한 교육으로 이해할 수 있다. 이러한 다문화교육은 1960년대 이후 미국에서 아프리카계 미국인들이 인종, 민족 간 갈등을 교육을 통해 해결하려는 시민운동의 일환으로 등장한 것이다. 다문화교육은 소수인종 집단들의 문화, 역사, 경험, 관점 등의 반영을 위해 학교교육과정 및 교육제도의 개혁을 요구하였다. 1980~90년대에는 다문화주의에 대한 담론이 탈식민지와 포스트모더니즘의 패러다임으로 거론되었다. 다문화주의라는 말은 캐나다 연방정부가 이민자에 대한 동화정책 대신 소수 집단과 이민자 집단의 문화적, 민족적 정체성의 유지와 보존을 인정하고 수용하는 정책을 수립한 1971년부터 사용되었다. 1970년대부터 호주, 일부 유럽 국가로 확산이 되었으며, 미국에 다문화주의라는 말이 등장하게 된 것은 1989년이며, 1991년 이후 그 빈도가 높아졌다(구정화 · 박윤경, 2009). 당시는 서구 제국주의에서 해방된 식민지 국가의 국민들이 글로벌 자본주의의 흐름에 따라 서구로 이주하기 시작한 때이기도 하다. 다른 한편 서구는 주변문화의 등장으로 인해 다문화에 관심을 갖게 되었다. 이러한 다문화교육에 대해 Banks(2007)는 "다문화교육이란 다양한 문화적 · 인종적 · 경제적 배경을 가진 학생들의 교육적 형평성을 제고하기 위한 총체적 학교 개혁을 위한 노력"이라고 하였다. Bennett(2007)은 "다문화교육은 평등교육을 목표로 교육과정 개혁을 통하여 주류집단과 소수 집단의 모든 사람이 다문화적 능력을 배양하여 사회정의의 실현에 참여할 수 있도록 하는 교육"이라고 하였다. Manning과 Baruth(1996)는 "다문화교육은 학습자들이 문화적, 인종적, 사회 계급적, 종교적 그리고 젠더의 차이를 인식 · 수용 · 이해하도록 가르치는 것"이라고 하였다. Nieto(2011)는 "다문화교육은 모든 학생을 위한 기본 교육과 종합적인 학교 개혁과정"이라고 하였다. Grant와 Sleeter(2011)는 "다문화교육은 철학 개념이고 교육과정으로, 모든 학생이 미국의 조직과 기관에서 구조적으로 평등하게 일하도록 준비시키는 과정"이라고 하였다. Johnson과 Johnson(2001)은 "다문화교육은 모든 학생이 인지적 · 사회적 · 인격적 측면에서 본인의 잠재력을 최대한 발휘할 수 있도록 동등한 학습 기회를 제공하는 것"이라고 정의하였다(장인실 외, 2012). 이와 같이 학자들마다 다문화교육에 대해 다양하게 접근하였으나 결국은 인류가 보편적으로 지향하는 공통가치의 울타리 내에서 다양한 문화를 인정하고 발굴하여 개인과 사회 발전의 동력으로 사용할 수 있도록 학교교육에서부터 적극 반영하여 실천하자는 것에 초점이 모아지고 있다.

## 3. 한국의 다문화와 다문화교육

전술한 바와 같이 이민국가가 아니더라도 인적 자원의 수요와 공급의 확대로 다양한 국가와 민족적 배경을 가진 이주민의 규모가 급격히 늘어난 나라들이 많아졌다. 그러므로 이제 다문화사회는 일부 이민 국가들의 모습만은 아니게 되었다. 최근에는 한국에서도 다문화라는 개념을 모르는 사람들이 없을 정도이다. 이제 한국도 다문화라는 개념을 사용하기 시작한 것이다. 〈표 1-1〉을 보면, 2002년 629,060명이었던 국내 체류 외국인 수가 2022년 6월 현재 2,056,041명으로 증가하였다. 불과 20년 만에 3.2배 이상 증가한 것이며, 전체 인구 51,578,178명(2022년 6월 기준) 대비 3.98%를 차지하고 있다. 전체 인구 대비 체류 외국인 비율은 2017년 4.21에서 2019년 4.89로 매년 증가하였으나, 코로나 19의 영향으로 2021년에는 3.79%, 2022년 6월에는 3.98%로 감소하였다(행정안전부 홈페이지, 법무부 · 외국인정책본부 홈페이지, 2022). 인구수로 보면, 미국, 호주, 프랑스, 독일 등 우리보다 먼저 다문화사회에 진입한 나라에 비해 적은 수의 외국인 비율을 차지하고 있지만, 다문화사회로 접어든 것은 사실이다. 최근 외국인 비율의 증가추세는 둔화되었지만 자녀들이 성장하여 학교에 진입함으로써 다문화교육의 중요성은 점점 커지고 있다.

〈표 1-1〉 국내 체류 외국인 수 현황(단위: 명)

| | 2002 | 2003 | 2004 | 2005 | 2006 | 2007 | 2008 | 2009 | 2010 | 2011 | |
|---|---|---|---|---|---|---|---|---|---|---|---|
| 외국인 수 | 629,006 | 678,687 | 750,873 | 747,467 | 910,149 | 1,066,273 | 1,158,866 | 1,168,477 | 1,261,415 | 1,395,077 | |
| | 2012 | 2013 | 2014 | 2015 | 2016 | 2017 | 2018 | 2019 | 2020 | 2021 | 2022년 6월 |
| 외국인 수 | 1,445,103 | 1,576,034 | 1,797,618 | 1,846,049 | 1,879,880 | 2,180,498 | 2,336,689 | 2,524,656 | 2,036,075 | 1,956,781 | 2,056,041 |

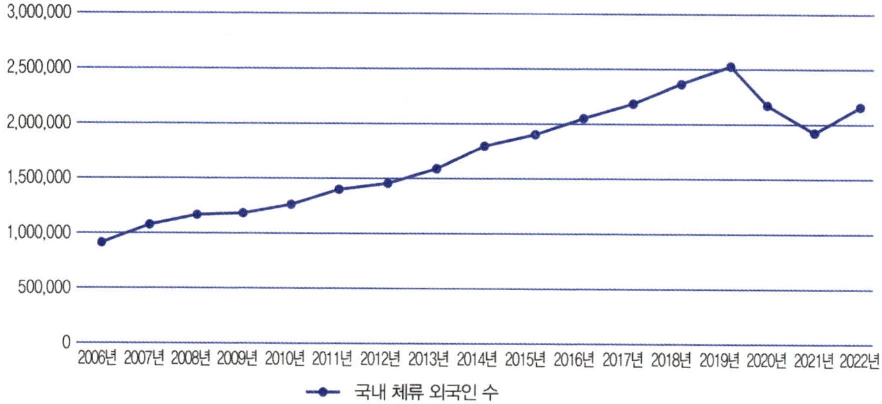


**[그림 1-1]** 국내 체류 외국인 수 현황

한국에서 다문화라는 개념을 본격적으로 사용하기 시작한 것은 2006년 한국인 엄마와 흑인 군인 사이에 태어난 풋볼 선수 하인즈 워드 선수의 내한과 그의 성장배경이 알려지게 되면서부터이다. 또한 같은 해 4월 26일에 개최된 '빈부격차 · 차별시정위원회'에서 노무현 전 대통령이 "다인종 · 다문화로의 진전은 거스를 수 없는 대세 (중략) 질적 측면에서 이주자들의 인권을 신장하기 위한 다문화 정책을 본격적으로 추진"해야 한다고 하며, '여성결혼이민자 가족의 사회통합 지원대책' 등을 발표하였다. 이후 「다문화가족지원법」, 「재한외국인 처우 기본법」, 「국적법」, 「외국인근로자의 고용 등에 관한 법률」 등 법률이 제정 및 개정되었으며, 결혼이주여성 및 다문화가정 자녀들을 대상으로 하는 다문화 및 다문화교육 정책들이 공식적 의제로 발표되는 등 다양한 노력이 이루어졌다. 각 정부 부처마다 다문화 관련 정책을 시행하였으며, 각 지자체도 다문화가정 지원을 위한 센터를 건립하고, 학계에서는 다문화사회 및 다문화교육 관련 연구를 활발히 진행하였다. 여러 학회들이 다문화를 주제로 학술대회를 개최하였으며, 수십 권의 정부연구보고서가 출간되었다. 이와 같이 체류외국인의 수 증가로 인해 우리나라가 다문화를 정책적으로 고려하기 시작한 지 벌써 13년 차가 되었다. 다문화 관련 정책과 뉴스로 인해서 이제 다문화는 우리 사회에 익숙한 단어가 되었다.

사실 한국에서 다문화와 다문화교육이 정책적 담론으로 거론되기 시작한 것은 미국, 캐나다, 호주 등 다른 선진국과는 조금 다른 배경을 가지고 있다. 한국에 다문화교육이라는 개념이 처음 들어오게 된 것은 1980년대이다. 그러나 몇몇 학자에 의해 연구가 진행되었을 뿐, 지금과 같이 주목받지는 못했다. 왜냐하면 한국은 불과 몇 년 전까지만 해도 한 핏줄, 단일민족이라는 의식이 지배적이었기 때문이다(전영은, 2015; Chang, 2012).

2006년 이후, 다문화 정책들이 한꺼번에 쏟아지면서 한국사회에 다문화는 일상적인 것이며, 한국사회가 오래전부터 다문화사회가 된 것처럼 인식이 되고 있기도 하다. 그러나 여전히 다문화가정 자녀들은 문화적 차이, 사회적 편견, 의사소통의 어려움 등으로 사회 적응에 많은 어려움을 겪고 있다. 특히 다문화학생들은 언어 능력 부족, 차별과 편견, 경제적 어려움 등으로 인한 학습부진, 따돌림, 정서적 충격 등의 어려움을 겪고 있으며, 열악한 교육환경으로 인해 새로운 소외계층이 될 가능성이 있다. 2007년에는 유엔 인종차별철폐위원회가 한국을 다인종 사회로 규정하였다. 한국의 단일민족주의와 순혈주의가 한국 내 다양한 인종들에 대한 차별을 야기할 수 있다고 말하며, 다인종적, 다문화적 가치를 위한 교육을 권고하였다.

이러한 문제를 예방하고, 이들의 원활한 한국사회 적응을 위해 정부에서도 2006년부터 다문화학생을 대상으로 하는 교육지원 정책을 추진하고, 다양한 지원사업을 진행하고 있다. 특히 교육부가 2006년 5월 '다문화가정 자녀

교육지원 대책'을 발표하면서 다문화교육은 범정부적 정책과제가 되었다. 교육부는 매년 다문화교육을 위한 대책 마련을 위해 정책을 수립・시행하고 있다. 2007년 5월에는 '2007년도 다문화가정 자녀 교육지원 계획', 2008년 5월에는 '2008년도 다문화가정 학생 교육지원 계획', 2009년 7월에는 '다문화가정 학생 맞춤형 교육지원 계획', 2010년 5월에는 '2010년 다문화가정 학생 교육 지원 계획', 2011년 2월에는 '2011년 다문화가정 학생 교육 지원 계획', 2012년 3월에는 '다문화학생 교육 선진화 방안', 2013년 10월에는 '다문화학생 교육지원 강화 계획', 2014년 2월에는 '함께 어울려 꿈과 끼를 키우는 2014년 다문화교육 활성화 계획', 2015년 3월에는 '다문화학생 교육지원 계획', 2016년 3월에는 '2016년 다문화교육 지원 계획', 2017년 1월에는 '2017년 다문화교육 지원 계획', 2018년 2월에는 '2018년 다문화교육 지원 계획', 2019년 2월에는 '2019년 다문화교육 지원 계획', 2020년 2월에는 '출발선 평등을 위한 2020년 다문화교육 지원 계획'을 발표하였다(교육부・다문화교육포털 홈페이지 참고). 2008년에는 '다문화가정 학생 교육지원 중장기계획 수립을 위한 정책연구'를 통해 2009년부터 2012년까지 4년 동안 추진할 정책과제를 선정하고 이에 대한 추진방안도 마련하였다. 이러한 교육부의 다문화교육 지원 계획은 다문화교육의 기본 목적을 제안하고 전국 다문화교육 활동의 일관성과 효율성을 제고하는 데 크게 기여하였다.

한국의 다문화(교육) 관계법령에는 「난민법」, 「문화다양성의 보호와 증진에 관한 법률」, 「국적법」, 「출입국관리법」, 「재한외국인 처우 기본법」, 「청소년복지지원법」, 「다문화가족지원법」, 「초・중등교육법」, 「유아교육법」, 「교육기본법」 등과 국제협약인 「유엔아동권리협약」이 있다.

2008년에 제정된 「다문화가족지원법」 제10조에는 다문화가정 자녀 보육 및 교육에 대한 내용을 담고 있다. 「다문화가족지원법」 제10조제1항에 따르면, '국가와 지방자치단체는 아동 보육 · 교육을 실시함에 있어서 다문화가족 구성원인 아동을 차별하여서는 아니 된다.' 제10조제2항에 따르면, '국가와 지방자치단체는 다문화가족 구성원인 아동이 학교생활에 신속히 적응할 수 있도록 교육지원 대책을 마련하여야 하고, 특별시 · 광역시 · 도 · 특별자치도의 교육감은 다문화가족 구성원인 아동에 대하여 학과 외 또는 방과 후 교육 프로그램 등을 지원할 수 있다.' 제10조제3항에 따르면, '국가와 지방자치단체는 다문화가족 구성원인 아동의 초등학교 취학 전 보육 및 교육지원을 위하여 노력하고, 그 아동의 언어발달을 위하여 한국어 및 결혼이민자 등인 부모 또는 모의 모국어 교육을 위한 교재지원 및 학습지원 등 언어 능력 제고를 위하여 필요한 지원을 할 수 있다.'라고 나와 있다. 「다문화가족지원법」 제10조제1항, 2항, 3항의 내용을 종합하면, 다문화가정 자녀들이 교육과 관련해 정부로부터 다양한 지원을 받을 수 있는 근거가 마련되었다는 점이다.

「유엔아동권리협약(Convention on the Rights of the Child: CRC)」은 이 세상 어린이라면 누구나 마땅히 누려야 할 생존, 보호, 발달, 참여의 권리가 담겨 있으며 1989년 11월 20일 유엔에서 만장일치로 채택되었다. 「유엔아동권리협약」 제2조에는 '차별 안 하기. 우리는 절대 차별받아서는 안 됩니다. 우리와 우리의 부모님이 어떤 사람이건, 어떤 인종이건, 어떤 종교를 믿건, 어떤 언어를 사용하건, 부자건 가난하건, 장애가 있건 없건 모두 동등한 권리를 누려야 합니다.'라고 나와 있다. 제28조에는 '교육. 우리는 교육받을 권리가 있습니다. 초등교육을 무료로 받을 수 있어야 하며 능력에 맞게 더 높은 교육도 받을 수 있어야 합니다.'라고 나와 있다.

이 외에 제주특별자치도교육청, 경상남도교육청, 경상북도교육청, 전라남도교육청, 전라북도교육청, 충청북도교육청, 충청남도교육청, 강원도교육청, 경기도교육청, 세종특별자치시교육청, 울산광역시교육청, 대전광역시교육청, 광주광역시교육청, 부산광역시교육청, 대구광역시교육청, 인천광역시교육청, 서울특별시교육청 등 17개 시도교육청이 다문화교육 진흥 조례를 제정하였다.

〈표 1-2〉, 〈표 1-3〉, 그리고 [그림 1-2]는 다문화학생 수를 나타낸 것이다. 2021년 교육통계 및 '출발선 평등을 위한 2022년 다문화교육 지원계획'에 따르면, 2021년 다문화학생 수는 전체 학생 수의 160,058명으로 전체 학생 수 5,332,044명의 3%를 차지한다. 학교급별 다문화학생 비율을 보면, 초등학생은 69.6%, 중학생은 21.3%, 고등학생은 9.1%이며, 유형별로는 국내 출생이 122,095명(76.3%), 외국인가정 28,536명(17.8%), 중도입국 9,427명(5.9%)이다(교육부, 2022). 〈표 1-2〉, [그림 1-2] 그리고 〈표 1-3〉을 보면, 전체 학생 수는 감소하는 한편, 다문화학생 수는 증가하는 것을 알 수 있다. 2022년 2월 교육부 자료에 따르면 일반 학령인구는 매년 감소하고 있는 반면(2019년 546만명, 2020년 536만명, 2021년 533만명), 다문화가정 학생 수는 최근 5년간 매년 1만 명 이상 증가하여 2021년에는 16만 명을 초과하였다. 특히 다문화가정의 미취학 아동이 2020년 115,579명으로 향후 초중등학교에 진입하는 다문화학생 수는 지속적으로 증가할 것으로 보인다.

〈표 1-2〉 다문화학생 수 현황(단위: 명)

| 연도 / 인원수 | 2006 | 2007 | 2008 | 2009 | 2010 | 2011 | 2012 |
|---|---|---|---|---|---|---|---|
| 다문화학생 수 | 9,389 | 14,654 | 20,180 | 26,015 | 31,788 | 38,678 | 46,954 |
| 전체 학생 수 | 6,000,354 | 5,893,157 | 7,617,796 | 7,447,159 | 7,236,248 | 6,986,853 | 6,732,071 |
| 다문화학생 비율 | 0.16 | 0.25 | 0.26 | 0.35 | 0.44 | 0.55 | 0.70 |

| 연도 / 인원수 | 2013 | 2014 | 2015 | 2016 | 2017 | 2018 | 2019 | 2020 |
|---|---|---|---|---|---|---|---|---|
| 다문화학생 수 | 55,780 | 67,806 | 82,536 | 99,186 | 109,387 | 122,212 | 137,225 | 147,378 |
| 전체 학생 수 | 6,529,196 | 6,333,617 | 6,097,297 | 5,890,949 | 5,773,132 | 5,592,792 | 5,461,614 | 5,355,832 |
| 다문화학생 비율 | 0.86 | 1.08 | 1.35 | 1.68 | 1.91 | 2.19 | 2.51 | 2.75% |

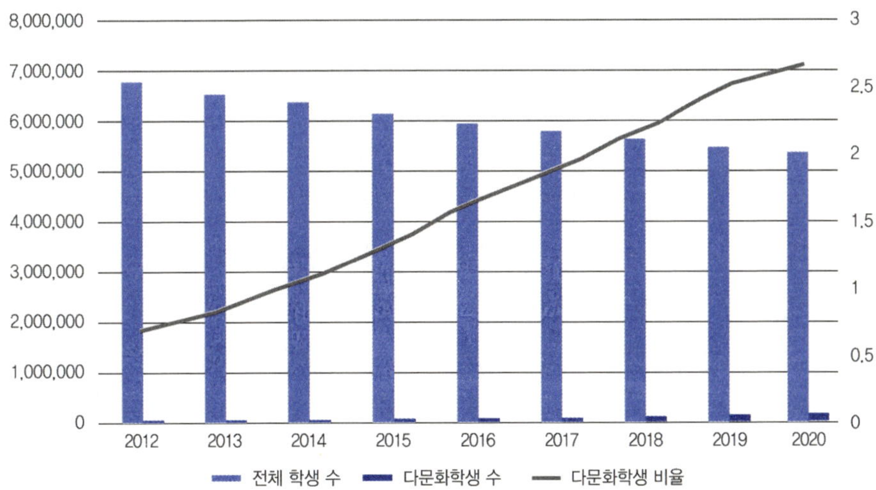


[그림 1-2] 다문화학생 수 현황

〈표 1-3〉 최근 8년간 다문화학생 현황(단위: 명)

| 구분 | | 2014 | 2015 | 2016 | 2017 | 2018 | 2019 | 2020 | 2021 |
|---|---|---|---|---|---|---|---|---|---|
| 합계 | | 67,806 | 82,536 | 99,186 | 109,387 | 122,212 | 137,225 | 147,378 | 160,058 |
| 학교 급별 | 초 | 48,297 | 60,283 | 74,024 | 82,806 | 93,116 | 103,958 | 107,770 | 111,430 |
| | 중 | 12,525 | 13,865 | 15,105 | 15,983 | 18,127 | 21,747 | 26,835 | 34,048 |
| | 고 | 6,984 | 8,388 | 10,057 | 10,598 | 10,969 | 11,520 | 12,773 | 14,580 |

* 다문화학생 중 중도입국, 외국인학생 수 2014년 10,308명 → 2021년 37,963명

## 4. 다문화 교수방법의 방향

### 1) 교수 · 학습의 기초

최근 교육에서 역량이 강조되면서 교수·학습방법에도 큰 영향을 끼쳤다. 우리나라는 2015개정 교육과정에서 핵심역량으로 자기 관리, 지식·정보처리, 창의적 사고, 심미적 감성, 의사소통, 공동체 역량의 여섯 가지를 천명하였다. 역량이란 그동안 나누어서 강조했던 지식, 기능, 태도를 종합한 총체적 능력을 말한다. 즉 아는 것에 그치지 않고 실제로 할 줄 알게 하는 것이 교육의 목표라는 것이다. 따라서 수업은 학생이 역량을 습득하는 것을 목표로 해서 질문들을 하고, 그 질문들의 대답을 찾는 과정에서 마침내 역량을 습득하게끔 진행할 것을 요구하고 있다. 이는 당연한 것이지만 그동안 그렇게 하지 못한 것에 대한 반성을 내포하고 있다. 그래서 '오래된 미래'라는 표현을 사용한다. 이미 오래전에 그렇게 해야 함을 알았지만 현실적으로 그렇게 하

지 못했다는 것이다. 교수·학습의 기초에 충실했다면 진작에 학생의 역량을 길러주었을 것이다.

### (1) 수업 · 교수 · 학습의 개념

수업은 교수·학습이라고도 한다. 수업은 가르치고, 배우는 활동이 동시에 일어나기 때문이다. 교수법이라고 하는 것은 학습자가 학습을 잘 할 수 있도록 교수자가 처방하고 안내하는 것이라고 할 수 있다. 주어진 수업시간에 주로 교수활동만 한다면 교수중심수업이라고 할 수 있고, 대부분의 시간을 학습활동을 하도록 안내하고 도와준다면 학습중심수업이라고 할 수 있다. 어떤 것이 바람직한 것인가는 그 수업을 진행하는 교수자의 전문성에 맡겨야 한다. 예를 들어 학습자가 초보자라면 아직 스스로 학습할 수 없으므로 교수자의 설명과 시범이 많아질 것이다. 만약 학습자가 숙련되어 있다면 학습자가 연습하거나 고급사고와 기능을 활용해서 비판적이고 생산적인 학습경험을 하도록 유도하여 학습활동이 많아지게 할 수도 있을 것이다.

### (2) 학습이론의 적용

교수를 잘 하기 위해서는 학습자가 어떻게 학습하는지 정확하게 알아야 한다. 학습현상을 설명하는 수많은 학습이론이 있지만 현재까지 설명력을 갖고 있는 것은 〈표 1-4〉와 같이 네 가지이다.

〈표 1-4〉 학습이론

| 학습이론 | 학습자의 본성 | 학습자의 활동 | 교수자의 활동 |
|---|---|---|---|
| 정신도야 | 악함 | 능동적 학습 | 훈련과 수양 |
| 자연주의 | 선함 | 능동적 학습 | 안내와 격려 |
| 행동주의 | 중립 | 수동적 학습 | 상과 벌을 통해 학습 유도 |
| 인지주의 | 중립 | 상호작용 학습 | 토의와 토론 등으로 상호작용 활용 |

자료: 황정규 · 이돈희 · 김신일(2011). 교육학개론. 파주: 교육과학사, pp. 281-284.의 내용을 편집.

정신도야 이론은 학습자의 본성이 악하고, 능동적으로 학습하므로 교수자의 역할이 결정적이라고 본다. 나쁜 것을 배우지 않도록 훈련과 수양이 교수의 초점이 되어야 한다고 본다. 자연주의 이론은 학습자의 본성이 선하고, 능동적으로 학습하므로 교수자는 학습자가 나쁜 유혹에 빠지지 않도록 보호하고 격려하는 것에 초점을 두어야 한다고 본다. 행동주의 이론은 학습자의 본성은 중립이나 수동적으로 학습하므로 상과 벌의 자극을 통해 학습을 유도해야 한다고 본다. 인지주의는 학습자의 본성이 중립이지만 학습자끼리 상호작용하는 것을 좋아하므로 이를 학습에 활용하는 것이 교수자의 역할이라고 본다. 이 네 가지 이론은 나름대로 설득력을 가지고 있다. 문제는 학습자의 본성과 활동성향이 다양하다는 데 있다. 즉 학습자에 따라 적용해야 할 학습이론이 다르다는 것이다. 다만 교수자는 이러한 학습자의 특성을 알고, 적절한 학습이론을 적용하는 지혜를 발휘해야 할 것이다(황정규 · 이돈희 · 김신일, 2011; 정문성, 2013).

### (3) 수업의 4대 요소

수업을 구성하는 중요한 4대 요소는 교수자, 학습자, 교재, 교실환경으로 나눌 수 있다. 첫째, 교수자는 수업설계에서부터 평가에 이르기까지 수업 전체를 경영함과 동시에 수업 안에서 내용을 설명하고, 지시하고, 학습자를 통제하는 역할을 한다. 다문화 관련 내용으로 수업을 한다면 다문화교육의 철학을 갖고 관련내용을 충분히 숙지할 뿐만 아니라 필요에 따라 동원해야 할 적절한 수업방법에 대한 지식과 경험도 풍부해야 한다. 둘째, 학습자는 수업의 주인공이라고 할 수 있다. 수업을 한다는 것은 배울 학습자가 있다는 뜻이다. 학습자가 무엇을 배워야 하는지, 어떤 관심을 가지고 있는지, 어떤 수준의 학습을 할 수 있는지 등 학습자의 능력과 적성에 따라 수업의 모습은 달라진다. 다문화가정 자녀가 수업에 들어왔을 때 교사들이 당황하는 것은 학습자에 대한 이해와 준비가 충분하지 못하기 때문이다. 셋째, 교재는 교구를 포함한 수업목표를 달성하기 위한 물질적 수단이라고 볼 수 있다. 교재는 〈표 1-5〉와 같이 크게 네 가지 종류로 나누어진다(정문성 외, 2008). 읽기 형태가 인지적 측면을 강조한다면 시청각 형태는 정의적 측면의 목표 달성에 유용하다. 학습지는 수업의 안내지 역할뿐만 아니라 학습자가 배운 내용을 연습하는 효과도 준다. 실물은 가장 강력한 교재이지만 공간적 제약 때문에 모형물을 많이 사용한다. 특히 추상적 사고가 발달되지 않은 저학년에게 구체물로서 실물은 학습의 효과가 크다. 넷째, 교실환경은 물리적 환경과 심리적 환경으로 나눈다. 교실의 규모, 책상배치 등이 학습활동에 영향을 준다. 또한 교실의 심리적 환경이 방임적, 권위적, 민주적이냐에 따라 학습활동이 영향을 받는다.

〈표 1-5〉 교재의 종류

| 형태 | 교재 | 용도 |
|---|---|---|
| 읽기 | 교과서, 참고서, 신문 등 | 인지적 측면 강조 |
| 시청각 | 그림, 동영상, 그래프 등 | 정의적 측면 강조 |
| 학습지 | 주로 교사가 제작 | 수업의 안내 및 연습과 배운 내용 연습 |
| 실물 | 실물 또는 모형물 | 직접 체험, 공간적 제약 시 모형물, 저학년은 구체적 효과가 높음 |

## (4) 수업의 형식

수업은 대개 교수자의 설명과 시범, 그리고 학습자의 체험의 형식으로 되어 있다. 이를 '직접교수법'이라고도 하는데, 교수자가 학습자가 수업목표에 도달할 때까지 직접 확인하면서 교수한다는 뜻이다. 그러기 위해서는 우선 설명을 하고, 시범까지 보여준 다음 연습과 점검을 통해 완전히 학습했는지 확인하면서 수업을 끝낸다. 그러므로 교수자는 설명을 어떻게 하고, 시범은 어떻게 보여줄 것인지, 그리고 체험은 어떻게 연습하고 점검하는 것이 효율적인지 판단해야 한다.

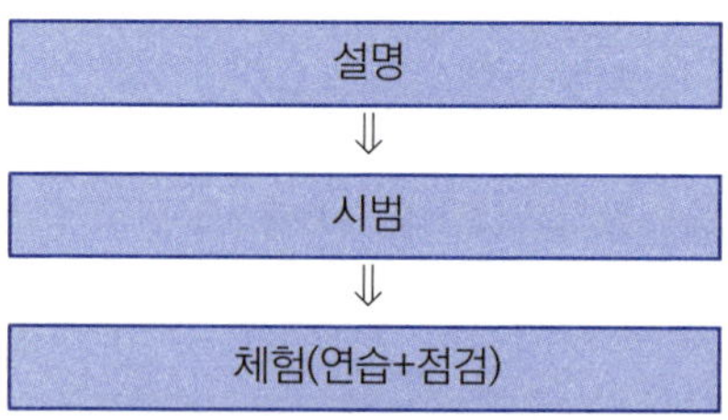


[그림 1-3] 수업의 형식

수업을 설명과 시범 그리고 학습자의 체험으로 해야 하는 이유는, 이러한 수업의 형식을 학습자가 선호하기 때문이다. Hebditch(1990)는 영국 Gillingham School의 11~18세 학생을 대상으로 수업방법 선호도를 연구했다. 그 결과, 학습자들은 말하고, 만들고, 창조적인 활동, 창의적인 활동 등을 통해 수업에 능동적으로 참여하는 것을 선호하였다. 반면, 교수자가 수업내용을 단순하게 설명하는 것, 정해진 시간표에 따라 하는 것 등 수동적인 수업에 대해서는 선호도가 낮았다(〈표 1-6〉 참고).

〈표 1-6〉 학생들이 선호하는 수업방법(Hebditch, 1990)

| 수업방법 | 선호도(%) | 비선호도(%) | 중립(%) |
|---|---|---|---|
| 모둠 토의 · 토론 | 80 | 4 | 17 |
| 게임/시뮬레이션 | 80 | 2 | 17 |
| 드라마 | 70 | 9 | 22 |
| 예술작품 만들기 | 67 | 9 | 26 |
| 디자인 | 63 | 4 | 33 |
| 실험 | 61 | 11 | 28 |
| 옵션(선택에 따라) | 61 | 4 | 33 |
| 컴퓨터 | 59 | 22 | 20 |
| 탐구 | 59 | 11 | 30 |
| 문학작품 읽기 | 57 | 9 | 35 |
| 실천적 아이디어 구상 | 52 | 9 | 37 |
| 실험실 작업 | 50 | 11 | 37 |
| 도서관 조사 | 50 | 24 | 26 |
| 차트, 그림, 표 등 | 46 | 15 | 37 |

| 수업방법 | 선호도(%) | 비선호도(%) | 중립(%) |
|---|---|---|---|
| 공예품 | 43 | 17 | 39 |
| 현장조사 | 43 | 20 | 35 |
| 자유 작업 | 43 | 20 | 37 |
| 리포트(작문) | 41 | 11 | 48 |
| 제품 개발 | 41 | 11 | 43 |
| 개별학습 | 41 | 26 | 33 |
| 발명 | 39 | 20 | 41 |
| 정보 정리 | 37 | 20 | 43 |
| 공감 | 35 | 30 | 35 |
| 관찰 | 30 | 13 | 57 |
| 워크시트 | 28 | 17 | 52 |
| 정보획득을 위한 독서 | 26 | 30 | 43 |
| 테크닉 사용 | 24 | 26 | 46 |
| 시간표에 따라 | 17 | 41 | 41 |
| 분석 | 17 | 35 | 46 |
| 이론 | 15 | 39 | 43 |
| 에세이 | 13 | 28 | 54 |
| 설명식 수업 | 11 | 70 | 19 |

자료: Petty, G. (2009). Teaching Today: A Practical Guide(4th ed). cheHenham: Nelson Thornes.

### 2) 수업의 종류에 따른 다문화 수업의 지도 방향

수업방법의 종류는 매우 다양하지만 분류하기는 쉽지 않다. 수업방법은 체계적으로 만들어지기보다는 수업현장에서 경험적으로 만들어진 것이 많기 때문이다. 그러므로 만들어져 사용되어 온 수업방법들을 일정한 기준으로 분류할 수밖에 없다. 어떤 수업방법을 사용하든지 다문화 수업을 위해서는 몇 가지 고려할 점들이 있다.

### (1) 학습자 집단의 규모

협동학습을 연구한 학자들은 학습자 집단의 규모가 6명 이하이면 소집단 수업이라고 하고, 그보다 크면 대집단 수업이라고 한다. 중집단 수업이란 표현을 잘 사용하지 않는 것은 6명 이상이 되면 사실상 소집단의 특성이 나타나지 않기 때문에 대집단과 큰 차이가 없기 때문이다. 대집단 수업에서 다문화학생은 눈에 잘 띄지 않는다. 주로 교사의 설명과 시범이 주로 되는 수업에서 학습자들은 교사의 설명과 시범을 수용하는 활동을 하기 때문에 교사 위주의 학습자와의 상호작용이 많이 일어난다. 따라서 교사에 의해 학습자들이 통제되고 다문화학생도 그 속에 파묻혀 큰 문제가 생기지는 않는다. 그러나 학습활동을 많이 위임하는 소집단 학생활동중심 수업이 될 때 문제가 발생하는 경우가 많다. 학생의 활동이 많아지면서 학생 개인의 능력, 성격, 재능들이 표출되기 때문이다. 이때 다문화학생들이 소외되거나 차별받지 않도록 유의할 필요가 있고, 다문화학생들이 가진 능력이 긍정적으로 표현될 수 있는 구체적 방안을 가지고 수업에 들어갈 필요도 있다. 특히 대부분 다문화학생이 가지고 있는 이중언어환경을 오히려 장점으로 활용하는 방법이 많이 권장된다.

### (2) 학습목표구조

학습목표를 달성하기 위해 학습자들이 맺는 관계는 논리적으로 세 가지밖에 없다. 서로 경쟁하든지, 협동하든지, 혼자 하든지이다. 이를 경쟁학습목표구조, 협동학습목표구조, 개별학습목표구조라고 한다. 여기서 구조란 '학습자들이 맺는 관계'를 말한다. 교사의 의도와는 관계없이 이 세상의 모든 수업을 '구조'의 측면에서 보면 경쟁학습, 협동학습, 개별학습으로 분류된다. 학습목표구조론자들은 이 셋 중에 협동학습목표구조가 가장 효과적이라고 주장한다(Johnson & Johnson, 1989). 〈표 1-7〉의 세 부족 이야기는 경쟁, 개별, 협동의 의미를 비유적으로 표현한 것이다.

**〈표 1-7〉 세 부족 이야기**

옛날에 세 부족이 살았다.

한 부족은 매사에 경쟁하기를 좋아하는 성격을 가졌다. 그들은 무슨 일이든지 다른 사람과의 경쟁에서 이겨서 일등을 하고 싶어 했다. 가장 살기 좋은 동굴을 찾아내기 위해 서로 경쟁하였고, 가장 좋은 사냥감을 차지하기 위해서, 가장 좋은 정원을 차지하기 위해서 경쟁하였다. 음식을 차지하지 못한 사람과 쾌적한 동굴을 차지하지 못한 사람은 죽어갔다. 이렇게 해서 살아남은 자들은 보다 위험한 방법으로 경쟁을 계속했다. 그들은 맨손으로 호랑이를 잡는 경쟁을 하다가 죽어갔고, 음식과 좋은 자리를 차지하려다가 죽어갔다. 마침내 한 사람만이 살아남게 되었다. 그러나 그는 곧 죽고 말았다. 왜냐하면 누군가와 경쟁하지 않고 살아가는 방법을 몰랐기 때문이다.

또 다른 부족이 살았는데 이들은 혼자 살아가기를 좋아하는 성격을 가졌다. 이들은 혼자 사냥을 했고, 혼자 동굴에서 작업을 했으며, 다른 사람들과 떨어져서 살아가기를 좋아했다. 위험이 닥쳤을 때도 이들은 혼자 해결했다. 큰 홍수가 일어났을 때 많은 사람들이 죽었는데, 왜냐하면 이들은 다른 사람들의 처지는 무시하고 자기의 동굴에만 제방을 쌓았기 때문이었다. 또한 호랑이들에 의해서 많은 어린이들이 물려 죽었다. 왜냐하면 호랑이가 나타난 것을 다른 사람에게 경고해 주지 않았기 때문이었다. 이러한 이유로 이 부족은 곧 사라지고 말았다. 극단적인 개인주의자가 됨으로써 이들은 제대로 재생산을 하지 못하였고, 대부분 아동은 어른들이 돌보아주지 않았기 때문에 태어난 후 곧 죽어갔다. 설사 살아남는다 하더라도 몇 년을 버티지 못하였다.

세 번째 부족은 매일 서로 협동하면서 일하는 것을 좋아하는 성격을 가졌다. 부족인들이 집단을 이루어 사냥을 하였다. 몇몇은 사냥감을 몰고, 다른 이들은 쉽게 사냥감을 포획할 수 있었다. 다른 이들은 따뜻하고 편안한 옷과 담요를 만들어 음식과 교환하였다. 어떤 이는 활을 잘 만들었고, 어떤 이는 화살을 잘 만들었다. 이들은 함께 부족인들에게 활과 화살을 공급하였다. 모든 부족인들이 부족의 생존에 어떤 방법으로든 일익을 담당하였다. 그들은 서로 도우면서 생활하였기 때문에 매우 서로 인정해주고 친하게 지냈으며 많은 잔치도 벌이고 매우 즐겁게 생활하였다. 이들은 일을 하고 여가를 즐기는 데 필요한 의사소통방법, 맛있는 과일들을 즐기는 방법, 그들의 독특한 인성을 개발하는 방법 등을 발달시켰다. 이 부족은 살아남아 번영하였고 우리의 조상이 되었다.

-Johnson & Johnson-

특히 다문화 수업에서 협동학습을 많이 권장한다. 이바름 · 정문성(2012)은 협동학습구조의 다문화 수업의 의의를 다음과 같이 지적하였다.

첫째, 협동학습은 수업의 민주화를 실천한다. 민주주의의 가장 큰 이념은 인간존엄, 자유, 평등이다. 협동학습에서는 긍정적 상호의존성으로 인해 모든 학생들이 서로를 인정하고 배려하는 구조를 만들어준다. 능력 있는 학생이나 능력이 부족한 학생이나 모두 소집단에 기여할 수 있는 기회는 동일하다. 그렇기 때문에 누구도 소외되지 않고 학습에 참여할 수 있는 동기를 제공

받는다. 다문화학생들은 주로 언어적인 측면에서 상대적으로 일반가정 학생에 비해 불리한 위치에 있고, 이것이 학업성취의 저하를 가져와서 악순환의 결과 학습결손의 누적으로 작용한다. 그러나 협동학습에서는 구조적으로 학업능력이 떨어진 학생이 불이익을 받지 않도록 되어 있다.

둘째, 학습공동체로서 동료의 학습에 대한 사회적 책임이다. 학습공동체란 나만 학업성취 한다고 끝나는 것이 아니라, 동료들의 학업성취도 나의 책임이라는 뜻이다. 공동체 모두가 성공해야지, 나만 성공할 수 없는 구조가 협동학습의 중요한 특징이다. 다문화학생이 소집단 구성원이고, 제대로 과제를 완수하지 못한다고 해서 그 학생이 소외되거나 열외 되는 현상이 협동학습에서는 발생하지 않는다. 협동학습목표구조에서는 학업성취 능력에 관계없이 누구도 소집단에 피해가 되는 학생이 발생하지 않도록 되어 있다. 즉 승자(winners)와 패자(losers)가 없다(Towson, 1985). 그렇기 때문에 다문화학생이 소집단 구성원에 포함되어 있다고 해도 소집단 성취에 어떤 불이익이나 반사이익을 받지 않는다.

셋째, 학습자료원으로서 학생들의 활용이다. 협동학습에서는 학생들을 중요한 학습자료원으로 활용한다. 다문화학생들이 가진 다양한 문화와 생각들은 협동학습에서 훌륭한 학습자료원으로서의 기능을 할 수 있다. 전혀 다른 시각과 경험이 이를 가능하게 하며 그러한 경험들이 소속감과 존재의미를 강하게 느끼게 해 주며, 동료들로부터 인정받는 기회를 더욱 많이 제공해 줄 것이다. 이 때문에 Kagan 외(1985)는 다문화 교실에서 협동학습이 다문화학생들의 자아존중감(self-esteem)을 높여준다고 하였다.

넷째, 구성원 재능의 발굴이다. 협동학습은 소집단을 구성하여 운영하므로 개인의 재능을 발휘할 기회를 많이 갖는다. 다문화학생에게도 마찬가지이다. 드러내거나 시도하지도 못할 재능들이 협동학습에서 발굴될 가능성이 매우 높은 것이다. 이는 사실 일반가정 학생들도 마찬가지이지만 사회심리적으로 또는 언어적으로 불리한 상황에 처해 있는 다문화학생들에게 협동학습은 경쟁학습이나 개별학습에 비해 자신의 재능을 발휘할 기회가 더욱 많이 주어져 있다고 볼 수 있다.

다섯째, 이질적 구성의 장점을 극대화한다. 협동학습에서 소집단 구성의 가장 중요한 특징은 이질적 구성을 강조한다는 점이다. 여기서 이질적이라는 것은 학습 능력, 성별, 경제적 배경, 성격, 인종 등 다양성을 이야기한다. 학생들의 구성원이 이질적일수록 상호작용은 더욱 활발하게 일어나며 인지적 자극과 정의적 자극이 많이 일어난다. '차이'는 불편함이나 문제가 아니라, 창의적 '자원'이 되는 것이다. 협동학습이라는 마당이 이를 가능하게 한다.

### (3) 학습방식

Joyce 외(2018)는 학습자의 학습방식에 따라 대표적인 수업방법들을 총망라해서 네 가지 영역으로 분류하였다. 첫째, 정보를 처리하는 것이 주된 수업방법, 둘째, 학습자의 사고를 발달시키는 데 초점을 둔 수업방법, 셋째, 의도적으로 행동을 수정하는 데에 초점을 둔 수업방법, 넷째, 사회적 상호작용이 주된 활동인 수업방법으로 구분하였다. 이 분류는 미국에서는 마치 교과서처럼 인용되는 분류이지만 한국에서 많이 사용되는 수업방법들이 아니어서 우리에게는 별로 도움이 되지 않는다고 할 수 있다.

〈표 1-8〉 Joyce 외(2018)의 수업 모형 분류

| 구분 | | | |
|---|---|---|---|
| 정보처리 | • 귀납적 사고 모형<br>• 인지발달 모형 | • 탐구 모형<br>• 선행조직자 모형 | • 개념학습 모형<br>• 기억 모형 |
| 인간발달 | • 비지시적 수업 모형<br>• 개념화능력 모형 | • 의식훈련 모형<br>• 학급회의 모형 | • 문제해결 모형 |
| 행동수정 | • 행동 모형<br>• 긴장완화 모형<br>• 인지훈련 모형 | • 자기통제 모형<br>• 자기표현 모형 | • 행동치료 모형<br>• 불안해소 모형 |
| 사회적 상호작용 | • 집단 탐구 모형<br>• 모의재판 모형 | • 사회 탐구 모형<br>• 역할놀이 모형 | • 실험 모형<br>• 모의 학습 모형 |

### 다문화학생(아동 · 청소년)의 정체성

교수학습을 설계하기 위해서는 대상인 다문화학생이 누구인지 이해해야 한다. 일반 학생들도 발달단계에서 자연스럽게 자신의 정체성을 고민하지만 다문화학생은 더욱 어려움을 겪을 수밖에 없다.

정체성(identity)은 이를 정의한 Erikson(1968:3)에 따르면 "개인의 동일성에 대한 의식적 감각(conscious sense of individual identity)"이다. 쉽게 표현하면 '나는 누구이며, 어디에 있으며, 어디로 향하고 있는가?'라는 질문의 대답이 될 수 있다. 이에 대한 대답은 현실적인 시각에서는 단순하고 명료하며 객관적일 수도 있지만 정신적 차원에서는 복잡하고 추상적이며 주관적인 성격이 강하다. 이러한 개인의 주관적 특성들이 집단화되고 역학적으로 얽매이며 방향성을 갖는다면 더욱 복잡하고 광범위한 특징을 갖는다.

다문화학생은 부계와 모계의 민족적 혈통이 다르기 때문에 그들의 정체성은 더욱 복잡하다. Pollock과 van Reken(1990)은 이들의 정체성을 '제3문화의 아이들'로 표현하였는데, 즉 두 개 나라 사이의 경계에 위치한, 두 문화가 섞여 있는 제3의 상황을 의미하는 것이다. 결국 대한민국에 살고 있는 다문화학생은 한민족의 혈연과 문화, 다른 민족의 혈연과 문화가 복합되어 한민족도 아니고 다른 민족도 아닌 제3의 정체

성을 갖는다는 의미이므로 현지계 한국인이라는 복합적인 정체성을 가졌다고 할 수 있다.

복합(혼합) 정체성

현지계(베트남, 필리핀 등) + 한국인 = 제3의 정체성

그러므로 교사가 다문화학생의 정체성에 접근할 때는 제3의 정체성에 대한 인식을 갖고 양 민족, 양 문화에 대해 긍정적 자부심을 갖도록 교육하는 것이 기본이다. 즉 이중언어 · 이중문화적 상황과 제3의 정체성에 대한 충분한 이해를 바탕으로 한 교육이 필요하며, 이중언어와 이중문화 교육이 병행되도록 하는 것이 좋다.

정체성은 여러 가지로 분류되는데 보는 관점에 따라 개인정체성(private identity)과 대중정체성(public identity)으로 나뉜다. 개인정체성은 개인이 느끼는 자신이고 대중정체성은 타인이 자신을 보았을 때 그들이 느끼는 정체성이다. 예를 들면, 한국에서 필리핀계 다문화학생이 자신을 한국인이라고 느끼는 것은 개인정체성이고, 한국인들이 그를 보았을 때 인종적 특색 때문에 필리핀인(혹은 동남아시아인)이라고 규정짓는 것은 대중정체성이라 할 수 있다. 결국 개인정체성과 대중정체성이 일치하지 않을 때 해당 학생은 정체성 혼란과 함께 자기애를 갖기 힘들다. 그러므로 이들이 '타민족계 한국인'이라는 제3의 정체성을 스스로 인식하고 이러한 정체성에 대한 자긍심을 갖도록 하는 것이 다문화교육과 다문화학생 수업에서 가져야 할 가장 기본적인 것이라 할 수 있다.

# 참 고 문 헌


교육부(2022). 출발선 평등을 위한 2022년 다문화교육 지원계획.

교육부 · 한국교육개발원(2021). 교육통계연보.

구정화 · 박윤경(2009). 다문화교육의 이해와 실천. 서울: 동문사.

이바름 · 정문성(2011). 협동학습이 다문화태도에 미치는 영향. 다문화교육, 2(3), pp. 107-132.

장인실 외(2012). 다문화교육의 이해와 실천. 서울: 학지사.

전영은(2015). 문화예술 활용 다문화교육 연구 동향 분석. 다문화교육연구, 8(3), pp. 177-195.

전영은(2018). 다문화교육에서 활용되는 문화예술 체험활동에 관한 문화인지론적 연구: 신체성을 중심으로. 문화예술교육연구, 13(6), pp. 33-69.

정문성(2008). 협동학습의 이해와 실천. 파주: 교육과학사.

황정규 · 이돈희 · 김신일(2011). 교육학개론. 파주: 교육과학사.

Banks, J. (2007). *An Introduction to multicultural education*. 모경환 · 최충옥 · 김명정 · 임정수 역(2008). 다문화교육 입문. 서울: 아카데미프레스.

Bennett, C. I. (2007). *Comprehensive multicultural education: Theory and Practice*. Boston: Allyn and Bacon.

Chang, I. (2012). Multicultural education in Korea; Its origin, status, and direction, *Multicultural Education Review, 4*(2), 60-90.

Grant, C. A. & Sleeter, C. E. (2011). *Doing multicultural education for achievement and equity*. NY: Routledge.

Johnson, D. W. & Johnson, R. T. (1989). *Cooperation and competition: Theory and research*. MN: Interaction Book Company.

Johnson, D. W. & Johnson, R. T. (2001). *Multicultural education and human relations: Valuing diversity*. Boston: Allyn and Bacon.

Joyce, B. R. Weil, M. & Calhoun, E. (2018). *Models of teaching*(9th ed.). Boston: Allyn and Bacon.

Kagan, S. G., Zahn, L., Widaman, K. F., Schwarzwald, J., & Tyrrell, G. (1985). Classroom structural bias: Impact of cooperative and competitive classroom structures on cooperative and competitive individuals and groups. In *Learning to cooperate, cooperating to learn*, edited by R. Slavin, S. Sharan, S. Kagan, R. Lazarowitz, C. Webb, and R. Schmuck, 277-312. New York: Plenum.

Manning, M. L. & Baruth, L. G. (1996). *Multicultural education of children and adolescents*. Boston: Allyn and Bacon.

Nieto, S. (2012). *Affirming diversity: Sociopolitical context of multucultural education*. Boston: Allyn and Bacon.

Petty, G. (2009). Teaching Today: A Practical Guide(4th ed). cheHenham: Nelson Thornes.

Towson, S. (1985). Melting pot or mosaic: Cooperative education and interethnic relations. In *Learning to cooperate, cooperating to learn*, edited by R. Slavin, S. Sharan, S. Kagan, R. Lazarowitz, C. Webb, and R. Schmuck, 263-76. NY: Plenum.

Tylor, E. B. (1871). *Primitive culture: researches into the development of mythology, philosophy, religion, art, and custom*. NY: Gordon Press.

http://rcps.egov.go.kr:8081/jsp/stat/ppl_stat_jf.jsp 행정안전부 홈페이지 2020년 3월 20일 참고

http://moe.go.kr 교육부 홈페이지 2020년 3월 20일 참고

http://www.moj.go.kr 법무부 홈페이지 2020년 3월 20일 참고

# 제2장 수업의 전개와 수업목표

## 1. 교수·학습의 전개

일반적인 수업의 전개는 '도입－전개－정리'의 절차를 따른다. 전술한 바 있는 교수·학습의 전형적인 형식인 '설명－시범－체험'은 주로 전개의 절차에서 많이 활용된다. 전개 단계가 수업에서 가장 많은 시간을 차지하고 다루고 있는 내용도 가장 많으며 수업의 핵심이기 때문이다. 그러나 이 전개 단계가 시작될 때까지 이끌어가는 도입의 중요성도 이에 못지않다. 학습자에게 학습의 방향과 에너지, 즉 학습동기를 강하게 불어넣을 수 있는 단계이기 때문이다. 정리의 단계는 수업의 마무리이기 때문에 의미가 크다. 학습자가 제대로 학습목표를 달성했는지 확인하고, 수업의 의미를 부여할 뿐만 아니라 다음 수업의 연결고리까지 준비해 놓은 단계이기 때문이다.

| | |
|---|---|
| 도입 | 학습동기 부여, 전시학습 상기, 목표 진술 |
| 전개 | 설명, 시범, 체험 |
| 정리 | 평가, 요약, 차시 예고 |

**[그림 2-1]** 수업의 절차

### 1) 도입

도입에 반드시 들어가야 하는 요소는 세 가지이다.

첫째, 배우고자 하는 학습동기이다. 학습동기란 배우고자 하는 '방향(direction)'과 '에너지(energy)'를 말한다. 목이 마르면 물이 있는 곳의 방향을 정확히 알아야 하고, 물을 찾으러 갈 에너지가 있어야 한다. 즉 학습목표를 달성할 수 있는 곳이 어디인지 알아야 하고, 그곳까지 갈 에너지가 있어야 한다. 학생들에게 에너지까지 주기는 힘들고, 최소한 학습목표를 달성할 수 있는 방향과 방법은 가르쳐주어야 한다. 소에게 억지로 물을 먹일 수는 없지만 물가에 데려다는 주어야 한다는 뜻이다. 보통 교사들은 이러한 학습동기를 주기 위해 수업목표와 관련된 재미있는 동영상이나 그림 등을 보여주어 호기심을 자극하는 방식을 많이 사용한다. 다행히 다문화 관련 동영상은 많이 개발되어 있으므로 이를 활용하는 것이 좋다.

둘째, 전시학습 상기이다. 대부분의 지식은 체계화되어 있기 때문에 전후좌우가 연결되어 있다. 따라서 학생들은 지난 시간에 배운 지식을 오늘 배울 지식에 연결 지을 때 훨씬 더 학습이 쉬워지고 의미 있어진다. 그리고 그것이 다음에 배울 학습과 연결되어짐을 알 때 더욱 그러하다. 이를 Ausubel(1963)은 '유의미학습'이라 이름 붙였다. 이를 위해 설명식 수업(expository learning)을 소개하였고, 이때 '선행조직자(Advance Organizers)'의 사용을 권했다. 선행조직자란 오늘 배울 학습과제보다 더 추상적이며 포괄적인 형태로 제시하는 예비적 학습 자료로 학습자가 지식을 구성하는 데에 도움을 준다. 전술한 바와 같이 전후좌우 연결되어 있기 때문이다. 그래서 '선행(advanced)'이라는 표현을 사용한 것이다. 가장 효과적인 선행조직자로는 오늘 수업과 관련된 사례나 학습자가 이미 잘 알고 있는 개념 등이다. 선행조직자는 첫째, 새로운 학습과제 내의 자료를 이전에 학습한 자료와의 관계 하에서 설명하고, 통합하고, 상호관련을 짓기 위하여 둘째, 학습자가 새로운 학습 자료와 이전의 학습 자료를 구별하는 것을 돕기 위하여 이용된다(윤기옥 외, 2001). 예를 들어 교사는 다음과 같이 말할 수 있다.

"지난 시간에 문화에는 보편성과 특수성이 있다고 했지요? 지난 시간에 문화의 보편성에 대해 배웠어요. 그럼 오늘은 문화의 특수성에 대해 배워볼까요?"

여기에서 선행조직자는 문화의 보편성이다. 이를 통해 학생들은 지난 시간에 배운 내용을 머리에 떠올리며, '아, 이제 지난 시간에 배우지 않은 문화의 특수성에 대해 배우는구나.'하고 오늘 학습할 내용에 대한 인지 구조가 강화될 것이다. 즉 유의미학습이 될 것이다. 인지 구조(cognitive structure)란 어떤 시점에 개인이 가지고 있는 사실, 개념, 원리 및 이론으로 이루어진 학습자의 현재의 지식체계를 의미한다. 인지 구조는 일종의 위계관계를 이루고 있어, 최상부에는 가장 포괄적이고 추상적인 개념이 차지하고 그 밑으로 덜 포괄적인 하위개념과 지식들이 연결되어 구성된다. 다시 말해 인지 구조는 특정한 지식과 그 지식이 얼마나 잘 조직되고 명료하며 안정되어 있는가를 가리키는 용어이다(윤기옥 외, 2001).

Ausubel(1963)에 의하면 개인이 이미 지니고 있는 인지 구조는 새로운 자료에 대하여 유의미학습이 이루어질 것인가, 얼마나 잘 습득되고 기억될 것인가를 결정하는 가장 중요한 요인이다. 새로운 자료를 효과적으로 제시하려면, 새로운 자료와 관련된 사전지식(prior knowledge)의 안정성(stability)과 명료성(clearness)을 증가시켜야 한다. 이와 같이 학생의 인지 구조를 강화하는 것은 선행조직자 모형의 일차적인 목적이며, 새로운 지식의 습득과 기억에 도움이 된다.

셋째, 목표 진술이다. Gagné와 Briggs(1994)는 수업목표 진술은 학습자 중심으로 상황, 학습 능력, 행위동사, 대상, 도구 또는 제한점 등 여섯 가지 요건을 갖추어야 한다고 하였다(이원희 외, 2010). Mager(1962)는 수업목표 진술은 학습자를 중심으로 도달점 행동, 준거, 조건, 내용 등 다섯 가지 요건을 갖추어야 한다고 하였다(번영계, 2014). 그러나 이것이 다소 복잡하여 학교현장에서는 대체로 최소한의 기준으로 학습 내용, 조건, 학생 행동의 세 가지 요건을 포함한 수업목표로 진술한다. 즉 학습한 내용을 특정 조건에 따라 특정 행동을 보였을 때, 수업목표를 달성한 것으로 간주하는 최소한의 기준으로 표현한다. 또한 교수자가 아니라 학습자 기준으로 진술되어야 학습자들이 자신들의 목표를 의식하면서 수업에 집중할 수 있다. 예를 들어 수업목표 진술은 [그림 2-2]와 같이 진술되는 것이 바람직하다(정문성 · 전영은, 2014).

'다양한 신발을 살펴보면서 환경에 따라 모양과 기능이 달라짐을 이해하고 여러 나라의 신발을 통해 문화의 차이를 탐색한다.'

⇩

나라마다 신발의 모양과 기능이 다른 이유를 (내용) 예를 들어 (조건) 설명할 수 있다. (행동)

여러 나라의 신발을 예로 들어 (조건) 문화의 차이를 (내용) 설명할 수 있다. (행동)

**[그림 2-2]** 목표 진술의 수정 사례

[그림 2-2]의 원래 수업목표 진술은 추상적이다. 학습자가 이해했다는 것을 어떻게 알 수 있는지, 탐색하는 것에 의의를 두고 마는 것인지 목표가 불분명하게 표현되어 있다. 그리고 한 문장에 여러 가지 내용과 행동이 담겨 있어서 구분하기도 쉽지 않다. 그래서 처음의 수업목표를 두 문장으로 나누었다. 각각의 조건에 맞게 내용을 설명할 수 있다면 제대로 이해했고 탐색했다는 뜻이다. 이처럼 구체적으로 수업목표를 진술하면 학습자는 수업의 방향을 알고, 어느 정도의 에너지를 쏟아야 하는 것도 알 수 있다. 이러한 진술 방식에 대해 2. 수업목표의 진술에서 좀 더 구체적으로 살펴보기로 한다.

## 2) 전개

이 단계에서 본격적인 수업에 들어간다. 전개 단계의 기본적 절차는 '설명-시범-체험'이다. 이 절차는 차시 안에서 한 번 적용할 수도 있고, 여러 번 반복해서 적용할 수도 있다. 때로는 1차시를 뛰어 넘어 1차시는 설명, 2차시는 시범, 3차시는 체험으로 구성할 수도 있다. 그러나 학습자들이 선호하는 학습양식(learning style)이 다르기 때문에 '설명-시범-체험'을 전개 절차 안에서 여러 번 반복하는 것이 최선이다. 보는 것을 선호하는 학습자(visual: 29%), 설명 듣는 것을 선호하는 학습자(auditory: 34%), 직접 활동하기를 선호하는 학습자(kinaesthetic: 37%)가 각각 1/3정도이기 때문이다. 즉 설명이 길어지면, 보는 것을 선호하거나 체험활동을 선호하는 학습자는 쉽게 지루해하고 수업 참여도가 줄어들 수 있다(Ginnis, 2005). 그렇지만 만약 교사가 설명과 시범을 짧게 보여주고 곧이어 직접 체험할 것이라고 예고하면 활동선호 학습자도 설명과 시범에 집중하게 된다. 활동을 성공적으로 수행하기 위해서이다.

설명은 교사가 할 수도 있고, 학생을 시켜서 할 수도 있다. 또는 동영상을 보여줄 수도 있다. 중요한 것은 학생들이 충분히 이해할 수 있는 설명이 되어야 한다. 그래야 다음으로 보여주는 시범이 이해될 수 있다. 시범 역시 정확해야 한다. 특히 초등학교 저학년이나 성인이라도 초보자는 시범을 그대로 따라하는 경향이 강하다. 그러므로 정확한 시범이 중요하다. 그래야 정확한 체험을 할 수 있기 때문이다. 그런 다음에야 비로소 자신의 개성을 표현할 수 있다. 대개 설명식 수업에서는 교사가 설명과 시범만 보여주고 체험은 학생들에게 숙제로 내어주는 경우가 많다. 반대로 토의·토론 수업에서는 교사의 설명과 시범은 짧고, 학생의 활동이 많은 시간을 차지한다. 그러나 여기도 마찬가지로 학습자가 초보일 때는 전자처럼 교사의 설명과 시범이 많이 제공되어야 한다. 아직 학습자가 스스로 학습할 준비와 능력이 없으면 수업이 제대로 진행되지 않기 때문이다. 즉 학습자의 입장에서 숙련된 교사의 모델을 모방하는 것이 학습의 효과를 높여준다. 반면 학습자가 스스로 학습할 능력이 있을 때는 학습자가 스스로 학습할 기회를 주는 것이 더 효율적이다. 다만 학습을 학습자에게 위임하였으므로 학습에 몰입할 수 있도록 절차 안내나 가이드를 구체적으로 해주어야 한다. 특히 토의·토론 수업이나 협동학습에서 절차에 대한 설명을 제대로 해주어야 한다.

### 3) 정리

정리 단계는 오늘 배운 내용을 요약해서 정리하는 시간이다. 교사는 정리해 줄 수도 있고, 평가 즉 질문이나 퀴즈를 통해 학생들이 학습을 완성했는지 확인하는 방법으로도 사용한다. 그리고 마지막으로 다음 시간에 무슨 내용을 배울지에 대해 오늘 것과 관련시켜서 예고해준다. 이는 전시학습 상기와 같은 원리로서 학생들의 인지 구조를 정교화시키고 다음 차시의 학습동기를 불러일으키기 위해서이다.

## 2. 수업목표의 진술

### 1) 수업목표의 분류

수업목표를 학습자의 구체적 행동으로 표현하기 위해서는 다양한 교과를 모두 포함하고, 수준의 높고 낮음을 포괄하는 학습목표의 체계적 분류가 필요하다. 이에 Bloom(1956)은 학습자의 발달영역에 따라 인지적(cognitive), 정의적(affective), 심동적(psychomotor) 영역으로 학습목표를 분류하였다. 이 분류는 지금까지도 가장 많이 활용되고 있다. 특히 지식, 이해, 적용, 분석, 종합, 평가의 여섯 가지 수준으로 분류한 인지적 영역은 학습목표 외에도 사고력 교육을 위해서도 널리 사용되고 있다.

#### (1) 인지적 영역

인지적 영역은 합리적 사고, 지적 사고의 작용과 관련된다. 그래서 학습자료의 회상, 인지, 지적능력, 기능의 발달과 관련되는 목표들로 구성된다. 인지적 영역은 지식, 이해, 적용, 분석, 종합, 평가의 여섯 가지 수준으로 나뉜다.

첫째, 지식은 사실이나 개념, 원리 등의 학습한 내용을 기억해 내는 행동이다. 그래서 직접적인 단답형 질문, 선다형 문항에 의해서 평가가 가능하다. 지식과 관련된 수업목표의 행동은 '정의할 수 있다.', '서술할 수 있다.', '열거할 수 있다.', '묘사할 수 있다.', '기억할 수 있다.' 등이 있다.

둘째, 이해는 어떤 자료의 내용에 포함되어 있는 뜻을 이해하는 능력이다. 번역이나 해석, 추리 등이 여기에 해당된다. 왜냐하면 번역의 경우 이미 알고 있는 개념이나 내용이지만, 이것을 다른 언어로 표현하는 능력이 필요하기 때문이다. 해석의 경우 아이디어의 관계 속에서 중요하고, 중요하지 않고를 식별해 내는 능력이 필요하기 때문이다. 추리의 경우 경향이나 조건 등을 해독하고 그에 대한 결과를 추측하는 능력이 필요하기 때문이다. 이해와 관련된 수업목표의 행동은 '이해할 수 있다.', '구분할 수 있다.', '비교할 수 있다.', '요약할 수 있다.', '추론할 수 있다.', '번역할 수 있다.', '다른 말로 표현할 수 있다.' 등이 있다.

셋째, 적용은 특정하고 구체적인 사태에 대해서 추상적 개념을 사용할 수 있는 능력이다. 그래서 귀납적 및 연역적 추리의 사고과정이 동원되어야 한다. 또한 이미 배운 내용을 새로운 문제에 적용할 수 있는 능력이 필요하다. 적용과 관련된 수업목표의 행동은 '열거할 수 있다.', '적용할 수 있다.', '구성할 수 있다.', '조직할 수 있다.', '수정할 수 있다.' 등이 있다.

넷째, 분석은 주어진 자료를 구성요소와 부분으로 나누는 능력이다. 분석을 통해 비판적 사고와 논리적 사고력을 신장할 수 있다. 분석과 관련된 수업목표의 행동은 '분석할 수 있다.', '분류할 수 있다.', '예를 들 수 있다.', '인과관계를 세워볼 수 있다.' 등이 있다.

다섯째, 종합은 전체를 구성하는 여러 요소나 부분을 하나로 묶는 능력, 새로운 것을 창안하는 능력이다. 여기에서 학습자는 독창적인 의사 전달 방법을 배우게 된다. 또한 추상적 관계를 도출할 수 있다. 추상적 관계를 도출한다는 것은 특정한 자료나 현상을 분류하고, 설명하기 위해 추상관계를 개발하는 능력을 말한다. 종합과 관련된 수업목표의 행동은 '창조할 수 있다.', '그림을 그릴 수 있다.', '범주화할 수 있다.', '편집할 수 있다.', '해결을 제시할 수 있다.' 등이 있다.

여섯째, 평가는 어떠한 목적에 비추어서 자료와 방법의 가치를 판단할 수 있는 능력이다. 평가는 가장 고급(상위)지식에 해당된다. 즉 아무나 할 수 없다는 것이다. 평가와 관련된 수업목표의 행동은 '평가할 수 있다.', '발견할 수 있다.', '판단할 수 있다.', '결정할 수 있다.' 등이 있다.

그러나 Bloom의 목표분류 '지식'이라는 표현의 문제, 인지과학자들이 분류하는 지식의 위계의 불일치 등의 문제점이 지적되면서 Anderson과 Krathwohl (2001)에 의해 수정되어 신목표분류법(revision of Bloom`s taxonomy)이 제안되었다. 우선 학습대상이라 할 명사로 이루어진 지식 차원(사실, 개념, 절차, 메타인지)과 학습된 결과로 나타날 행위인 동사로 이루어진 인지과정 차원(기억, 이해, 적용, 분석, 평가, 창안)으로 재구성하였다. 후자의 경우 명사를 동사로 바꾸었고, 평가와 창안은 위치가 바뀌었다(신진걸 · 조철시, 2008; 전영은 · 정문성, 2020). [그림 2-3]은 Bloom의 목표분류와 Anderson · Krathwohl의 신목표분류를 비교한 것이다.

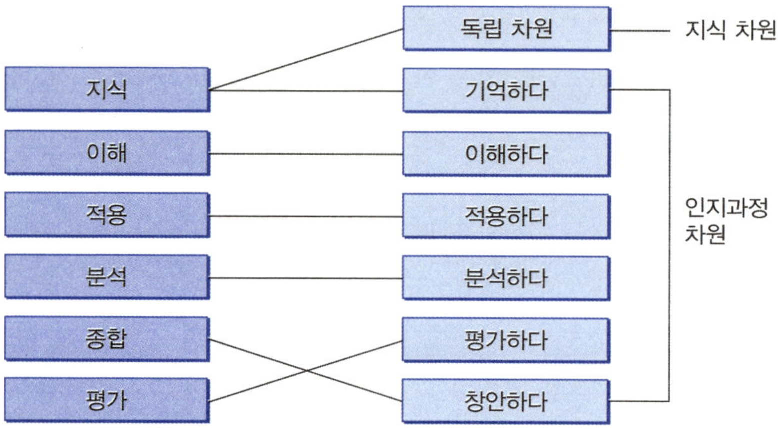


**[그림 2-3]** Bloom의 목표분류와 Anderson · Krathwohl의 신목표분류 비교

신목표분류에서 독립된 차원으로 다룬 지식 차원의 구체적 내용은 〈표 2-1〉과 같다.

**〈표 2-1〉** 신목표분류의 지식 차원

| 지식 차원 | 하위 범주 |
|---|---|
| 사실 | 전문용어, 구체적 사실과 요소 등 |
| 개념 | 분류와 유목, 원리와 일반화, 이론 · 모형 · 구조 등 |
| 절차 | 교과의 특수기능과 알고리즘, 교과의 특수한 기법과 방법, 적절한 절차의 사용 시점을 결정할 준거 등 |
| 메타인지 | 전략, 인지과제 등 |

신목표분류의 인지과정 차원의 하위 범주는 〈표 2-2〉와 같다.

〈표 2-2〉 인지과정 차원의 하위 범주

| 인지과정 차원 | 하위 범주 |
|---|---|
| 기억하다 | 재인하다, 회상하다 |
| 이해하다 | 해석하다, 예증하다, 분류하다, 요약하다, 추론하다, 비교하다, 설명하다 |
| 적용하다 | 집행하다, 실행하다 |
| 분석하다 | 구별하다, 조직하다, 귀속하다 |
| 평가하다 | 점검하다, 비판하다 |
| 창안하다 | 생성하다, 계획하다, 산출하다 |

신목표분류에서 지식 차원과 인지과정 차원의 이원분류표는 〈표 2-3〉과 같이 구성된다.

〈표 2-3〉 신목표분류에서 지식 차원과 인지과정 차원의 이원분류표

| 지식/인지과정 | 기억하다 | 이해하다 | 적용하다 | 분석하다 | 평가하다 | 창안하다 |
|---|---|---|---|---|---|---|
| 사실 | | | | | | |
| 개념 | | | | | | |
| 절차 | | | | | | |
| 메타인지 | | | | | | |

이처럼 목표분류를 구조화하면 교사들은 표준화된 목표 진술을 할 수 있고, 수업을 진행하면서 구체적으로 수업목표를 의식하고 방향과 에너지를 수업목표에 구체적으로 집중할 수 있다.

### (2) 정의적 영역

정의적 영역은 인간의 정서, 의지, 기질 관련 행동 특성과 관련된다. 그래서 학습자의 태도, 신념, 가치에 관련된 것에 중점을 두었으며, 학습자의 바람직한 태도나 가치관 형성을 목표로 두었다. 정의적 영역은 감수, 반응, 가치화, 조직화, 인격화 등 다섯 가지 수준으로 나뉜다.

첫째, 감수는 수용 또는 주의라고도 한다. 어떤 자극의 전재에 대해서 민감성을 드러내거나 그것에 대한 주의와 관심을 자진해서 나타내는 경향성의 단계를 말한다.

둘째, 반응은 수동적 반응을 넘어 적극적인 반응을 보이는 것으로 심리적 태세를 말한다.

셋째, 가치화는 사물, 현상, 행동에 대해서 바람직하다는 정서적 반응을 말한다. 개인적으로 의미를 부여하는 단계이다.

넷째, 조직화는 사물, 현상, 행동 사이에 체계가 이루어져 있는 상태에서 개인이 자기 나름대로 가치체계가 형성되어 있는 수준을 말한다. 그래서 가치화를 더 체계적으로 유형화시키는 단계라고 보면 된다.

다섯째, 인격화는 일반적인 기준을 자기의 인격 속에 내면화 시켜서 행동하고, 그것을 통해 안정된 개인화를 형성하도록 하는 단계이다.

Krathwohl(1964)는 감수를 가장 낮은 수준으로 보았으며, 인격화를 가장 높은 수준으로 보았다.

### (3) 심동적 영역

심동적 영역은 심체적 또는 심미적 영역이라고도 한다. 심동적 영역은 신체운동기능과 관련된 행동 특성과 관련된다. 그래서 정의적 영역과 마찬가지로 학습자의 태도, 가치에 관련된 것에 중점을 두었다. 심동적 영역과 관련된 수업목표의 행동은 '조립할 수 있다.', '칠할 수 있다.', '측정할 수 있다.', '분해할 수 있다.', '설계할 수 있다.' 등이 있다. 심동적 영역은 반사적 동작, 기초 동작, 운동지각력, 신체능력, 숙련 동작, 동작적 의사소통 등 여섯 가지 수준으로 나뉜다.

첫째, 반사적 동작은 자극에 대해 무의식적으로 반사 행동을 하는 것으로 굴절, 확장, 신장, 자세 적응 등이 있다.

둘째, 기초 동작은 단순한 동작으로 걷기, 달리기, 구르기 등이 있다.

셋째, 운동지각력은 주변의 자극을 해석하여 환경에 적응하려고 하는 능력을 말한다. 시각, 청각, 촉각 등 특정 운동기능을 익히는 것과 관련된다.

넷째, 신체능력은 신체의 유연성, 민첩성을 포함하는 능력을 말한다. 멀리던지기, 높이뛰기 등이 있다.

다섯째, 숙련 동작은 단순 동작을 기초로 복잡한 동작을 수행하는 것으로 정교한 운동에 포함된 기능을 말한다. 미적 우아함을 포함한 동작과도 관련된다.

여섯째, 동작적 의사소통은 얼굴 표정이나 정교한 동작 등 신체를 통한 의사소통을 말한다.

Harrow(1972)는 반사적 동작을 가장 낮은 수준으로 보았으며, 동작적 의사소통을 가장 높은 수준으로 보았다.

## 2) 수업목표 진술의 방식

교육의 목표는 의도적 행동의 변화이다(정범모, 1976). 공교육이 실천되는 가장 구체적인 장소는 교실이며, 행위는 교실수업이다. 그러므로 수업에는 반드시 목표가 있어야 한다. 그 목표가 의도적 행동의 변화이다. 목표는 분명하게 표현되어야 한다. 그리고 그것은 교사나 학습자가 충분히 이해할 수 있는 수준이어야 한다. 목표가 무엇인지 이해되어야 어떤 교수-학습 행동을 해야 하는지 결정되기 때문이다.

학습목표를 진술하는 방식은 오랫동안 진화되어 왔다. Tyler(1949)는 학습목표가 학생의 행동으로 진술되어야 하고, 행동과 함께 나타내어지는 학습내용이 표현되어야 한다고 주장하였다. 또한 기대되는 행동을 상세화하여 표현해야 한다고 주장하였다. Mager(1962)는 여기에 더하여 성취 조건과 달성기준이 함께 제시되어야 한다고 주장하였다. Gagné(1977)는 학습자에게 요구되는 학습 능력, 학습자의 행위 동사로 표현, 성취 상황과 조건이 포함, 대상이 포함, 도구나 기구가 포함 등 구체적으로 다음의 다섯 가지 조건이 갖추어져야 한다고 하였다.

그러나 구성주의 교육학자들로부터 이러한 행동주의 목표진술은 많은 비판을 받았다. 이혁규(2009)는 이러한 비판을 종합하여 다음과 같이 요약하였다. 첫째, 행동적 언어로 표현 가능한 것만을 수업목표로 보면 교육의 개념을 협소화시켜서 다양하고 중요한 교육적 체험을 학교교육 밖으로 추방하는 결과를 가져온다. 둘째, 수업행위 이전에 하는 목표제시 자체가 바람직하지 않을 수 있다. 교과의 특성에 따라 수업목표가 수업 도중에 세워질 수 있기 때문이다. 셋째, 상세화 된 목표 제시는 부분의 합이 전체와 같다는 환원주의에 빠져 있다. 중요한 능력이라 생각되는 판단력, 의사결정능력 등은 부분을 달성한다고 만들어지는 것이 아니기 때문이다. 넷째, 효율성을 추구하는 학교공장의 이데올로기의 결과이다. 오늘날 구성주의는 학습자의 다양한 반응을 포용하는 포괄적 학습목표를 선호하며 학습자가 자신의 관심과 흥미를 반영한 맥락적 목표를 스스로 만들 수 있도록 격려한다.

Eisner(1979)는 대안으로 기존의 수업목표를 알아야 할 것의 획득에 관한 영역으로 제한하고, 그것의 정교화, 수정, 창조 등은 표현목표와 좀 더 종합적 영역으로 문제해결 목표 등 세 가지를 설정하자는 대안을 내어 놓기도 했다. Gronlund(1990)는 절충적 방법을 제시했다. 수업목표를 일반적 목표와 명세적 목표로 구분하자는 것이다. 일반적 목표는 좀 더 추상적 수준에서 '－하기', '－안다.', '－이해한다.' 등의 개조식 또는 내재적 행동으로 표현할 수 있게 하고, 이를 좀 더 구체화하여 적용할 때 기존의 명세적 목표방식을 사용하자는 것이다.

그러나 공교육은 보통의 시민을 양성하는 보통교육의 목적이 강하므로 최소화한 성취기준이라 할 수 있는 기존의 행동목표 진술방식을 가장 많이 사용하고 있다. 여기서 '최소한'이란 뜻은 보통 학습자라면 이 수업을 한 다음에는 이 정도의 능력은 보여주어야 한다는 뜻이고, 더 높은 수준의 성취는 개인마다 자아실현의 과정으로서 얻는 것이다. 즉 행동목표의 진술이 잠재적 교육과정으로 얻는 잠재적 효과들을 막는 것은 아니라는 뜻이다. 그 이상의 것은 개인 교사나 학습자가 추구하는 각자의 몫이라 볼 수 있다.

학교현장에서는 일반적으로 내용, 조건, 행동 용어의 세 가지 조건으로 수업목표를 진술하고 있다.

## 3. 교수 · 학습 지도안

일반적으로 교수자는 수업을 하기 전에 교수·학습 지도안을 미리 작성한다. 교수·학습 지도안을 미리 작성하는 이유는 첫째, 수업을 미리 계획할 수 있고 둘째, 문제를 미리 예상할 수 있고 셋째, 수업 중에 발생할 수 있는 여러 사건에 대해서 미리 대책을 세울 수 있기 때문이다. 교수·학습 지도안에 들어가야 할 내용으로는 단원명, 학습단계, 시간, 학습목표, 학습내용, 수업매체, 학습집단(대상), 교수·학습 활동, 지도상의 유의점 등이 있다(차경수·모경환, 2014).

〈표 2-16〉 교수 · 학습 지도안 양식의 예

<table>
<tr><td>단원명</td><td></td><td>대상</td><td></td><td>차시</td><td></td><td>지도<br>일시</td><td></td><td>지도<br>장소</td><td></td></tr>
<tr><td>수업목표</td><td></td><td></td><td></td><td></td><td></td><td></td><td></td><td></td><td></td></tr>
<tr><td rowspan="2">지도단계</td><td rowspan="2">주요학습내용</td><td colspan="2">교수-학습활동</td><td rowspan="2">시간</td><td rowspan="2">수업매체</td><td rowspan="2" colspan="4">지도상 유의점</td></tr>
<tr><td>교사</td><td>학생</td></tr>
<tr><td>도입</td><td></td><td></td><td></td><td></td><td></td><td colspan="4"></td></tr>
<tr><td>전개</td><td></td><td></td><td></td><td></td><td></td><td colspan="4"></td></tr>
<tr><td>정리</td><td></td><td></td><td></td><td></td><td></td><td colspan="4"></td></tr>
<tr><td>판서내용,<br>형성평가<br>문항 및<br>과제물 제시</td><td></td><td></td><td></td><td></td><td></td><td colspan="4"></td></tr>
</table>

학습집단(대상)의 경우는 전체 → 소집단 → 개별 → 전체로 하는 것이 수업의 흐름상 좋다. 수업 시작부터 소집단 및 개별 활동을 하게 되면 학습자들이 수업내용에 대한 전체적인 내용을 파악하지 못할 수 있을 뿐만 아니라, 목표 행동에 도달하지 못할 수도 있다. 학습단계는 전술한 바와 같이 도입 → 전개 → 정리로 해야 한다. 도입에서는 수업인사, 전시학습 상기, 학습문제 확인, 학습활동 안내, 학습동기 부여 등을 해야 한다. 전개에서는 활동1, 활동2, 활동3 등으로 정리한다. 상황에 따라 활동은 하나만 할 수도 있고, 두 개를 할 수도 있고, 세 개를 할 수도 있다. 정리는 학습내용을 정리하고, 평가 및 후속차시 예고를 하고 끝인사로 마무리한다. 시간은 분 단위로 적어야 한다. 수업 매체는 동영상, 학습지, 워크시트, 신문, 영화 등 수업자료를 적는다. 지도상의 유의점은 수업 방식이나 진행상의 유의점이나 수업내용의 유의점을 기입하면 된다.

### 이중언어와 이중문화, 간문화능력

수업을 전개하고 수업목표를 설정할 때 다문화학생의 언어 문제를 이해해야 한다. 다문화학생이 처음에 한국어를 배울 때는 '생활언어'로 배우지만, 학교에서는 '학습언어'로도 배워야 하는 어려움을 가지고 있다.

다문화학생들은 기본적으로 두 개의 언어와 두 개의 문화를 학습하고 경험하므로 이중언어와 이중문화 환경에 놓인다. 전술한 바와 같이 전통적 언어교육은 의사소통 능력이 언어 능력에만 치중되었던 반면, 1980년대부터 언어교육에서 문화능력 또한 중요하게 여기게 되었다(Canale & Swain; 1980, Canale; 1983). 이후 Byram(1997: 71)이 의사소통 능력을 언어 능력 · 사회언어 능력 · 담화능력 · 간문화능력으로 분류하면서 문화능력은 독립적이고 주요한 개념으로 자리매김하게 되었다.

'간문화능력'은 문화 간 소통 능력(intercultural communicative competence)

을 의미한다. 다양한 언어문화를 경험한 사람은 사회적인 이해와 비교를 통해 다른 문화에 대한 행위, 태도 기대감 등에 직면했을 때 유연하고 적절하게 행동하는 능력을 갖게 되어 양 문화 간 해석자, 중재자, 촉매자 역할을 할 수 있다는 것이다. 이러한 간문화능력은 단순히 옷을 입는 스타일이나 음식 취향 등 외적인 행동과 패턴에 순응하는 것 이상의 의미 및 체계를 가진다. 문화를 우리 삶의 총체적 행동양식으로 해석하는 대문화의 관점에서 볼 때, 또 하나의 언어와 문화에 대한 경험은 하나의 학습 과정이고 삶과 세계를 해석하고 이해하는 틀이며 세대에서 세대로 전승되는 가치의 개념까지 포함하는 것이다. 결국 문화의 표층부와 보이지 않는 신념이나 가치 등 문화의 심층부 모두를 경험하고 양 문화 사이에 문화적 균형과 정체성을 찾으려고 고군분투하면서 강력한 다문화 기능을 계발하는 것이 가능해진다. 예를 들면, 식사를 할 때 젓가락을 포크로 쉽게 바꾸어 쥐고, 인사를 할 때 절을 하다가 악수로 쉽게 바꿀 수 있는 것보다 더 중요한 것은 문화의 숨겨진 측면 혹은 심층부에 민감하게 반응할 수 있고 그 차원에서 성공적으로 일할 수 있는 능력이다(Pollock & van Reken, 1999, 박주영 역, 2008: 142).

다문화학생들은 두 개의 언어와 두 개의 문화를 다 습득해야 하는 어려움을 가지고 있다. 아울러 이러한 능력들은 학습을 하는 데에 절대적으로 중요한 역할을 한다. 국어뿐만 아니라 모든 교과를 학습하는 데 언어 능력은 중요한 수단으로 사용되기 때문이다. 아울러 언어는 문화와 결합되어 있기 때문에 기능적인 언어 능력만으로는 한 사회에서 정상적으로 살아가기 힘들다. 유창한 이중언어와 풍부한 이중문화능력을 가지고 있다면 이는 장점으로 활용되겠지만 그것은 일부 특별한 학생의 경우이며 대부분은 이중고를 겪을 수밖에 없다. 이러한 언어 능력의 출발선을 고려하지 않으면 다문화학생들에게는 학습의 불평등한 기회를 갖는 것과 마찬가지이다. 그러므로 교사들은 그들의 환경에 있는 양 언어, 양 문화를 조화롭게 경험하고 인식할 수 있도록 교육해야 하고 그러할 때 세계 시민의 자질인 간문화적 능력을 소유하게 될 것이다. 그리고 이러한 능력을 가진 차세대 양성은 세계화 시대 집단적 자원(resource)이 되어 국가 경쟁력을 고조시키는 동인이 된다 하겠다.

통계청의 인구 추계를 반영하면 2025년 공립초등학교 학생 수는 224만 명으로 줄어들고 2030년에는 이보다 23.2% 줄어든 172만 명으로 감소할 것으로 예상된다. 인구 감소의 대안으로 유럽 여러 국가들이 이민을 확대하고 있는 것처럼 OECD 최저

출생률을 보이고 있는 우리나라도 이민의 확대가 불가피할지도 모르고 지금보다 더 다문화사회로의 진전이 더 크고 빨라질지도 모른다. 이러한 인구 변화와 더불어 다문화사회로의 전환에 따른 다문화학생의 미래와 진로에 대한 교육은 앞으로 학생 개인을 넘어 국가 및 사회의 문제이자 과제이다. 그러므로 이중언어, 이중문화 환경과 같은 다문화 가정 학생의 장점 및 잠재적 가능성을 교수 학습의 동기와 목표로 활용할 때 그 효과가 커질 것이다.

# 참 고 문 헌


번영계(2014). 교수 · 학습 이론의 이해. 서울: 학지사.

신재한(2005). 교과지식 영역에 따른 대안적 수업목표 분류방안 탐색, 한국교육논단, 4(2), pp. 93-119.

신진걸 · 조철기(2008). Bloom의 신교육목표분류학에 근거한 지리 수업목표의 진술과 평가의 실제. 한국지리환경교육학회지, 16(2), pp. 129-144.

윤기옥 외(2001). 수업모형. 서울: 동문사.

이원희 외(2010). 교육과정. 서울: 교육과학사.

이혁규(2009). 행동적 수업목표를 넘어서. 우리교육 11월호, pp. 116-120.

전영은 · 정문성(2020). 사회 교과서에 나타난 다문화 관련 내용 분석 연구: 한국, 독일, 오스트레일리아 중학교 사회 교과서를 중심으로. 교육문화연구, 26(1), pp. 425-452.

정문성 · 전영은(2014). 교육과정 재구성을 통한 문화예술교육 가능성 탐색: '사회로 예술하기' 사례를 중심으로. 시민교육연구, 46(2), pp. 283-305.

정범모(1976). 교육과 교육학. 서울: 배영사.

차경수 · 모경환(2014). 사회과교육. 서울: 동문사.

Anderson과 Krathwohl. (2002) Anderson, L. W., Krathwohl, D. R., Airasian, P. W., Cruikshank, K. A., Mayer, R. E., Pintrich, P. R., Raths, J, Wittrock, M. C. (2001). *A taxonomy for learning, teaching, and assessing: A revision of bloom's taxonomy of educational objectives*. 강현석 외(역)(2005). 교육과정 수업평가를 위한 새로운 분류학. 서울: 아카데미프레스.

Ausubel, D. P. (1963). *The psychology of meaningful verbal learning*. Oxford, Grune & Stratton.

Ausubel, D. P. (2000), *The acquisition and retention of knowledge: a cognitive view*. NY: Kluwer Academic Publishers

Bloom, B. S. (1956). *Taxonomy of Educational Objectives*. MA: Allyn and Bacon.

Tyler, R. (1949). *Basic principles of curriculum design*. Chicago: University of Chicago Press.

Eisner, E. W. (1979) *The educational imagination: on the design and evaluation of school programs*. New York: Macmillan.

Gagné, R. M. (1977). *The conditions of learning*. NY: Holt, Rinehard and Winston.

Gagné, R. M., Briggs, L. J. & Wager, W. W. (1994). *Principle of instructional design*. NY: Harcourt, Brace Jovanovich College Publishers.

Ginnis, P. (2005). *The Teacher's Toolkit*. Raise Classroom Achlevement with Stralegies for Every Learner. VT: Crown House Publishing.

Gronlund, E. N. (1990). *Measurement and evaluation in teaching*. NY: Macmillan Publication Co.

Mager, R. F. (1962). *Preparing instructional objectives*. CA: Fearson Press.

# 제3장 학습동기

## 1. 동기와 학습동기

수업은 교수-학습이라고도 한다. 가르침과 배움의 조화라는 뜻인데, 학습자가 배우겠다는 학습동기가 있어야 교수의 효과가 나타날 수 있다.

### 1) 학습동기

학습동기란 학습을 하겠다는 방향(direction)과 실제로 학습하는 행동의 힘(energy)이 결합된 것이다. 학습동기가 중요한 이유는 학습동기가 높을수록 학업성취도가 높기 때문이다. 또한 수업의 참여도가 높아지고, 효과도 커지기 때문이다. 그래서 교수자는 수업의 시작에서부터 끝날 때까지 학습자의 학습동기를 계속 유발시키기 위해 애를 쓴다. 그래야 수업의 참여도 높고 효과도 커지기 때문이다.

### 2) 학습양식

모든 학습자가 동일한 학습동기를 가지고 있지는 않다. 사람마다 기질이

다르듯 학습자도 서로 다른 학습양식을 가지고 있어서 선호하는 학습양식이 있다. 이는 학습동기와 밀접한 관계를 갖는다. 예를 들어 청각선호 학습양식을 가진 학습자는 교사의 설명을 듣기 원하기 때문에 교사가 설명식 수업을 할 때 더 학습동기가 높을 수 있다. 학습양식의 차이를 몇 가지 기준으로 살펴보기로 하자.

### (1) 감각 차원

가장 흔한 학습양식의 차이는 청각선호, 시각선호, 촉각선호 유형이다. 보통 청각선호(34%), 시각선호(29%), 촉각선호(37%) 유형의 분포를 보인다(Ginnis, 2005). 청각선호 학생은 교사의 설명식 수업을 좋아한다. 시각선호 학생은 PPT, 차트, 동영상, 사진 등을 보면서 공부하는 것을 선호한다. 촉각선호 학생은 구체물을 직접 만지면서 하는 체험수업을 선호한다. 따라서 학생들의 선호유형에 적합한 수업을 할 필요가 있다. 그렇지 않으면 많은 학생들이 수업에 흥미를 갖지 않기 때문이다. 일반적으로 교사가 설명식 수업이나 시청각 수업을 많이 하는 것은 학생들의 학습유형을 고려한 것이 아니라 수업의 진행 변인이 교사에게 전적으로 있기 때문에 학생의 반응에 관계없이 수업을 진행할 수 있기 때문이다. 만약 토의·토론 수업을 할 때는 수업의 진행을 학생들에게 위임하게 되는데 학생들이 이를 잘 해내지 못하면 제한된 수업시간 안에 수업목표를 달성하지 못할 위험성이 있다. 그래서 많은 교사들이 설명식 위주로 수업한다.

### (2) 뇌 차원

미국의 전(前) 대통령 부시(George W. Bush)의 뇌 과학에 대한 투자결과, 뇌에 대한 많은 비밀이 밝혀졌고, 지금도 진행 중이다. 뇌과학에서 찾아낸 연구결과 중 우리에게 가장 익숙한 연구결과는 우뇌와 좌뇌의 기능 구별이다. 좌뇌는 주로 지적 영역을, 우뇌는 감성적 영역을 담당한다. 지적 능력이 아무리 높아도 공부하고자 하는 의지가 없으면 소용이 없듯이 좌뇌와 우뇌의 협력이 필요하다.

〈표 3-1〉 좌뇌와 우뇌의 기능

| 좌뇌 | 우뇌 |
|---|---|
| 이성 | 감성 |
| 언어 | 공간 |
| 추리 | 시각 |
| 분석 | 직관 |
| 미시 | 거시 |
| 신중 | 모험 |
| 현실 | 활동 |
| 논리 | 창의 |
| 방법 | 이유 |
| 차이성 | 유사성 |
| 수리연산 | 패턴인식 |

좌뇌형과 우뇌형의 단순한 비교를 넘어 Gregorc(1982)은 최근 발달한 뇌 과학의 연구결과에 힘입어 뇌의 특징과 관련된 학습양식을 4차원으로 제안

하였다.

Gregorc(1982)은 학습양식을 뇌(brain)와 마음(mind)의 관계로 설명한다. 뇌가 전화기(hardware)라면, 마음은 목소리(software)이다. 즉 뇌는 마음을 담는 그릇의 역할을 한다. 데이터를 효율적으로 받고 배열하는 마음의 기계(machinery of the mind)인 것이다. 학습스타일은 이러한 방식이 외현된 것으로 보았다. 이 방식이 다르기 때문에 학습스타일은 사람마다 다르다.

지각(perception)할 때는 구체적(concrete) – 추상적(abstract)의 두 가지 반대되는 스펙트럼을 갖는다. 구체적 유형은 오감을 직접 사용하며, 객관적(objective)이고 '지금', '여기' 땅에서 생활한다. 반면에 추상적 유형은 정보를 머리로 가져가서 '머릿속'에서 생활한다. 생각하고, 느끼고, 관계 짓고, 패턴을 찾아내고, 일반화시키며 주관적(subjective)이다.

배열(ordering)할 때는 체계적(sequential) – 임의적(random)의 두 가지 반대되는 스펙트럼을 갖는다. 체계적 유형은 데이터를 논리적이고, 체계적으로 저장한다. 한 번에 한 가지 생각으로 단계별 사고를 하므로 A, B를 거쳐서 C로 간다. 반면에 임의적 유형은 이성적 고려 없이 혼돈상태로 한꺼번에 저장한다. 이들은 부분보다 전체를 보며 통찰력과 직관력으로 A에서 바로 C로 갈 수 있다.

그러나 이러한 특성은 극단적일 경우이며, 대부분의 사람은 그 중간에 위치해있다. Gregorc(1982; 41-44)은 이를 X-Y축으로 CS(흙), AS(공기), AR(물), CR(불) 네 가지 학습유형으로 분류하였다. 권성연(2009)은 우리나라 대학생을 대상으로 Gregorc Style Delineator(GSD) 척도를 사용하여 조사한 결과, 55%가 단일형으로 CS(20.1%)가 가장 많고, 다음으로 AR(17.9%), CR(10.3%), AS(5.4%)의 순으로 나타났음을 보고한 바 있다. 나머지 45%는 복합형이었다.

〈표 3-2〉 Gregorc의 학습유형

| AS(air: 추상 · 체계) | AR(water: 추상 · 임의) |
|---|---|
| • 강의와 독서 • 비교와 분석<br>• 연구와 사고 • 앉아서 공부하기<br>• 철학 | • 모둠 활동 • 통찰과 상상<br>• 음악과 드라마 • 매체 활용<br>• 예술 |
| **CS(earth: 구체 · 체계)** | **CR(fire: 구체 · 임의)** |
| • 지도와 그래프 • 구체적 사례<br>• 계획과 차트 • 현장 체험<br>• 매뉴얼과 절차 | • 문제해결 • 시행착오와 실험<br>• 도전과 탐구 • 유연성과 창의성<br>• 질문과 과제 |

자료: Ginnis, P.(2005). the teacher's toolkit. VT: Crown House Publishing, p. 44.

### (3) 다중지능 차원

20세기 후반을 지배했던 모더니즘의 합리주의 영향으로 교육계는 주로 학습자의 지적 발달에 많은 노력을 기울였다. 다중지능 이론은 포스트모더니즘과 관계가 깊다. 포스트모더니즘은 모더니즘이 지배하던 시대에 요구했던 것과는 다른 능력을 요구한다. 이에 그동안 우리가 주로 가르쳐왔던 지식 위주의 교육에 대한 반성과 함께 인간이 가지고 있는 다양한 능력을 개발할 것을 요구하였다. Gardner(1983)는 이를 다중지능이라는 개념으로 구체화하였고, 널리 유행하게 되었다. 물론 이런 능력들을 그동안 몰랐거나 교육하지 않은 것은 아니지만, 인지적 능력과 정의적 능력, 그리고 심동적 능력으로 구별해왔던 관례에 대해 비판하고 학습자가 가진 여러 가지 잠재력들을 교육적으로 구체화하고 현실화시킬 수 있는 계기를 마련했다. 학습자들이 다양한 지능을 가졌다는 것은 그만큼 다양한 학습양식에 반응한다는 것을 의미한다. 따라서 학생들이 가진 다양한 지능을 자극할 수 있는 접근 방식이 필요하다.

〈표 3-3〉 다중지능의 종류

| 지능의 종류 | 특징과 관련 직업 |
|---|---|
| 언어 지능 | 말과 글로서 어떻게 구어와 문어를 이용할 수 있을까?(시인, 극작가, 편집자, 언론인) |
| 논리 · 수학적 지능 | 숫자를 효과적으로 이용하는 능력으로 어떻게 수, 계산, 논리, 분류, 비판적 사고 기술을 도입할 수 있을까?(수학자, 회계사, 통계학자) |
| 공간 지능 | 시각적 공간적 세계를 정확히 지각하는 능력으로 어떻게 시각적 보조물, 심상, 색깔, 미술, 은유를 이용할 수 있을까?(건축가, 예술가, 장식가) |
| 신체 · 운동 지능 | 몸을 이용하는 능력으로 어떻게 몸 전체를 이용하고, 직접적인 경험을 이용할 수 있을까?(배우, 무용가, 공예가, 기계공, 외과의사, 운동가) |
| 음악 지능 | 음악적 형태를 다루는 능력으로 어떻게 음악이나 주변의 소리를 도입하고, 핵심적인 내용을 리드믹하고, 아름다운 선율 속에 제시할 수 있을까?(작곡가, 비평가, 성악가, 연주) |
| 대인 관계 지능 | 다른 사람의 기분이나 의도를 구분하는 능력으로 어떻게 개인적인 감정과 기억을 불러일으키고, 학생에게 선택하게 할 수 있을까?(정치가, 교사, 치료사) |
| 개인이해 지능 | 자신을 잘 알고 이를 이용하는 능력으로 어떻게 학생들을 동료와 함께 나누기, 협력적인 학습 또는 대집단 모의학습에 몰두하게 할 수 있을까?(소설가, 상담가) |
| 자연이해 지능 | 자연을 잘 이해하고 이용하는 능력으로 어떻게 살아있는 것(예: 식물 동물)을 구분하고, 자연계(구름, 바위, 천체의 배치)의 여러 특성에 대하여 민감하고, 주변 사물에서 패턴을 인식하는 경험을 이용할 수 있을까?(수집가, 농부, 천문학자) |

### (4) 문화적 차원

학습양식은 문화적 차이에 의해서도 구분된다. 예컨대 아시아인은 보여주는 것과 미래 관련 학습을 선호한다. 독서나 그림을 선호하고, "오늘 우리가 이것을 배우면 내일은 무엇을 할 수 있을까?"와 같은 미래 관련 동기가 효과가 있다. 히스패닉이나 흑인의 경우는 감각적이고 현재 관련 동기가 효과가 있다. 설명보다는 활동을 하고, "오늘은 그만, 그 활동은 내일도 할 수 있어!" 등의 소위 '언젠가는(manana)' 태도를 활용할 수 있다. 아메리칸 인디언은 감정적이고 과거 관련 동기가 효과가 있으므로 선조들로부터 배울 수 있는 교훈 등에 많은 관심을 보인다(Jensen, 2008).

학생들은 다양한 문화를 가지고 교실에 들어온다. Gay(2002)는 교사는 다문화학생에게 "우리 수업에서는 네가 가진 문화에 관계없이 네가 원하는 것을 배울 수 있을 뿐 아니라 오히려 너의 문화를 활용해서 더욱 잘 배울 수 있다."는 메시지를 주어야 한다고 했다. 즉 교사는 문화적 감수성을 가져야 한다. 교사의 문화적 감수성이란 다양한 문화를 가진 학생들의 지식, 삶의 경험, 관심, 의사소통방식을 이해해야 하고, 배우는 지식, 기능, 가치·태도가 학생의 삶의 경험과 기준 내에 있을 때, 보다 의미 있고 자신의 것으로 확실하게 배운다는 것을 인식하는 것이다.

Gay(2002)는 문화적 감수성이 있는 수업에 다음의 다섯 가지 요소가 있어야 한다고 했다.

#### ① 문화의 다양성을 배운다

학생들의 다양한 문화를 알아야 그들의 학습동기를 자극할 수 있는 방법을 알게 된다. 그래야 그들의 학습 장벽은 피하게 하고, 지름길을 알려줄 수 있다.

### ② 교육과정에 문화를 삽입하라

교육과정을 만들 때 이야기, 그림, 상황 등을 통하여 문화적 연결점을 만들고, 다양한 관점을 다루도록 한다. 예를 들어 여러 나라의 영웅들은 그들이 가진 문화적 환경에서 나타났고, 이러한 자료를 통해 균형적 관점을 얻게 된다.

### ③ 다문화 교육과정을 유연하게 적용하라

어떤 수업에 성공적이었던 것이 또 다른 수업에서는 그렇지 못한 경험이 될 수 있다. 이는 학생들이 다르기 때문이다. 즉 형식이 같아도 그 내용이라 할 수 있는 문화의 차이에서 적합하지 않을 수 있기 때문이다. 그러므로 교사는 뛰어난 감수성으로 학생들의 문화를 잘 파악해서 유연하게 교육과정을 적용해야 한다.

### ④ 문화적 의사소통 방식을 배우라

형식적, 비형식적 언어와 상호 작용을 포함한 의사소통 방식을 배워야 한다. 억양, 몸짓, 표정 등 문화마다 의사소통 방식이 다르기 때문이다. 교사는 학생들이 편안하게 의사소통을 할 수 있도록 배려해야 한다. 학생들이 의사소통방식의 혼란으로 수업에 몰입하지 못하는 경우를 막아야 한다. 즉 문화적 차이로 인한 의사소통의 곤란함이 학습 능력의 부족으로 오해되면 안 된다.

⑤ 새로운 문화에 대한 이해를 교실수업에 적용하라

통상적인 문화와 특별하게 다른 의사소통 문화를 가진 학생들의 그 의사소통 방식을 수업에서 사용해 본다. 학생들은 새로운 의사소통방식을 배우는 기회도 되고, 보다 풍부한 의사소통방법을 경험하고 문화적 감수성도 높일 수 있다. 또한 당사자는 자신의 존재감을 확인하는 기회가 될 수 있다.

## 2. Keller의 12가지 학습동기

학습동기를 가장 구체적으로 분류하고 기술한 학자는 Keller(2010)라고 할 수 있다. Keller가 학습동기에 대해 구체적으로 언급하기 전까지 학습동기 관련 연구는 구체적으로 진행되지 않았다. Keller는 학습자가 어떻게 배우는가보다는 왜 배우는가에 초점을 맞추었다. 그래서 학습자가 학습 상황에 어떻게 집중하고, 어떻게 학습에 영향을 받게 되는지에 대해 집중하였다. 그 결과 Keller는 인간과 환경의 기능이 학습자의 행동에 자극제 역할을 한다는 것을 알게 되었다. Keller는 이러한 학습동기 이론을 사회학습이론, 현장이론, 자기 효능감 이론 그리고 다른 동기 이론에서 발전시켰다. Keller는 학습동기를 크게 네 가지 영역으로 구분하고 각각에 세 가지의 구체적 학습동기 전략을 제안하였다. 학습동기의 상세화는 수업실천에 바로 활용할 수 있어 유익하다.

### 1) 주의 집중(attention)

교사의 가장 큰 기쁨은 학생이 수업에 주의 집중하는 것이다. 학생들의 주의를 끌기 위해서는 다음의 전략이 필요하다.

#### (1) 흥미 끌기(지각을 자극하기)

학생은 보통 수업을 지루하게 생각하기 때문에 처음부터 수업에 흥미를 갖게 하기는 힘들다. 수업보다 흥미로운 것이 세상에 너무 많기 때문이다. 그러나 일단 교실에 학생들이 앉게 되면 수업을 해야 한다는 것을 알고 있다. 그러므로 세상의 다른 일들만큼 흥미롭지는 않더라도 보통의 수업보다는 상대적으로 더 흥미로운 학습내용이 전개될 것이라는 기대를 줄 수는 있다. 이를 위해서는 감각과 지각을 자극해야 한다. 감각을 자극한다는 것은 예를 들어 시각을 끌 수 있는 신기한 것을 보여준다든지 아니면 학생들이 기존에 알고 있는 어떤 물건을 보여준다든지 하는 것이다. 시선을 먼저 끈 다음 그 물체에 대한 질문 등으로 학생들을 끌어들이면서 수업에 참여시킨다. 그리고 자연스럽게 그 물체를 수업목표와 관련지어서 전개하면 된다. 또는 후각, 청각, 촉각 등을 유도하는 물체를 가지고 유사한 방법으로 흥미를 끌 수 있다. 중요한 것은 이러한 행위가 자연스럽게 수업목표와 연결되도록 하는 것이다. 단순히 시선을 끌었다가 장면을 전환하여 수업을 한다면 학생들의 주의 집중은 금방 사라진다.

또는 학생들이 흥미를 가지고 있는 지식을 가지고 시작하는 방법도 있다. 학생들이 알고 있는 지식에 대해 질문을 한다든가 학생들의 관심이 많은 만화,

장난감, 연예인, 인물 등을 활용하여 수업을 시작하는 방식도 많이 사용한다. 역시 중요한 것은 그것이 오늘 수업과 관련성이 있어야 한다는 점이다.

### (2) 호기심 끌기(탐구를 자극하기)

상식을 뒤엎거나 모순을 제기하면서 문제를 해결하고 싶도록 학습자의 탐구심을 심어주면 좋다. 즉 학습자가 탐구 과정에 몰입하고, 정보를 찾아 문제를 해결할 수 있도록 지속적으로 호기심을 유지하게 하는 것이다. 불균형이 일어났을 때 이를 바로잡으려는 본능을 이용하려는 것이다. 이를 위해 교수자는 학습자에게 비유라든가 연상을 해보라고 할 수 있다. 학습자가 질문하면 교수자는 응답하는 과정 가운데 피드백을 통해 상호작용을 한다. 그리고 문제 해결을 위한 활동을 구상하고, 학습과제나 프로젝트 등을 수행하는 것이다.

### (3) 다양화(변화를 줌으로써 지루함을 탈피하기)

주의를 끌기 위한 또 하나의 방법은 변화를 주는 것이다. 즉 지루함을 탈피하고 학습자의 흥미를 유지하기 위해 시청각 자료를 사용하거나 수업의 흐름을 바꾸는 등 안정된 수업의 흐름에 변화를 주는 것도 좋은 방법이다. 이를 위해 학습 내용을 연습하거나 학습내용과 관련된 새로운 정보를 제시하거나 시험을 볼 수 있다. 여기에서는 교수자와 학습자 간의 상호작용의 기회가 적절히 혼합되어야 한다. 또한 교수·학습 자료가 일관성이 있어야 한다.

## 2) 관련성(relevance)

학습자의 동기를 유발하기 위한 또 하나의 방법은 배우는 내용이 자기가 알고 있는 것과 관련이 있어야 한다. 수업내용이나 방법이 학습자의 경험이나 흥미와 관련되어 있을 때 귀가 번쩍하게 된다.

### (1) 목표와 관련

지금 학습이 수업목표와 어떻게 관련되는지를 분명히 설명해야 한다. 즉 수업목표를 달성하기 위해서 현재 이러한 학습을 하고 있다는 것이 학습자에게 납득이 되어야 한다. 그래서 이것을 하게 되면 수업목표를 달성할 수 있다는 것을 의식하게 하면서 수업을 할 수 있도록 유도한다. 학습활동을 하다가 학습자가 '왜 이것을 해야 하지?'라는 의문이 든다면 목표 관련 동기가 부여되지 않았음을 의미한다.

### (2) 흥미와 관련

학습 자체가 학습자에게 흥미로운 것이 되면 학습동기가 자연스럽게 생긴다. 물론 재미있다고 다 유익한 것은 아니지만 재미가 있다면 학습에 몰입할 가능성이 많다. 다만 흥미를 추구하다가 수업목표를 벗어나는 것은 경계해야 한다. 다음은 '비빔밥'이라는 활동인데, 학습자들이 아무리 어색한 관계였어도 한두 번만 하면 순식간에 폭소가 터지고 화기애애한 분위기가 만들어진다. 그러나 왜 이 활동을 했는지 의미를 알게 되면 다시 진지해진다. 즉 흥미롭지만 흥미가 목적이 아니라 수업목표에 초점을 두어야 한다는 뜻이다.

시작과 끝에 하는 다문화 학습법 '비빔밥'

① 술래 한 명만 중앙에 세우고 나머지는 모두 원으로 둘러앉는다.
② 앉은 사람 중, 어느 한 사람을 시작으로 오른쪽으로 비빔밥 재료를 하나씩 정한다. 예를 들어 '밥-시금치-고추장-콩나물-참기름'을 반복한다. 자신이 무엇인지 알고 있어야 한다.
③ 술래가 "밥" 하고 외치면 '밥'에 해당되는 사람은 일어나서 다른 사람의 자리에 앉아야 한다. 술래가 "비빔밥" 하면 모두 일어나 자리를 바꾸어야 한다. 이때 항상 한 사람의 자리가 부족하므로 앉지 못한 사람이 술래가 된다.
④ 만약 첫 수업이라면 자신을 소개하고 이 수업에서 무엇을 배우고 싶다는 희망을 말하게 하고, 활동을 진행한다. 물론 수업에서 배우고 싶은 희망을 두 개 또는 세 개도 말할 수 있다. 만약 마지막 수업이라면 수업 소감을 말하게 한다. 활동을 마친 후, 교사는 비빔밥처럼 서로 다른 재료가 잘 조화를 하면 세계적으로 인정받은 훌륭한 음식인 비빔밥처럼, 다문화가 훌륭한 사회의 밑거름이 될 수 있다고 말하고 정리한다.

### (3) 친숙한 학습 환경과 관련

학습 환경이 낯설다면 학습목표와 내용에 몰입하기보다는 학습 환경에 먼저 적응하느라 집중이 안 될 수도 있다. 학습자가 쉽게 익숙할 수 있는 수업환경을 만들어 주기 위해 신경을 쓰는 것도 학습동기를 높이는 데 관련이 있다. 예를 들어 모둠별로 앉혀 놓고 설명만 한다거나 일제수업처럼 앉혀 놓고 모둠활동을 하게 하면 불편함이 학습동기를 반감시킬 수 있다.

### 3) 자신감(confidence)

학습자가 학습목표를 달성할 수 있다는 자신감이 없으면 선뜻 학습에 나서지 못한다. 그러므로 누구나 학습목표의 달성에 성공할 수 있다는 자신감을 심어주어야 한다. 100%의 성공은 아니라고 해도 어느 정도의 수준에 도달할 수 있다는 도전감은 심어주어야 한다. 즉 노력한다면 성공할 수 있다는 자신감을 갖는 것이 중요하다.

#### (1) 성공기준 제시

가정 먼저 해야 할 것은 성공의 기준을 제시해야 한다. 학습자가 자신이 해야 할 수준이 어느 정도인지는 알아야 시작할 수 있다. 그리고 그 기준은 학습자가 성공할 수 있을 정도의 기준을 제시해야 한다. 무모한 도전을 하지는 않기 때문이다.

#### (2) 성공기회 보장

학습자들은 각각 수준과 적성의 차이가 있다. 수업목표가 최소한의 기준이기는 하지만 목표도달 속도나 수준의 차이가 있을 수 있다. 중요한 것은 어느 누구에게나 평등한 기회가 주어져야 한다는 점이다. 설사 목표를 달성하지 못하더라도 "너는 안 해도 된다."고 하면서 참여도 못하게 하는 것은 잘못이다. 그렇게 되면 그 학습자는 수업에 참여할 동기가 없으므로 무의미하게 자리에 앉아 있게 된다. 수준이 안 되면 아주 낮은 수준이라 하더라도 또는 부분적으로라도 성공에 참여할 수 있는 기회를 주어야 학습에 참여한다.

### (3) 개인적 통제

학습자들은 자신이 계획하고 스스로 자신을 통제하여 학습할 때 자긍심을 느낄 수 있다. "이건 내가 한 거야"라는 표현을 학습자들은 좋아한다. 시키는 대로만 하는 것은 누구나 할 수 있고, 내 것이 아니라는 생각도 하게 된다. 그러므로 교사는 지시하고 안내할 수 있지만 학습자 스스로 할 수 있는 부분까지 간섭하지 않고 스스로 할 수 있도록, 자긍심을 갖도록 자극하는 것이 좋다. 즉 교사는 학습자에게 학습에 윤활유가 되는 말을 함으로써 자신감을 심어주어야 한다.

## 4) 만족감(satisfaction)

학습동기를 자극하는 것은 자신의 학습에 만족할 수 있을 때이다. 보통 만족은 보상이 있을 때 확실하게 느낀다. 단 그런 보상은 공정한 평가여야만 한다. 만족하게 되면 학습동기는 계속 유지될 것이고, 지속적인 학업 수행에도 긍정적인 영향을 미칠 것이다.

### (1) 내적 보상

내적 보상은 학습활동 그 자체가 재미있을 때 나타난다. 가장 이상적인 보상이다. "똑똑한 사람이 노력한 사람만 못하고, 노력한 사람도 즐기는 사람만 못하다."는 격언이 내적 보상의 중요성을 말해준다. 특히 배운 것을 실생활에 즉각 활용할 수 있다면 이는 내적 동기를 불러일으킨다. 학습자의 생활 속에서 학습소재를 찾으라는 것도 이 때문이다.

### (2) 외적 보상

대부분의 학습활동은 어느 정도 몰입이 되었을 때 흥미를 느끼게 된다. 외적 보상은 학습자가 학습활동에 몰입하도록 도와주는 역할을 한다. 교사가 칭찬하거나 성공에 대한 상품을 주는 것 등 외부에서 주는 보상을 말하는데, 이러한 외적 보상이 학습자로 하여금 학습활동을 하게 한다. 다만 지나치게 외적 보상을 하면 습관이 되어서 외적 보상을 주지 않으면 아예 학습활동을 하지 않으려 하는 부작용이 생길 수 있다.

### (3) 공정성 유지

보상에는 평가기준이 따르는데 이것이 공정해야 보상을 받아들인다. 별로 잘하지도 못했는데 칭찬과 보상을 준다면 이는 결코 동기가 되지 못한다. 학습자 스스로 그 보상에 진정성을 느끼지 못하기 때문이다. '칭찬은 독이다.' 라는 말은 무차별 칭찬, 진정성 없는 칭찬은 오히려 학습자에게 교육적으로 해롭다는 뜻이다. 또 교사의 평가 기준이 들쑥날쑥해서 예측할 수 없다거나 공정하지 못하다면 의욕이 상실될 수 있다.

## 3. Chapman과 Vagle의 25가지 학습동기

Chapman과 Vagle(2015)은 학생들의 학습동기가 유발되지 않는 특정 행동의 원인을 연구하였다. 그 결과를 토대로 5영역에서 25가지의 학습동기 유발 전략을 제안하였다.

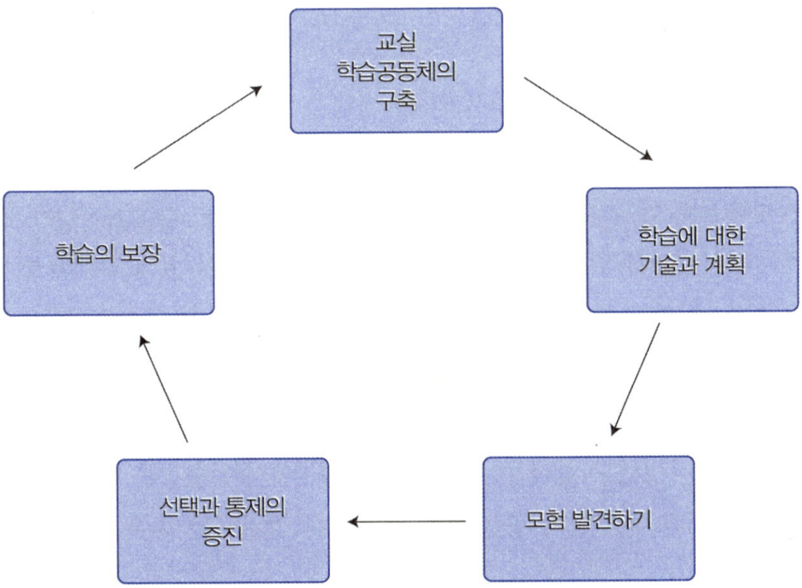


[그림 3-1] Chapman과 Vagle의 학습동기

### 1) 교실학습공동체의 구축

학생들은 본능적으로 모여서 활동하는 것을 좋아한다. 우리는 어릴 때 친구와 함께 공부하는 것을 즐거워한 기억들이 있을 것이다. 같이 도서관에 가기도 하고, 서로 문제를 내고 답을 맞춰보거나 외운 것을 서로 검사해 주는 등의 활동을 즐겁게 했다. 긍정적 교실학습공동체는 학생의 학습동기에 결정적인 영향을 미친다. 긍정적 교실학습공동체를 만들기 위한 다음의 다섯 가지 전략이 필요하다.

### (1) 학생의 관심, 인성, 신념을 파악하라

적을 알면 백전백승이다. 설문조사나 상담을 통해 학생들의 관심이 무엇인지, 인성은 어떠한지, 어떤 신념을 가지고 있는지 등을 먼저 파악하면 좋다. 또 여유가 있다면 MBTI나 애니어그램(Enneagram) 또는 스쿱(SCOOP) 등 각종 성격검사를 이용한 상담기법을 이용해서 좀 더 깊이 있게 학생들을 이해하면 좋다. 이러한 활동은 교사가 학생을 이해하는 데에 그치지 않고, 학생 스스로도 자신이 어떤 사람인지 이해하도록 하는 데에 도움을 줄 수 있다. 가볍게는 인생지도를 그리게 해서 모둠별로 학생들끼리 자신을 표현하고, 서로 이해하는 방법도 학생들이 흥미로워한다. 이러한 활동을 통해 학생들은 서로 다른 점은 무엇인지 공통점은 무엇인지 발견하는 좋은 기회가 된다.

### (2) 학생의 선호하는 학습법을 찾아라

전술한 바와 같이 학생들마다 선호하거나 익숙한 학습유형이 있다. 학습유형은 평가 대상이 아니다. 선호의 문제인 것이다. 교사가 학습자의 선호 학습유형을 안다면 어떤 교수법을 사용해야 할지 선택할 수 있다. 수업은 교수-학습이다. 교사를 의사에 비유하는 이유는 환자가 어떤 질병이 있는지

진단을 해야 바른 처방을 내리듯, 학생들이 어떤 학습을 하는지, 선호하는 학습법이 무엇인지 알아야 적절한 교수를 처방할 수 있기 때문이다.

### (3) 문화적 감수성을 지니라

문화적 감수성이란 어떤 문화에 대하여 느끼는 정서적 반응을 말한다. 교사는 다양한 문화적 배경을 가진 학생을 접한다. 개별 학생이 가진 문화는 학생들이 학습을 하거나 생활을 하는 데 큰 영향을 미친다. 학생들이 현재에 직면한 교실수업 문화에 쉽게 적응하는 부분도 있지만 그 학생이 가진 가정이나 사회에서 익숙한 문화와 맞지 않는 부분도 있을 것이다. 이것은 문화의 차이에 의한 불편함이지 그 학생의 능력에 대한 문제는 아니다. 따라서 교사는 학생들이 가진 문화적 차이에 대한 감수성에 민감할 필요가 있다. 교실수업의 공통의 문화에 익숙하게도 해야 하지만 각자가 가진 문화의 차이를 인정하고, 이를 공유하며, 나아가 활용할 필요도 있는 것이다. 예를 들어 수업 중에 히잡(무슬림 여성이 외출할 때 머리와 목을 가리기 위해 착용하는 의류)을 쓴 여인의 그림을 다룰 때, 이슬람 배경을 가진 학생에게 히잡의 유래를 설명하게 하면 다른 학생들은 더 쉽게 이해할 수 있을 것이고, 발표한 학생은 인정받은 자존감으로 학습동기가 높아질 수 있다. 또한 수업 중에 음식 문화에 대해 다룰 때 터키 음식인 케밥이 독일로 이주해 온 터키인들에 의해 전 세계적으로 유명해질 수 있었다는 이야기와 무슬림이 대부분인 터키 사람들의 케밥 재료가 양고기였으나 다른 나라에서는 닭고기나 소고기로 바뀌었다고 하며 문화적 다양성을 수용했다는 이야기를 하면 학생들은 다문화에 대해서 더 쉽게 이해하고 공감할 수 있을 것이다.

### (4) 교사 및 학생 상호 간 긍정적 관계를 형성하라

과거 학창 시절을 떠올려보면, 새로운 학급이 편성된 학기 초 약 한 달간은 학교에 가기 싫었던 경험이 있을 것이다. 그 이유는 교실도 교사도 같은 반 아이들도 모두 낯설기 때문이다. 익숙해질 시간이 필요한 것이다. 그러므로 가능하면 짧은 시간 내에 친숙한 분위기를 만들어 교실수업에 대한 두려움을 극복하게 하는 방법이 필요하다. 이를 위해 교사는 특정 학생을 편애하지 말고, 학생들의 자유로운 의견을 구하여 함께 교실 문화를 만들어가고자 하는 모습을 보이는 것이 좋다. 학생들은 발달심리 단계에서 보면 사회적 욕구가 많아서 또래와 쉽게 친구를 맺을 수 있는 시기이기 때문에 이를 긍정적으로 잘 활용할 필요가 있다. 다만 서먹해서 서로 먼저 나서기를 싫어하는 경향이 있지만 일단 시작만 되면 쉽게 친해진다. 그러므로 주사위 방법과 같이 자연스럽게 발표를 할 기회를 주는 방법이 좋다.

### (5) 명확한 규칙과 기대행동을 설정하라

공동체의 질서를 유지하고 운영하기 위해서는 규칙이 필요하다. 또한 지위나 역할에 따른 기대행동이 분명해야 한다. 그렇지 않으면 모여만 있지 사실상 개인의 단순한 집합에 불과하다. 뿐만 아니라 혼란과 불만으로 인해 공동체를 포기하는 결과를 초래한다. 즉 공동체의 목표를 달성하기 힘들다. 그러므로 모둠원 모두가 참여하여 합의한 규칙과 기대행동을 분명히 할 필요가 있다. 그래서 학습공동체가 각자에게 도움이 될 때, 그리고 참여한 학습공동체가 시너지 효과를 얻어 공동의 목표를 달성할 때 학습공동체는 유지되고 발전된다.

## 2) 학습에 대한 기술과 계획

학습목표가 분명해야 한다. 목적지를 정해놓지 않고 차를 몰고 다니는 것을 드라이브라고 한다. 학습은 드라이브가 아니다. 행선지를 정해놓고 가장 정확하고 안전하게 빨리 가는 것이 학습이다. 도달목표와 학습시간의 제약이 있기 때문이다. 꿈을 현실화한 것이 목표이다. 목표에 시간을 정해 둔 것이 계획이다. 학습목표를 달성하기 위해서는 무엇을 어떻게 얼마만큼 해야 하는지와 언제까지 해야 하는지를 정해야 한다.

### (1) 학습을 명료화하라

학습목표를 막연하게 기술해서는 안 된다. 그러면 학생들도 막연하게 공부하고 말 것이다. 이 수업이 끝나면 학생들은 어떤 모습을 보여야 학습목표를 달성했는지, 무엇을 증명해 보일 수 있는지를 알 수 있도록 수업을 해야 한다. 그래서 학습목표는 '내용+조건+행동'으로 표현해야 한다고 했다. 즉 무슨 내용을 어느 정도의 조건으로 구체적으로 어떤 모습을 보여야 학습목표를 달성한 것으로 간주할 수 있다는 준거가 필요하다는 것이다. 이를 위해서 해야 할 학습을 명료하게 표현해주어야 한다. 그리고 그것이 현실적으로 가능할 때 학생들은 학습동기가 생긴다. 만약 학습목표가 막연하다면 학생들은 어떻게 해야 할지, 어느 정도로 해야 할지, 수업이 끝난 뒤 어떤 모습을 보여야 할지 모른다면, 즉 어디로 가는지 그 목적지가 분명하지 않다면 학습동기가 생길 리 없다. 예를 들어 서울역까지 어떤 길을 통해서 몇 시까지 도착해야 하는지에 대한 미션이 부여되면, 서울역에 도착할 때까지 운전자는 집중해서 운전을 할 것이다.

### (2) 평가가 수반된 수업을 설계해라

학습목표를 '내용+조건+행동'으로 표현하는 또 다른 이유는 학습목표의 도달여부를 평가할 수 있기 때문이다. 명료하게 진술된 학습목표는 의문부호만 바꾸면 바로 평가문항이 된다. 수업을 할 때 수시로 질문이나 간단한 쪽지 퀴즈를 통해 학생들이 학습목표를 달성해가고 있다는 확인을 줄 때 학습동기는 유지될 수 있다. 학습을 하고 너무 오랜 기간 동안 평가를 하지 않으면 학습자는 자신이 지금 제대로 학습하고 있는지에 대해 피드백이 없으므로 불안해지거나 나태해지게 될 가능성이 있다. 예컨대 광주에서 서울역까지 고속도로로 간다면 최소한 몇 시까지는 대전을 지나가야 할지에 대한 계획을 세울 것이다. 즉 그 시간까지 대전을 지나왔는지 확인하는 것, 그것이 평가가 수반된 수업이라고 할 수 있다. 만약 늦었다면 좀 더 빨리 가야 할 것이고, 충분히 지나쳤다면 좀 더 안전운전을 할 수 있을 것이다.

### (3) 도전적인 학습 기회를 제공해라

명료화된 학습목표는 학생들이 스스로 달성할 수 있을지 예측을 가능하게 한다. 특히 그 목표가 어렵기는 하지만 열심히 하면 달성할 수 있다고 생각될 때, 학생들은 도전의식을 갖게 된다. 그러한 도전감은 훌륭한 학습동기가 된다. 너무 쉬운 과제나 달성하기 힘든 과제라면 오히려 학습의욕이 감퇴될 수 있다. 게으름을 피우면 실패할 수도 있는 적당한 분량 또는 난이도가 있는 학습목표가 좋다. 때로는 교사와 학생이 학습계약서를 만들어서 학생들의 학습동기를 자극할 필요도 있다.

### (4) 관련성을 지어라

학습목표는 학생들의 실생활과 관련되어 있을수록 학습동기를 키울 수 있다. 즉 그 학습을 하면 자신의 실생활에 도움이 되는 지식을 얻거나 기능을 얻을 수 있을 때 더욱 열심히 집중하게 된다. 그러나 자신의 생활과 거의 관계가 없는 학습목표라면 학습동기를 유지하기는 힘들다. 간혹 학생들의 실생활과 관계가 있는데도 불구하고 학생들이 어떻게 관계가 있는지 모를 때가 있다. 그러므로 교사는 오늘 배우는 수업이 학생들의 삶에 어떤 의미가 있는지 설득력 있게 잘 설명해주는 것만으로도 학습동기를 불러일으킬 수 있다.

### (5) 준거와 활동을 함께 만들라

학습목표를 기술할 때 '내용+조건+행동'으로 표현하라고 했다. 이때 주로 '조건'이 준거가 된다. 예를 들어 '다문화사회의 특징을 세 가지 이상 말할 수 있다.'는 학습목표가 있다. 여기서 준거란 '세 가지'이다. 즉 적어도 세 가지의 특징을 들 수 있다면 다문화사회의 특징을 알고 있다고 인정하는 준거가 되는 것이다. 수업을 설계할 때도 학생들이 세 가지 이상 말할 수 있는 학습활동을 구상해야 할 것이다. 즉 수업이 끝났을 때 참여한 모든 학생들이 다문화사회의 특징을 세 가지 이상 말할 수 있게 되면 수업은 성공이라고 할 수 있다.

## 3) 모험 발견하기

우리가 보는 많은 영화에서 주인공이 불가능한 상황을 뚫고 기적 같은 성취를 이루는 줄거리를 자주 접한다. 관객들이 그 장면에서 희열을 느끼기 때문인데 이는 누구나 모험에 대한 막연한 로망을 갖고 있기 때문이다. 모험은 우리를 긴장하게 하고 설레게 한다. 학습도 마찬가지이다. 어려운 수학문제를 내 손으로 풀었을 때 희열감을 느껴본 적이 있을 것이다. 학습에서 약간의 모험은 도전감과 함께 모험심을 불러일으킨다. 학습활동을 약간의 모험 상황으로 만드는 것도 학습동기를 불러일으키는 좋은 방법이다.

### (1) 흥미로운 활동과 지혜로운 수업 마무리를 잘하라

학습을 흥미롭게 한다는 것이 쉬운 일은 아니다. 교사를 수업전문가라고 하는 것은 학습을 흥미로운 활동으로 만들 수 있기 때문이다. 과장되게 말하면 교사의 지시에 따라 재미있는 활동을 했는데 마치고 보니 나도 모르게 중요한 지식이나 기능을 터득했을 때 학생들은 감동을 받는다. 놀았다고 생각했는데 학습을 했기 때문이다. 이때 중요한 것은 교사가 "오늘 재미있었지?"라고 질문하는 것보다 "오늘 무엇을 배웠지?"라고 질문하면서 마무리할 수 있어야 한다는 것이다. "재미"있으라고 수업을 한 것이 아니기 때문이다. 수업목표를 달성하는데 재미있게 했을 뿐이다. 즉 지혜로운 수업 마무리가 중요하다.

### (2) 테크놀로지를 활용하라

정보 통신 기술의 발달로 교육에도 많은 테크놀로지가 들어왔다. 최근에는 서책형을 대신해 디지털교과서도 개발되어 사용되고 있다. 교실도 컴퓨터, TV 모니터, 전자 칠판 등 물리적으로 테크놀로지로 장식되어 있다. 교사들은 수업 중에 이미지, 동영상 등 전자매체를 통해 테크놀로지 활용을 많이 한다. 어떤 면에서 기성세대보다 신세대들이 이러한 테크놀로지에 더 익숙해져 있고, 더 능수능란하게 다룬다. 교사들도 이러한 흐름에 뒤처지면 안 된다. 또한 이러한 테크놀로지를 학생들에게 전달하려고 하지만 말고 학생들을 능동적으로 참여시켜 함께 수업하는 시도를 많이 하는 것이 좋다.

### (3) 게임으로 배우고 복습하고 기억하라

활동을 할 때, 성공에 따른 상품을 제공하면 게임이 된다. 시뮬레이션 게임은 시뮬레이션에 게임을 통합한 것이다(시뮬레이션 게임=시뮬레이션+게임). 시뮬레이션은 처음에는 재미있지만 상품을 걸지 않으면 금방 지루해진다. 그러나 게임 요소를 넣으면 열심히 시뮬레이션에 참여하고, 그러면 자기도 모르게 시뮬레이션에 설계된 개념이나 법칙을 이해하고 기능을 터득하게 된다. 실제 수업을 보면, 연상퀴즈나 릴레이퀴즈 등을 학습동기로 많이 활용하고 있다. 학생들은 시험은 두려워하지만 퀴즈는 재미있어 한다. 평가가 아니라 게임이기 때문이다.

### (4) 향미를 더하라

우리가 밥은 먹어야 하지만, 이왕이면 맛있게 먹으면 더 좋을 것이다. 요리에 집착하는 것도 바로 이 때문이다. 우리는 하기 싫어도 배워야 한다. 즉 수업은 해야 한다. 그러나 이왕이면 재미있게 수업할 수는 없을까? 교사가 조금만 노력하면 수업에 향미를 더해서 맛있는 수업을 할 수 있다. 맛있는 수업은 학생들에게 학습동기를 부여하는 수업이다.

### (5) 낙관적 태도를 격려하라

우리 속담에 '말이 씨가 된다.'는 말이 있다. 서양 속담에도 '글로 적으면 이루어진다.'는 말도 있다. 베스트셀러 '시크릿'의 비밀은 적으라는 것이다. 적는다는 것은 하고 싶다는 것이고, 이루고 싶다는 것의 긍정적이고 낙관적인 태도이다. 비전 선언문이 한때 유행한 것도 그러한 낙관적 태도가 실제로 현실화된다는 것을 많은 사람들이 보여주었기 때문이다. 학생들이 목표 달성에 낙관적 태도를 갖도록 자극하는 것이 좋다. 학습계약서도 일종의 학습목표 도달에 대한 낙관적 태도를 격려하는 것이다.

## 4) 선택과 통제의 증진

학생들마다 선호하는 학습방식이 다르다고 했다. 그러므로 학습목표를 달성하는 방법이 여러 가지라면 학생들에게 선택의 자유를 주는 것이 좋다. 학생들이 '가'의 방법을 선택해서 성취한다면 그 학생은 자신의 학습을 스스로 통제한 체험을 갖게 되어 자신감과 학습동기를 갖게 된다. 반면, 교사가 만일 '나'라는 방법으로 수업을 하려고 한다면 그것을 교사가 결정한 것이 아니고, 마치 학생이 선택한 것처럼 분위기를 만들어나가는 것도 한 방법이다. 학생들은 스스로 선택했을 때 책임감과 의무감이 생겨 학습동기가 높아지기 때문이다.

### (1) 질 높은 선택의 기회를 제공하라

학생들에게 선호하는 학습의 방법을 선택하게 할 때, 학생들이 존중받고 있다는 느낌이 들 정도의 질 높은 방법들을 제시하는 것이 좋다. 마치 짜장면이냐 짬뽕이냐의 단순한 선택이 아니라 풀코스의 한정식이냐 양식이냐의 수준을 말한다. 즉 일련의 절차가 포함된 다소 긴장하게 되는 학습코스의 선택을 하도록 하는 것이다. 그러면 학생들은 신중한 선택을 하게 된다. 신중한 선택이란 자신의 능력이나 적성이나 기능 등을 충분히 고려한다는 것을 의미한다.

### (2) 목표를 설정하고 협상하라

학습목표가 있다면 그 수준에 대해서 학생들과 협상하는 것도 좋다. 앞서 설명한 선택과 통제의 증진 기회를 주는 것이다. 다만 교사는 원래 가졌던 학습목표의 범위 내에서 학생의 선택을 유도하면 된다.

### (3) 예술을 활용하라

인간은 진선미의 달란트를 갖고 태어났다. 사람마다 정도의 차이는 있지만 최소한의 고른 능력은 가지고 있다. 그런데 보통 우리는 학교에서 '진'이라는 영역을 주로 다룬다. 반면에 '미'에 대해서는 특별한 능력을 가진 소수자에게만 예외로 하고 대부분은 중요하게 다루지 않는다. 특히 초등학교 저학년까지는 감성과 상상력 및 신체의 발달이 급속히 이루어지기 때문에 다양한 방법으로 자신을 표현하고 싶어 하며, 예술은 그 중요한 통로가 된다. 그러나 지금의 학교교육은 예술의 결핍으로 학생들의 전인적 성장을 시키지 못하고 있다. 우리의 삶이 모두 통합되어 있듯이 우리가 배우는 모든 지식과 기능에도 예술성이 스며들어있어, 이를 최대한 활용할 필요가 있다.

### 5) 학습의 보장

#### (1) 학습 전 · 중 · 후에 평가하라

학습하기 전 출발점 진단평가가 필요하다. 학생들의 수준이 어느 정도인지 확인해야 학습의 수준을 정할 수 있기 때문이다. 또한 기본이 부족하다면 보충학습을 먼저 하고 본격적인 수업을 시작해야 하는 이유도 있다. 그리고 중간 즈음에 제대로 하고 있는지 확인하는 차원의 중간평가, 수업이 끝난 후 목표달성을 확인하는 총괄평가가 필요하다. 이러한 점검 역시 학습의 긴장감을 주어서 학습동기를 유지하는 역할을 한다.

#### (2) 사고가 수반되는 질문을 하라

교사가 가장 많이 사용하는 수업방법이 질문법이다. 모르면 묻고, 아니까 대답하는 이것은 학습의 본능적 활동이기 때문이다. 교사들은 자기도 모르게 계속적으로 학생들에게 질문한다. 예를 들어 “우리 지난 시간에 뭐 배웠지?”, “교과서 몇 페이지지?”, “이번 시간에 어디 배울 차례지?” 등 계속 질문한다. 이때 학생들을 생각하게 하는 질문을 하면 그만큼 학생들의 두뇌는 조직화되고 활성화된다. 교사는 막연한 질문보다는 특정 사고의 유형을 사고하게 하는 질문을 해야 한다.

### (3) 오류를 통해 배우게 하라

가장 좋은 것은 '이기는 습관'을 가지도록 하는 것이다(전옥표, 2007). 학생이 틀린 답을 말한다면 설사 정답으로 고쳤다 하더라도 그 경험은 평생 사라지지 않는다. 그래서 틀린 것을 다음에 또 틀리게 되는 것이다. 우리 몸이 연습을 했기 때문이다. 컴퓨터는 오류를 수정하고 저장하면 오류가 깨끗이 사라지지만 인간은 그렇지 않다. 최근 오답노트를 많이 활용하고 있는데 그런 점에서 매우 위험한 방법이다. 오답을 자꾸 기억하고 오답이 자기도 모르게 저장되기 때문이다. 그러나 왜 오류를 일으켰는지 논리적으로 접근한다면 이를 해소할 수 있다. 즉 오류의 원인을 찾아서 올바른 사고의 절차를 밟게 되면 단순한 오류보다 정답의 사고 절차를 경험하게 되므로 이를 극복할 수 있다.

### (4) 서술적 피드백을 제공하라

학생들이 과제를 제출했을 때 단지 제출여부만 확인한다면 학생들이 과제를 하면서 겪었던 많은 지적 경험들이 헛된 수고가 될 가능성이 많다. 학생이 한 지적 행동에 대해 교사의 조언이 학생의 인생을 바꿀 수도 있다. 예컨대 과제를 할 때 학생들은 많은 생각을 했을 것이다. 그 생각에 교사가 서술적 피드백을 해 준다면 학생들은 큰 지적 발전을 할 수 있다. 특히 교사의 격려를 받고, 잘못된 것을 고쳐나가면서 학습동기가 높아질 수 있다.

### (5) 구체적 논평으로 칭찬과 격려를 하라

막연한 칭찬은 오히려 독이 된다는 연구가 있다. 칭찬을 많이 받는 학생은 모험을 하지 않고 안전한 길을 택하기 때문이다(Bronson & Merryman, 2009). 칭찬은 두 가지만 해야 한다. 하나는 노력에 대한 칭찬은 아끼지 않아도 된다. 더 노력할 것이기 때문이다. 다른 하나는 실제 잘한 것에 대한 칭찬이다. 잘한 것은 본인도 알기 때문에 그 칭찬을 진정한 것으로 받아들인다. 동시에 고마움도 갖는다. 자신을 알아봐주었기 때문이다. 나아가 그 장점을 더 발전할 수 있는 팁을 보태어준다면 최고의 칭찬 전략이 된다.

### (6) 학생들을 참여시켜라

수업을 계획할 때, 학생을 참여시키는 것은 학생의 수업 몰입도를 높이는 지름길이다. 강의 평가가 높은 유명한 교수들은 대부분 강의 첫 시간에 강의 계획서를 학생들과 함께 짠다. 학생들의 수준은 어떠한지 무엇을 배우기 원하는지, 과제는 개별과제를 원하는지 또는 조별 과제를 원하는지, 시험은 어떤 방식으로 치르기를 원하는지 등을 협의한다. 그러면 학생들은 자신들의 의견이 반영되었기 때문에 교수와 마찬가지로 강의에 진지하게 참여한다.

### (7) 목표가 분명한 개입활동을 펼치라

최근 자기주도학습이 유행이다. 학생 스스로 공부하는 것 이상 더 좋은 공부방법이 어디 있겠는가? 그래서 많은 수업에서 교사는 과제를 주고, 학생들이 직접 준비해서 발표하기도 하고, 프로젝트 수업을 하기도 한다. 그러나 학생들은 아직 전문가가 아니기 때문에 어디서 정보를 얻어야 하는지, 어떻게 계획을 세워야 하는지, 어떻게 결과물을 조직해서 발표해야 하는지 등 미숙한 점이 많다. 이때 교사는 학생들이 곤란을 겪는 시점에서 적절하고 유익한 개입을 할 필요가 있다. 교사가 너무 많이 지도해주거나 방치하는 것은 둘 다 바람직하지 못하다. 학생들 스스로 하도록 동기를 불어넣어주고, 그 동기가 식거나 좌절되지 않도록 어느 정도까지 분명한 선을 그어서 개입하도록 한다. 또한 진단평가나 형성평가에서 얻은 정보를 통해 개별적으로 다양한 어려움을 가지고 있는 부분에 대해 개별적 개입을 해주면 더욱 좋다.

## 문화 간 차이를 고려한 동기 부여

Q: 그림의 세 물체 중 어느 것이 앞쪽에 있는 것으로 보입니까?

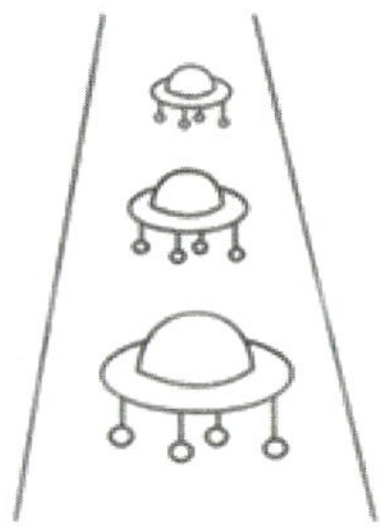

위 질문에 대한 대답은 크게 둘로 나뉘는데 동양문화권과 서양문화권으로 대별할 수 있다. 응답자 중 한국, 일본, 중국 등 대부분의 동양인은 나에게 가까이 있는 것, 즉 크게 보이는 것을 앞쪽에 있는 것이라고 답하였다. 반면, 영국, 미국 등 대부분의 서양인은 내게서 먼 것, 즉 작게 보이는 것을 앞쪽에 있는 것이라고 대답했다. 서양에서 '본다'는 행위는 대상자를 바라본다는 행위이다. 그러므로 관찰자의 시선 방향은 대상 쪽으로 향하게 되고 결국 시선 방향이 관찰자의 앞이 된다. 그러므로 자신의 시선 방향 쪽에서 가장 멀리 있는 것이 가장 앞에 있는 것이 된다.

동양과 서양은 언어 사용에서도 차이가 많은데 이는 문화와 매우 관련이 깊다. 예를 들어 'individual(개인)'은 'in(안)' + 'divide(나누다)'로 구성되었는데 더이상 나눌 수 없는 것을 의미한다. 즉 세상의 최소 단위는 자신이므로 내가 생각하고 원하는 방식으로 세상을 보는 1인칭 시점 중심이 된다. 그래서 영어는 '나'를 뜻하는 i를 항상 대문자 I로 쓴다. 문장의 예를 들면, 한국어로 "키위를 안 좋아하니?"라고 질문하면 우리는 "네, 안 좋아해요."라고 긍정(네)으로 대답한다. 그런데 영어로 "Don't you like kiwi?"라고 물으면 "No, I don't like kiwi."라고 부정(No)으로 대답한다. 한국어는 상대방의 입장에서 말하기 때문에 상대방이 '안 좋아하냐'고 물었기 때문에 '네'라고 대답을 하지만 영어는 자신이 중심이므로 '아니오(No)'라고 대답한다.

이렇듯 문화 간 차이는 매우 다양한 곳에서 발견할 수 있고 정반대의 경우도 많다. 생활 속의 상황은 학생들의 학습동기를 자극한다. 그래서 수업할 때 일상의 에피소드를 학습동기로 많이 이용한다. 이것이 적절히 작동되려면 교사가 다문화학생을 대할 때 다문화감수성을 가지고 해당 문화권의 특성을 먼저 파악해야 한다.

## 참 고 문 헌

권성연(2009). 대학생의 Gregorc 학습양식과 학습전략 사용 및 교수방법선호의 관계 분석. 학습자중심교과교육연구, 9(2), pp. 35-57.

전옥표(2007). 이기는 습관. 서울: 쌤앤해커스.

정문성(2001). 사회과수행중심평가. 서울: 학문출판.

Bronson, P. & Merryman, A. M. (2009). *Nurture Shoch*. NY: Twelve.

Chapman, C. & Vagle, N. (2015). *Motivating students: 25 strategies to light the fire of engagement*. NY: Solution Tree Press. → Chapman, C. & Vagle, N.(2011). Motivating students: 25 strategies to light the fire of engagement. 정종진 외 역(2015). 학습동기. 학생들의 동기유발과 몰입을 위한 25가지 전략. 서울: 시그마프레스.

Gardner, H. (1983). *The theory of multiple intelligences*. NY: Basic Books.

Gay, G. (2002). Preparing for culturally responsive teaching. *Journal of Teacher Education* 53(2), 106-116.

Ginnis, P. (2005). *the teacher's toolkit*. VT: Crown House Publishing.

Gregorc, A. R. (1982). *An adult's guide to style*. MA: Gabriel System.

Hattie, J. (2009). *Visible learning: a synthesis of over 800 meta-analysis relating to achievement*. NY: Routledge.

Jensen, E. P. (1988). *Super teaching: Master strategies for building student success*. CA: Turning Point for Teachers.

Keller, J. M. (2009). *Motivational design for learning and performance: The ARCS model approach*. NY: Springer.

# 제4장 설명식 수업과 문답식 수업

## 1. 설명식 수업

### 1) 개념과 특징

#### (1) 개념

설명(說明)이란 기술(記述)과 상대되는 말이다. 기술이 현상을 있는 그대로 표현하는 것이라면, 설명은 그 현상이 일어나는 원리를 표현하는 것이라 할 수 있다. 주로 원리는 원인과 결과를 밝히는 방식을 사용한다. 현상이 원인과 결과로 표현되면 자연스럽게 그 현상이 이해된다. 이해가 되면 그것은 공동의 지식이 된다. 과학적 연구방법론에서도 기술적 연구와 설명적 연구로 분류한다. 기술적 연구는 여론 조사와 같이 'A가 75%이다'라는 식의 현상을 그대로 표현하는 연구이고, 설명식 연구는 실험연구와 같이 'A가 원인이 되어서 B가 발생되었다.'는 식의 현상을 설명하는 연구이다. 설명이 되었다는 것은 원인과 결과가 잘 맞아떨어져서 현상의 이해가 되었다는 뜻이다.

인식론을 객관주의와 구성주의로 구분한다면 설명은 객관주의 관점에 해당한다. 현상은 인식자의 내면에 있는 것이 아니라 외면에 객관적으로 존재하는 것이어서 그대로 전달될 수 있다는 전제를 가지고 있다. 그러므로 수업의 관건은 객관적 현상을 얼마나 잘 전달하는지에 달려있다. 즉 설명식 수업이란 객관적 지식을 설명을 통해 전달하는 방법이다.

### (2) 특징

설명식 수업의 특징을 정리하면 다음과 같다. 특징에는 장점과 단점도 포함된다.

첫째, 현상을 그대로 묘사하는 것이 아니라 원인과 결과를 밝혀서 이해시키려고 한다. 즉 단순한 지식의 전달이 아니라 이해시키려고 한다. 누구나 동일하게 이해할 수 있는 객관적 지식이기 때문이다. 물론 어떤 교사는 설명을 잘하고, 어떤 교사는 설명을 못할 수도 있다. 학습자가 이해를 못했다고 그것은 설명식 수업이 아니라고 할 수는 없다. 잘하고 못할 수는 있지만 설명식 수업이란 수업의 방법을 일컫는 것이기 때문이다.

둘째, 사실이나 개념 등 원인과 결과의 관계는 아니지만 학습자가 몰랐던 것을 알기 쉽게 풀어서 전달하는 것도 설명식 수업이다. 사실과 개념도 현상을 설명하기 위해 사전에 알아야 할 지식이기 때문이다. 예를 들어 'RV 차량이란 Recreation Vehicle, 즉 여가 활동을 위한 자동차를 말한다.'고 표현했다면 이는 설명식 수업이라 할 수 있다. 학습자들이 '아하! 그래서 RV라고 하는구나.' 하고 이해를 했기 때문이다. 그래서 이인효(1994)는 암죽식 수업이라고도 했다. 유아에게 밥을 소화시키기 쉽게 암죽으로 만들어주듯, 지식을 이해하기 쉽게 풀어서 주는 것과 비슷하기 때문이다. 이종각(1995)은 암주식 수업이라고 했다. 암기와 주입이 함께 일어나기 때문이다. 다만 Ausubel(1960)은 기계적 학습과 유의미한 학습을 구분하여 설명을 통해 유의미한 학습을 해야 한다고 했다. 또한 김정원(1999)은 교과서 해설식 수업이라고도 했다. 교과서는 개념과 원리 중심으로 기술되어 있어서 풀어서 설명해 주지 않으면 이해하기 어렵다. 이러한 표현이 공통적으로 전하는 메시지는 개념과 원리 위주로 서술된 어려운 교과서를 학생들이 이해하기 쉽게 설명해주는 것이 설명식 수업에서 교사의 주된 역할이라는 것이다.

셋째, 짧은 시간에 많은 지식을 많은 사람에게 전달한다. 이것은 설명식 수업의 특징이자 장점이다. 학습자가 스스로 공부하려면 많은 지식을 얻기가 힘들다. 시행착오도 필요하고, 직접 경험하지 않은 지식이므로 이해하기도 힘들다. 따라서 많은 시간과 노력이 필요하다. 그러나 이미 개념과 원리를 이해하고 있는 교사는 쉽고 빠르게 설명할 수 있는 기술을 가지고 있다. 그러므로 효율적으로 많은 사람에게 전달할 수 있다. 근대화 이후에 설명식 수업이 많이 사용된 이유는 사회발전에 따라 의무교육제도도 생기고 공교육이 확산되었기 때문이다. 교사의 수는 적고, 학생의 수가 많을 때 가장 효율적인 방법이기 때문이다. 또한 과거에는 지식이 그렇게 많지도 않았고, 고급 지식에 접근하기도 쉽지 않았기 때문에 '아는 것이 힘'이었다. 그러므로 알려주면 되었으므로 설명식 수업이 적합했다. 물론 상류층은 가정 교사를 두어 개별화 수업을 할 수 있었지만 일반인들에게는 설명식 수업이 보편적으로 사용되었다.

넷째, 학습자가 경청에 집중해서 몸을 거의 움직이지 않으므로 학습이 지루해지는 경우가 많다. 이것은 설명식 수업의 단점이다. 교사의 설명에 집중하기 위해 움직이지 않지만 뇌 과학의 연구는 몸이 움직여야 뇌가 움직인다는 것을 밝힌 바 있다(Medina, 2014). 반대로 말하면 움직이지 않으면 뇌가 멈춘다는 것이다. 인류가 개발한 수많은 법칙, 원리, 아이디어는 모두 움직이다가 나왔다는 것이다. [그림 4-1]에서 보듯이 처음에 학생들은 교사의 설명을 열심히 듣지만 점점 집중력이 떨어지는 것은 몸이 움직이지 않기 때문에 뇌 활동이 줄어들기 때문이다.

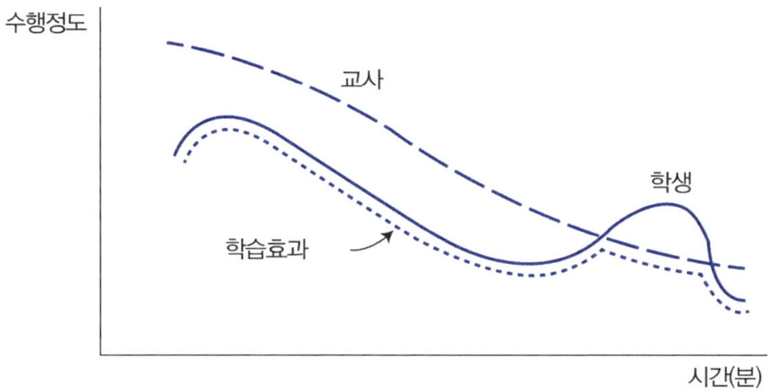


**[그림 4-1]** 설명식 수업에서 뇌 활동

자료: Bligh, D.(2000). Lecture. CA: Jossey-Bass Publishers, p. 50.

다섯째, 설명식 수업의 성패는 교사에게 달려 있다. 수업의 시작, 과정, 마무리의 운영이 전적으로 교사의 역량에 달려 있으므로 교사의 설명력이 관건이다. 또한 수업 진행의 통제도 교사가 하므로 교사의 역할이 무겁다고 할 수 있다.

여섯째, 암기와 이해의 저급 사고에는 도움이 되지만 적용, 분석, 종합, 평가의 고급 사고를 자극하지는 못한다. 설명을 하면 학습자는 암기하거나 이해하는 데에 급급하다. 설명을 듣고 이해한 지식을 다른 곳에 적용하거나 분석해보는 경험을 가질 시간이 없다. 종합을 하려면 설명을 다 들어야 하고, 평가를 위해서는 생각할 시간도 필요한데 설명식 수업에서는 그럴 기회가 거의 없다.

일곱째, 설명식 수업은 점차 줄어들고 있다. 지식 기반 사회로 변하면서 고급 사고력이 강조되고, 학급당 학생 수의 감소로 학생 활동 중심의 다양한 수업방법이 늘어나고 있다. 2019년 기준 한국의 학급당 학생 수는 초등학교 23.0명, 중학교 26.1명이다. OECD 평균은 초등학교 21.1명, 중학교 23.3명이다. 2019년 기준 한국의 교원 1인당 학생 수는 초등학교 16.6명, 중학교 13.0명, 고등학교 11.4명이다. OECD 평균은 초등학교 14.5명, 중학교 13.1명, 고등학교 13.0명이다. 출생률 저하로 감소추세는 계속될 것으로 보인다. 그리고 인터넷의 발달로 원하는 강의는 누구나 쉽게 접할 수 있게 되면서 설명식 수업은 주로 온라인 강의에서 많이 활용될 것으로 보인다. 2000년 타임지에서 없어질 직업 2위로 교사를 든 것도 이 때문이다.

## 2) 선행조직자의 활용과 유의미학습의 조건

설명식 수업이 성공하기 위한 조건으로 가장 적절한 이론은 Ausubel(1960)의 선행조직자를 활용한 유의미학습 이론이다.

### (1) 선행조직자(advance organizer)

#### ① 개념과 종류

선행조직자란 인지 구조를 강화하고 새로운 정보의 습득을 촉진하기 위해 수업에서 우선적으로 제시되는 자료를 말한다. Ausubel(1960)이 유의미 언어학습모형으로 제안하였는데, 설명식 수업의 이론으로 많이 사용된다. 보통 설명식 수업에서 도입부분에서 동기유발로 많이 사용한다. 선행조직자를 사용하는 이유는 학습자가 기존에 가지고 있는 정보, 개념, 원리 등의 지식체계 또는 인지 구조를 일깨워서 지금 배울 학습내용이 기존의 인지 구조에서 어디에 해당되는지를 확인하기 위함이다. 왜냐하면 보통 제한된 수업시간에서 전체 지식체계를 한꺼번에 다 다룰 수 없기 때문이다. 선행조직자를 통해서 학습자는 자신의 관련 인지 구조를 기억해 내면 오늘 배운 내용이 전체 인지 구조에 어떻게 연결되는지 쉽게 알 수 있다. 아울러 장기기억이 쉽게 된다. 예를 들어 다문화주의 태도를 갖게 하려는 수업을 할 때, 우리의 일부는 오래전 다문화가족의 후손일 수도 있다는 예시를 준다면 이 또한 선행조직자가 된다. 김해 김씨와 김해 허씨의 시조가 허황옥(인도)이며, 화산 이씨의 시조가 이용상(베트남), 덕수 장씨의 시조가 장백창(아랍)이라는 사실을 제안하면서 수업을 시작할 수 있다. 이때 학생들은 후손, 시조, 성씨와 관련된 인지 구조를 기억해 내면서 학습에 임하게 된다.

선행조직자는 두 가지로 분류된다. 하나는 설명조직자(expository organizer)로 새로 배울 내용이 친숙한 자료가 아닐 때 사용된다. 배울 내용보다 더 추상적이고 포괄적인 형태의 학습 자료이다. 예를 들어 '동물'을 배우기로 했다면 '동물과 식물을 하위 개념으로 하는 생물'은 좋은 설명조직자가 될 수 있다. 생물에는 동물과 식물이 있고, 오늘은 동물을 배운다고 시작하는 것이다. 생물은 오늘 배울 동물보다 추상적이고 포괄적인 형태이다. 다른 하나는 비교조직자(comparative organizer)로 새로 배울 내용이 친숙한 경우 사용된다. 주로 혼동을 막고 개념을 분명하게 하기 위해 사용하는데 지난 시간에 동물을 배웠으니 오늘은 식물을 배우겠다고 하면, 동물은 좋은 비교조직자가 된다. 왜냐하면 지난 시간에 동물을 배웠기 때문에 식물과의 비교가 쉬운 것이다. 또 다른 예를 들어본다면 Banks의 다문화교육과정 개혁 접근법은 1단계 기여적 접근, 2단계 부가적 접근, 3단계 변환적 접근, 4단계 사회행동 접근이 있다고 도입부분에 소개하고, 1단계 기여적 접근을 설명한다면, 'Banks의 다문화교육과정 개혁 접근법'은 설명조직자가 된다. 반면에 지난번에는 1, 2단계를 배웠고 오늘은 3단계 변환적 접근과 4단계 사회행동 접근을 배운다고 한다면 비교조직자라고 할 수 있다.

#### ② 설명식 수업에의 적용

설명식 수업을 말할 때 선행조직자나 유의미학습 이론을 근거로 하는 이유는 Ausubel이 유의미한 수업은 수업모형 그 자체에 의존하는 것이 아니라 학습자의 자세와 학습 자료의 조직에 달려있다고 주장했기 때문이다. 그래서 설명식 수업도 선행조직자를 활용하여 학습과제와 학습자의 인지 구조를 잘 관련지어 구성하면 얼마든지 유의미한 학습이 될 수 있다는 것이다.

보통 설명식 수업에서 선행조직자를 다음과 같은 방식으로 활용한다. 이러한 수업을 선행조직자 모형이라 한다.

첫째, 선행조직자 제시를 통해 학습자가 지니고 있는 사전 지식과 경험을 현재 수업내용과 연결 지을 수 있도록 자극한다.

둘째, 학습과제와 자료를 제시할 때 지식의 구조에 따라 체계적으로 제시하고, 상위개념에서부터 하위개념으로 점진적 분화의 원리로 적용한다.

셋째, 인지 조직을 강화하면서 마무리한다. 인지 조직을 강화하기 위해서는 선행조직자를 상기하고, 수용, 통합 및 조정, 비판적 사고 등을 통해 학습내용을 명료화한다.

이 과정에서 선행조직자는 다음의 역할을 담당한다.

첫째, 배운 내용과 배울 내용의 관계를 확인하고, 상호관련짓기, 구별하기 등을 통해 이해가 쉽고 학습을 용이하게 한다.

둘째, 선행조직자는 배운 지식을 기억해 내고 복습하는 효과가 있다. 아울러 학습동기와 수업몰두도를 높인다. 왜냐하면 자신이 아는 것으로 수업을 시작하기 때문이다.

셋째, 전체 지식체계를 알고 부분을 학습하므로 쉽게 이해된다. 예를 들어 옷장에 옷을 정리한다고 해 보자. 머릿속에 옷장의 구조가 있다면 새로 A라는 옷을 넣을 때, 어디에 걸어야 할지 판단하기가 쉬울 것이다. 뿐만 아니라 나중에 옷장 안에 A가 어디에 어떻게 걸려있는지 기억도 쉽게 할 수 있다. 이때 선행조직자란 옷장의 구조라고 할 수 있다. 옷장의 구조를 알고 정리하는 것과 모르고 정리하는 것은 차이가 있다. 먼저 지식을 정리해주는 인지 구조인 것이다.

### (2) 유의미학습(meaningful reception learning) 이론

Ausubel(1960)은 학습을 기계적 학습(rote learning)과 유의미학습(meaningful learning)으로 구분하였다. 기계적 학습이 단순 암기라고 하면 유의미학습은 교사가 학생들이 이미 알고 있는 것과 연관 지어 제시함으로써 학생의 이전 인지 구조가 더 풍성하게 강화되는 학습을 말한다. 이를 위해 선행조직자가 필수적으로 활용되어야 한다.

유의미학습의 조건은 학습과제가 관련 정착의미와 실사적이고 구속적으로 관계될 수 있어야 하고 학습자는 관련 정착의미를 인지 구조 속에 가지고 있어야 한다는 것이다. 이 조건을 이해하기 위해서는 Ausubel(1960)이 제안한 여러 개념을 이해해야 한다(윤기옥 외, 2009). 그는 주로 어휘학습을 중심으로 설명했는데, 학습과제는 실사성(實辭性, substantiveness)과 구속성(拘束性, non-arbitrariness)이 있어야 한다. 실사성이란 학습과제의 형태가 바뀌어도 의미가 변하지 않는 것을 말한다. '정삼각형은 세 변이 같다.'는 '세 변이 같으면 정삼각형이다.'와 의미가 같다. 그러나 무의미 철자인 '캐비'와 '비캐'는 달라진다. 구속성이란 임의로 맺어진 관계가 하나의 관습으로 굳어져 다시 임의로 바꿀 수 없는 경우를 말한다. '개'라는 부호가 실제의 개와 아무 관련이 없었으나 '개'라고 명명된 이후에 '개'라는 부호가 실제의 개를 가리켜 관습적으로 굳어져버렸다면 의미 있는 관계가 된 것이다. 이것을 구속성이라고 한다. 이처럼 실사성과 구속성이 없다면 어휘를 제맘대로 사용하기 때문에 안정된 지식의 인지 구조를 구축할 수 없을 것이다. 반대로 실사성과 구속성이 있는 새로운 학습과제를 만나면 객관적이고 보편성이 있으므로 학습자는 자신의 인지 구조에 의미 있게 관련지을 수 있다. 그러면 이 학습과제는 학습자의 인지 구조에 논리적으로 관련하여 의미가 정착(relevant anchoring idea)될 수 있는 유의미한 학습이 될 가능성이 있으므로 논리적 유의미가(logical meaningfulness)를 가진다. Ausubel(1960)은 이러한 유의미학습을 [그림 4-2]와 같이 개념화하였다. 예를 들어 '다문화주의' 학습과제 배운다고 할때, 그 뜻은 정의되어 있고 누구에게나 같은 뜻으로 사용되고 있으므로 실사성과 구속성이 있다. 그런데 학습자가 이미 '동화주의'를 알고 있다면 그 학습과제가 정착할 관련된 인지 구조가 있는 셈이다. 즉 관련 정착의미가 있는 잠재적 유의미가가 있다. 그리고 이렇게 학습하려는 학습자의 태도가 만났을 때 비로소 유의미학습이 이루어진다.

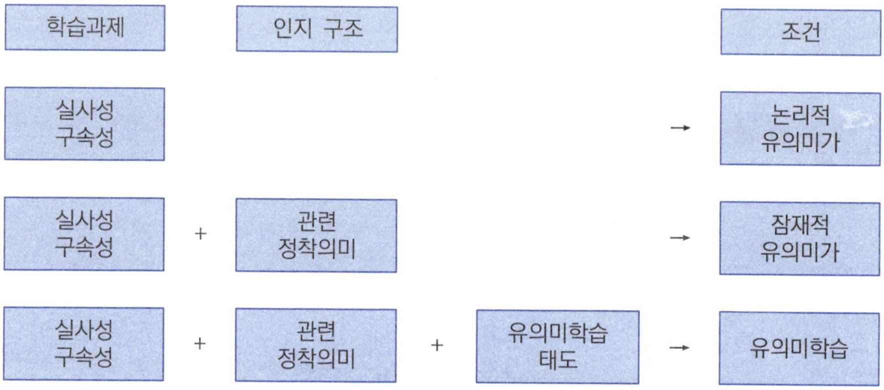


**[그림 4-2]** 유의미학습의 조건

## 3) 설명식 수업에서 교사의 유의점

설명식 수업에서는 교사의 설명 활동이 중심이다. 교사의 역할이 중요하기 때문에 유의해야 할 점이 많다.

### (1) 준비

설명식 수업의 승패는 교사가 얼마나 설명을 잘하느냐에 달려 있다. 설명을 하는 이유는 학습자를 이해시키기 위함이다. 그러므로 학습자의 이해에 도움이 되는 시청각 학습 자료를 많이 준비하는 것이 좋다. 그래야 학습자들은 교사가 수업을 위해 많이 준비한 것에 대해 고마움을 느낀다. 그만큼 학습자들의 호응을 얻을 수 있다. 즉 교사가 준비를 많이 했다는 느낌을 갖도록 하는 것이 중요하다.

### (2) 몸짓

교사는 자신의 몸을 완전히 드러내고 하는 직업이다. 학습자는 설명을 듣는 동안 주로 교사의 온몸을 쳐다보게 된다. 그러므로 몸짓 하나하나가 학습자의 이해와 수업에의 몰두를 위해 연출되어야 한다. 몸짓심리학에 근거하여 교사에게 필요한 몇 가지 몸짓의 유의점은 다음과 같다.

첫째, 가능하면 교탁 뒤에 서지 않는다. 교탁 뒤에 몸이 있으면 마치 교탁에 몸을 숨기려고 하는 듯한 느낌을 준다. 교사와 학생 사이에 벽을 치는 것과 같다. 그러므로 가능하면 교탁 앞으로 나와 온몸을 노출시키는 것이 좋다. 교사와 학습자는 함께 공부하는 공동학습자라는 인식을 심어주기 위해서이다.

둘째, 손바닥을 학습자를 향해 펴는 것이 좋다. 손바닥을 보인다는 것은 '나는 마음을 열었다.'라는 뜻이다. 하이파이브를 하거나 선서를 할 때, 또는 악수를 할 때 손바닥을 내미는 것도 같은 뜻이다. 그래야 상대가 마음의 문을 열 가능성이 많다.

셋째, 제스처는 거의 하지 않는다. 제스처는 의사소통이 잘 안될 때 보조로 사용한다. 서구에서 제스처를 많이 사용하는 이유는 부족한 언어의 표현을 보완하기 위해서이다. 그러나 한국어는 무한한 표현력을 자랑으로 한다. 제스처가 필요 없다. 교사가 제스처를 많이 하면 학생들을 산만하게 만들고, 집중력을 떨어뜨린다. 아울러 이리저리 걸어 다니는 것도 좋지 않다.

넷째, 자기 몸을 잡지 않는다. 불안하면 몸이 떨리고 자기도 모르게 자기 손으로 자기 몸을 잡게 된다. 교사의 이런 모습은 불안하게 비추어진다. 그리고 학생들도 불안하게 만든다.

다섯째, 팔짱을 끼거나 서서 다리를 꼬지 않는다. 팔짱을 끼거나 다리를 꼬는 것은 방어자세로 내 마음을 닫았다는 뜻이다. 더 나아가 앞에 상대가 있을 때는 그 상대에 대해서 그런 마음을 보여주는 것이다. 교사들이 학생들 앞에서 이런 모습을 보이면, 학생들은 교사가 담을 쌓겠다는 메시지로 해석한다.

여섯째, 남학생에게 접근할 때는 정면으로 가면 안 된다. 사냥과 전쟁의 유전자를 가진 남자는 상대가 정면에서 올 때 당황하고 경계한다. 그러므로 사선에서 접근해서 대화하는 것이 좋다. 반면 여학생은 정면에서 대한다.

일곱째, 학생을 향해 정면으로 선다. 마음의 방향은 배를 보면 알 수 있다. 배의 방향이 어디에 있는지를 보면 그 사람의 마음이 어디에 있는지 알 수 있다. 그러므로 교사의 배는 학생들을 향해야 한다.

### (3) 목소리

영화 '관상'에서 주인공이 이런 말을 했다. "관상은 목소리로 마무리된다." 목소리가 관상과는 아무 관계없지만 목소리를 듣는 순간 이미지는 확 바뀐다. 목소리가 그만큼 중요하다. 설명식 수업에서 교사는 주로 목소리를 사용한다. 그러므로 목소리에도 신경을 써야 한다.

첫째, 목소리는 큰 것이 좋다. 목소리가 잘 안 들리면 짜증 나기 때문이다. 다만 쉬운 내용은 크게, 어렵고 중요한 내용은 작게 하는 것이 좋다. 어려운 내용을 큰 목소리로 말하면 생각을 방해하는 경향이 있기 때문이다(Bligh, 2000).

둘째, 목소리의 톤이 일정한 것은 좋지 않다. 높은 목소리든 낮은 목소리든 일정한 목소리는 지루함을 가져온다.

셋째, 목소리가 너무 부드러운 것도 바람직하지 않다. 목소리만 들리고 내용이 읽히지 않는 경향이 있다. 목소리가 좋은 것과 감정을 전달하는 것과는 다르다. 예쁜 목소리보다는 정확한 발음과 감정을 담은 목소리가 더 낫다.

### (4) 판서와 PPT

설명식 수업에서 판서와 PPT는 매우 중요하다. 한 사람이 상대방에게서 받는 이미지는 시각이 55%, 청각이 38%, 언어는 7%에 불과하다는 연구도 있다(Mehrabian, 1971). 그래서 시청각 교육을 강조한다. 언어만으로는 전하고자 하는 내용을 전달하는 데에 한계가 있다. 반면 판서와 PPT는 정확한 전달을 도와주고, 전달한 내용의 개요를 알려주고, 순서를 안내하는 역할도 한다. 특히 처음 소개하는 개념들은 정확한 발음이라도 알아듣기 힘들 수도 있고 학습자가 필기할 때도 도움이 된다. 판서는 분필을 사용하는 칠판이나 보드마커를 사용하는 화이트보드를 많이 사용한다. 최근에는 컴퓨터와 빔 프로젝트의 보급으로 PPT를 많이 활용하는데 판서보다 활용도가 더 높다. 유의할 점은 다음과 같다.

첫째, 시선의 집중도를 고려할 때, 학습자의 입장에서 보면 왼쪽에서 오른쪽으로 보는 경향이 있으므로 판서나 PPT의 장면 구성은 이를 고려한다.

둘째, 좌뇌와 우뇌의 특성을 고려하여 학습자의 입장에서 왼쪽에는 그림, 오른쪽에는 문자의 구성이 바람직하다. 그러므로 그림이나 사진이 포함될 때는 이 원칙을 사용하는 것이 학습자의 시선을 편하게 한다.

셋째, 강조할 부분이 있을 때는 색을 다르게 하거나 밑줄 또는 굵기의 변화를 주어 학습자의 이해를 돕는다.

넷째, 인용한 내용은 반드시 밑에 자료를 표기한다. 자료의 표기는 지식의 신뢰성을 높여주고 학습동기를 높여준다.

## 2. 문답식 수업

### 1) 개념과 특징

문답식 수업은 말 그대로 묻고 답하는 수업방법이다. 인류 최초의 수업방법이라고 볼 수 있다. 특히 최근 핵심질문이 강조되면서 문답법이 다시 유행하고 있다. 모르니까 묻고 아니까 대답하는 것이다. 아이가 말하기 시작하면 엄마에게 묻기 시작한다. 그러면 엄마는 아기에게 대답을 한다. 이러한 삶을 알아가는 아이와 가르치려는 어른의 본능이 자연스럽게 수업방법이 되었다. 흔히 소크라테스를 문답법의 시조로 생각하지만 그 이전부터 문답법은 보편적인 수업방법이었다. 오히려 소크라테스가 태어나기 이전, 공자와 맹자도 깊이 있는 문답법으로 제자를 가르쳤다. 다만 소크라테스는 질문을 통해 학생들이 스스로 깨닫도록 유도하는 독특한 문답법을 사용했을 뿐이다. 공자와 맹자는 질문에 대답을 잘 해 준 반면 소크라테스는 아이를 낳는 산모를 도와주는 산파와 같은 역할을 했다. 그래서 산파법이라고도 한다.

실제 지금도 교사들이 가장 많이 사용하고 있는 방법이 문답법이다. 교사들은 설명을 하고 있다고 생각할지 모르지만 관찰해보면 자기도 모르게 학생들에게 질문을 퍼붓는 경우가 많다. 다만 학생의 답을 기다리지 않고 교사가 먼저 대답하는 형식이기 때문에 문답법으로 보이지 않을 뿐이다.

문답법의 특징은 다음과 같이 정리할 수 있다.

첫째, 교사나 학생이 모두 묻고 답할 수 있다. 교사의 질문은 발문이라고도 한다. 발문이란 몰라서 묻는 것이 아니라 학습자로 하여금 대답을 생각하게 하기 위해 교사가 하는 질문이다. 학생도 질문을 할 수 있다. 교사는 학생의 질문을 유도하기도 하는데, 질문을 통해 사고를 자극하기 때문이다.

둘째, 교사가 수업을 주도하지만 학생의 참여를 이끌어낼 수 있는 장점을 가지고 있다. 즉 설명식 수업은 교사가 일방적으로 설명활동을 하지만 문답법은 학생의 대답을 통해 함께 수업을 만들어 갈 수 있다.

셋째, 학습자의 대답을 통해 학습의 상태나 태도 등을 알 수 있다. 즉 학습자의 반응을 통해 학습자들이 이해를 했는지, 어떤 수준에 있는지, 어떤 것을 알고 어떤 것을 모르는지 등 학습자들의 상태를 확인하고 이에 적합한 교수(teaching)를 할 수 있다는 장점이 있다.

### 2) 문답식 수업의 유의점

문답식 수업을 할 때 유의점은 다음과 같다.

첫째, 교사는 수업에 사용할 질문을 미리 선택해서 준비해둔다. 그리고 이를 계열화해서 질문의 순서를 미리 준비해 둔다. 왜냐하면 유의미학습이 되기 위해서는 인지 구조의 위계를 고려해야 학생들이 새로운 지식을 적절한 인지 구조에 위치시킬 수 있기 때문이다.

둘째, 질문에 대한 대답을 100% 예측해야 한다. 예상치 못한 대답이 나오면 교사가 준비한 그 다음의 질문 또는 수업진행이 엉클어지게 된다. 이를 위해 가능하면 수렴적 질문을 하는 것이 좋다. 즉 구체적인 질문을 통해 정답을 예측하기 쉽게 한다. 다만 추상적 내용을 다룰 때는 울타리를 쳐 놓는 게 좋다. 예를 들어 특정 예화를 80% 정도 들려주면서 나머지 20%를 질문하면 예측 가능한 대답을 유도할 수 있다. 마치 학습지에 80%는 정답을 적어주고 나머지 20%만 비워두는 것과 같다.

셋째, 전체 학습자에 대한 질문과 개인에 대한 질문을 번갈아 가면서 한다. 전체 학습자에게는 OX와 같은 간단한 질문으로 손을 들어 의견을 표시하게 하고, 의견을 표시한 학습자들 중에 한두 명을 지적해서 그 이유를 묻는 방식이다. 그러면 전체 학습자들이 개인 학습자의 대답에 집중한다. 개인 학습자는 보다 구체적이고 고급 사고를 필요로 하는 대답을 하게 된다. 개인 학습자의 대답이 너무 길어지면 전체 학습자들의 집중도가 떨어지므로 다시 전체에게 질문하는 방식으로 전체를 끌고 가야 한다.

넷째, 첫 질문에 성공해야 한다. 학습자들의 25% 정도는 항상 교사의 편에서 있다. 즉 수업에 협조하는 성향을 가진 학습자들이다. 반대로 25% 정도는 학습을 방해하는 성향을 가지고 있다. 그리고 50%는 수업여론의 눈치를 보는 성향을 가지고 있다. 만약 첫 질문에 일부의 학습자만 대답한다면 수업여론은 대답을 안 하는 분위기로 전개될 가능성이 많다. 그러므로 첫 질문은 학습자들이 자기도 모르게 대답할 만한 쉽고 흥미로운 질문을 하는 것이 좋다. 일단 70~80% 학습자가 대답을 하면 수업여론은 대답을 하는 분위기, 즉 개인 학습자도 대답하는 것이 자연스러운 분위기가 만들어진다.

다섯째, 한 번에 하나의 질문만 한다. 복합적 질문을 하면 초점이 흐려지면서 산만한 분위기가 될 수 있고, 교사가 수업을 이끌어가기 힘들다.

여섯째, 경쟁적 분위기를 이끌고 가면 학생들이 서로 빨리 대답을 하려고 하기 때문에 수준 높은 대답이 나오기 힘들다. 그러므로 질문을 한 후 숙고의 시간을 3초 이상 주어야 한다. 즉 교사가 학습자들에게 '나는 빠른 대답을 원하는 것이 아니라 정답을 원한다.'는 이미지를 주기 위함이다. 학습자가 대답을 하고 나서도 역시 3초의 숙려시간을 주어야 한다. 학습자의 대답에 대해서도 생각할 시간을 주기 위함이다.

## 3) 질문의 형식

2015 개정 교육과정이 핵심역량을 강조하면서 핵심질문을 포함한 다양한 질문이 수업을 이끌어가는 중요 요소가 되면서 질문의 형식에 대한 관심이 커지고 있다. 질문은 다양한 형식이 있는데 몇 가지 기준으로 분류하면 다음과 같다(정문성 외, 2008; 박성익, 2012; McTughe & Wiffins, 2013). 아울러 사고의 형식을 고려하여 질문하면 교사가 원하는 대로 학생들이 생각하는 방식을 훈련시킬 수도 있다. 이를 위한 32가지 사고유형에 따른 질문법을 소개한다.

### (1) 질문의 유형

첫째, 사고의 수준에 따라 구체적 사고 질문, 추상적 사고 질문, 창의적 사고 질문이 있다. 구체적 사고 질문은 비교적 단순한 사실, 개념, 원리 등을 묻는데 주로 육하원칙을 묻는 대명사를 사용한다. 추상적 사고 질문은 방법, 이유, 원인 등을 추론하는 형식이다. 창의적 사고 질문은 정답이 있는 것은 아니고 새로운 발상과 시도를 자극하는 질문이다.

둘째, 사고의 제한과 확산을 유도하기 위해 제한형 질문(폐쇄적 질문)과 확장형 질문(개방형 질문)이 있다. 제한형 질문은 인지·기억을 확인하는 질문과 어떤 관계를 설명하는 수렴적 질문으로 나눈다. 확장형 질문은 발산적 사고와 평가적 사고를 유도하는 질문으로 나눈다. 발산적 사고 질문은 원인과 결과를 추론하게 하는 질문이며, 평가적 사고 질문은 평가하고 의견을 표현하게 하는 질문이다.

셋째, Bloom의 신분류 6가지 인지적 영역(암기, 이해, 적용, 분석, 평가, 창조)에 따른 질문도 있다. 암기는 기억한 것을 재생하는 질문을 할 수 있고, 이해는 이해하고 있는지 확인하며, 적용은 배운 내용을 새로운 상황에 적용할 수 있는지를 물을 수 있다. 분석은 주어진 자료를 해석할 수 있는지를 묻고, 평가는 특정 기준으로 평가할 수 있는지를 묻는다. 창조는 요약 정리를 포함하여 자신의 생각을 말할 수 있는지 질문하는데 암기와 이해는 저급 사고이며, 나머지 네 가지는 고급 사고를 하게 하는 질문이다.

넷째, 핵심질문과 부가질문이 있다. 핵심질문은 학습목표인 핵심개념을 이해하도록 유도하는 질문이다. 폭넓은 질문은 총제적 핵심질문이라고 하고, 초점을 좁힌 것은 한정적 핵심질문이라고 한다. 부가질문은 핵심질문에 대한 대답을 구체적으로 또는 절차적으로 할 수 있도록 하는 유인질문, 유도질문, 안내질문이 있다. 유인질문은 주로 동기유발, 유도질문은 정답을 유도하기 위해서이고 안내질문은 탐구를 독려하는데 사용한다.

### (2) 32가지 사고력 질문

#### ① 비교와 대조

비교와 대조는 아동의 이해 능력을 발전시킨다. 비교와 대조는 주어진 자료에서 사건, 사상, 개념들을 분리해 내거나 핵심을 뽑는 등의 경험을 제공한다. 비교와 대조의 질문의 예는 '주몽과 온조의 공통점은 무엇인가?', '지석영과 홍재학의 상소문에서 나타난 차이는 무엇인가?' 등이다.

② 원인과 결과

사회과학에서 말하는 어떤 현상에 대한 '설명'은 그 현상의 인과관계를 밝히는 것이다. 어떤 현상에 대한 원인과 결과에 관한 질문은 학습자가 어떤 행동, 사건, 영향 등의 관계를 이해하고 그 현상을 설명할 수 있을 때 대답이 가능한 것이다. 학습자는 이러한 질문에 대답하기 위해 원인과 결과를 구별해내고, 그 관계를 찾아내어야 한다. 원인과 결과를 묻는 질문의 예는 '일제강점기 이후, 국산품 애용 운동이 일어난 이유는?', '사회주의를 채택한 북한의 단기적 결과는?', '자본주의를 채택한 남한의 장기적 결과는?' 등이다.

③ 일반화

학습자가 일반화를 진술하기 위해서는 사실적인 지식뿐만 아니라, 통계적 지식, 경향을 분석하는 능력 등을 가져야 한다. 이러한 구체적 정보와 분석 능력으로부터 일반적인 원리, 규칙, 의견, 결론 등을 그려낼 수 있다. 일반화 질문은 아동으로 하여금 개별적 사실이나 사건과 일반화된 개념을 연상시키도록 구성되어야 한다. 일반화 능력을 요구하는 질문의 예는 '수요와 공급의 법칙을 다음 사례를 근거로 표현해보라.', '다음 중 나머지 셋을 포함할 수 있는 주된 진술은 어느 것인가?' 등의 형태를 띤다.

④ 연대기(chronology)적 능력

사건을 시간적 순서로 이해하는 능력은 아동으로 하여금 어떤 현상을 통해 어떤 경향, 순서, 계열 등을 이해하는 데 도움을 준다. 그러므로 연대기적 사고를 할 수 있는 질문이 필요하다. '역사적 사건이 일어난 순서를 바르게 연결해보라.', '세종대왕 시절에 발명된 것과 영조대왕 시절에 발명된 것을 구별해서 열거해 본다면?' 등이 그 예이다.

⑤ 사실과 의견의 구별

사실과 의견을 분리해내는 능력은 과학적이고 합리적인 의사결정을 하는 기초가 된다. 질문의 형태는 '한국 전쟁에 관한 다음 진술 중 가장 증명하기 어려운 것은?', '다음 사례에서 사실이라기보다 의견에 가까운 것은?' 등이다.

⑥ 1차 자료와 2차 자료의 구별

사회과학자들은 역사적 현장에서 발견된 1차 자료와 이를 토대로 한 연구 등의 2차 자료를 모두 검토하여 연구를 수행한다. 때로는 연구 목적에 따라 똑같은 자료라 하더라도 1차 자료와 2차 자료가 바뀌기도 한다. 주어진 자료를 1차 자료와 2차 자료로 분류하는 능력은 정확한 자료를 수집하고 분석하는 능력과 직결되어 있다. 질문의 형태는 '한국 전쟁에 관한 1차 자료의 예는 무엇인가?', '연구 목적에 따라 자료의 성격이 달라지는 경우는 어떤 경우인가?' 등이다.

⑦ 자료의 검색

사회과에서는 매우 다양한 주제를 다루고, 다양한 문제해결의 정보들이 필요하다. 그러므로 학습자가 주어진 문제를 해결하는 데 적합한 정보를 찾는 능력이 요구된다. 이러한 능력을 평가하기 위한 질문의 형태는 '인천광역시의 환경문제에 관한 정보를 가장 잘 제공할 수 있는 곳은?', '국회의원의 연설문을 분석하기 위해 자료를 얻으려고 한다. 다음 중 어떤 자료를 찾아야 하나?' 등이다.

⑧ 자료의 구조

사회과는 여러 사회과학과 관련을 맺고 있다. 따라서 학습자는 찾고자 하는 자료가 어떤 사회과학과 관련을 맺고 있는지, 어떤 사회과학의 관점에서 문제를 보고 있는지 등을 알아야 할 필요가 있다. 그러므로 학습자는 사회과학의 분류에 대한 정확한 이해를 할 수 있어야 한다. 이를 위한 질문의 형태는 '선사 시대의 문화를 연구하는 학자들이 주로 관심을 갖는 구체적 연구 대상은?', '다음 중 어떤 진술이 역사학자들이 사용하는 것인가?' 등이다.

⑨ 이해

이해를 묻는 질문은 아동에게 자료를 제시하고 그 자료를 이해했음을 설명하라는 형태이다. 즉 '다음의 그림은 무엇을 상징하는 것인가?', '다음 그림에서 어느 시기에 인구증가율이 최대였는가?', '그래프에 따르면 어떤 산업 부분에 종사하는 사람이 많은가?' 등이다.

⑩ 설명

설명은 제시된 자료에 의해서 나타난 상황을 가장 잘 설명한 것을 찾는 형태이다. 이에 답하기 위해 학습자는 배운 사회과 지식을 이용하여 주어진 자료가 의미하는 바를 먼저 분석하여 만족스러운 답안을 찾아야 한다. 이 문항의 형태는 '그림에서 보이는 상황은 무엇 때문에 발생한 것인가?', '보기에 나타난 사건을 가장 적절히 설명하는 요소는 무엇인가?', '그래프에서 보이는 경향은 무엇과 관계있는가?' 등이다.

⑪ 일반화 유추

이는 아동으로 하여금 자료의 여러 요소들을 묶어서 일반화하는 능력을 평가하려는 것이다. '주어진 그림이 보여주고자 하는 핵심적인 주장은 무엇인가?', '표에 나타난 자료에 의해 증명될 수 있는 가설을 제시해 보라.', '그래프에 나타난 자료는 무엇을 진술하기 위해서인가?' 등이 그 예이다.

⑫ 예측

이는 아동으로 하여금 자료에 보이는 상황에 근거하여 예측하는 능력을 평가하려는 것이다. 이에 대답하기 위해서 학습자는 주어진 상황을 충분히 이해해야 할 뿐만 아니라 경향까지도 파악해야 한다. '다음 진술을 한 사람은 무엇을 비판하려는 것인가?', '다음과 같은 정부의 정책은 어떤 결과를 불러올까?', '그래프에 의하면 다음 단계에는 어떤 일이 벌어질 것인가?' 등이 그 예이다.

⑬ 정의

정의는 개념을 규정하는 것으로 '수요의 개념을 다른 개념을 포함하여 정의해 보라.'는 식의 질문을 할 수 있다.

⑭ 적용

적용은 배운 것을 실제로 투입해 보는 능력이다. '공급법칙을 다음 사례에 적용하여 설명해 보라', '봉사활동을 해 보고 그 느낌을 적어보라.'는 식의 질문을 할 수 있다.

⑮ 평가

평가는 광범한 활동이다. '다음 논쟁의 찬성 측의 주장과 반대 측의 주장에서 장점과 단점들을 열거하고, 이를 평가해 보라.'는 식의 질문을 할 수 있다.

⑯ 정교화와 확장

정교화와 확장은 사고를 보다 정교하게 다듬고, 확장하는 경험을 주려는 것이다. '철수의 주장을 더 강조하기 위해 첨언한다면?', '영희의 주장을 철수의 상황에 적용한다면 어떻게 할 수 있을까?'라는 식의 질문을 할 수 있다.

⑰ 범주화

범주화는 주로 개념을 정리할 때 사용하는 능력이다. '다음 사례는 사회문제를 보는 세 가지 시각에서 어디에 해당되는가?'라는 식의 질문을 할 수 있다.

⑱ 연결 또는 관련시키기

이는 개념이나 사건들의 유사성에 기초하여 서로 연결 지어봄으로써 사고를 확대하는 능력이다. '우리나라 역사에서 군부의 쿠데타에 의해 정권이 찬탈된 예를 모두 찾아보라.'는 식의 질문을 할 수 있다.

⑲ 의사결정

의사결정은 주어진 대안을 비교하여 자신의 입장을 정하는 것으로 '다음 네 가지 대안 중에 자신의 입장을 정하고 그 이유를 설명하라.'는 식의 질문을 할 수 있다.

⑳ 요약

요약은 많은 양의 정보를 핵심만 뽑아서 정리하는 능력이다. '주어진 자료를 육하원칙에 의해 요약해 보라.'는 식의 질문을 할 수 있다.

#### ㉑ 제거

수많은 정보 중에 불필요한 정보를 제거하는 것도 매우 중요한 능력이다. '다음 자료 중에 다음 진술을 증명하는 데 필요 없는 것을 제거하라.'는 식의 질문을 할 수 있다.

#### ㉒ 창조

창조는 없는 것을 만들든가 또는 있는 자료로 새로운 것을 만들어내는 능력을 말한다. '다음 자료를 이용해서 교통 문제를 해결할 수 있는 방안을 만들어보라.'는 식의 질문을 할 수 있다.

#### ㉓ 종합

종합은 두 가지 이상의 대상을 하나로 종합하는 능력이다. '철수와 영희의 주장을 종합하면 한 마디로 무엇이라 할 수 있는가?'라는 식의 질문을 할 수 있다.

#### ㉔ 관찰

관찰은 사실을 정확하게 파악하는 기초적 능력이다. '토론 비디오를 보고 사형제도에 대해 찬성 입장의 토론자가 주장한 근거는 무엇인지 말하라.'는 식의 질문을 할 수 있다.

#### ㉕ 유형화

유형화는 주어진 자료에서 공통적인 특징이나 추세를 찾아내는 능력이다. '다음 네 사람의 행동을 두 가지 유형으로 구분해 보라.'는 식의 질문을 할 수 있다.

㉖ 계획

계획은 머릿속에서 구상하는 앞으로의 생각과 활동을 조직하는 것이다. '조선시대 양반의 생활을 조사하기 위한 계획을 세워보라.'는 식의 질문을 할 수 있다.

㉗ 우선순위 결정

대안들이나 해야 할 일들의 경중을 따져 우선순위를 정하는 것도 고급 사고에 속한다. '다음 대안들 중에 가장 급하게 해야 할 것과 가장 중요하게 취급해야 할 것을 고르고 이유를 설명하라.'는 식의 질문을 할 수 있다.

㉘ 문제 해결

문제 해결은 최근 가장 강조되고 있는 고급 사고력 중의 하나이다. '다음 문제 상황에서 해결 가능한 방안들을 모두 열거해보라.'는 식의 질문을 할 수 있다.

㉙ 단순화

복잡한 문제를 정리하여 단순화시키는 것도 고급 사고력에 속한다. '다음 상황을 한 마디로 말하면 무엇이라고 할 수 있는가?'라는 식의 질문을 할 수 있다.

㉚ 역할 채택

역할 채택은 객관적인 사고를 할 수 있는 중요한 능력이다. '다음 자료에서 만약 당신이 찬성 입장이라면 어떻게 주장하겠는가?'라는 식의 질문을 할 수 있다.

### ㉛ 계열화

계열화는 어떤 상황이나 활동의 합리적인 단계나 순서를 매길 수 있는 능력을 말한다. '다음 문제를 해결하기 위해서 밟아야 할 절차를 제시해 보라.'는 식의 질문을 할 수 있다.

### ㉜ 대체

주어진 자료나 개념과 같은 내용이나 비중을 가진 것을 비교하여 찾을 수 있는 능력을 말한다. '다음 자료를 대체할 수 있는 다른 자료는 무엇이 있을까?'는 식의 질문을 할 수 있다.

#### 소수계 우대정책(Affirmative Action)

설명식 수업은 교사가 주로 설명하기 때문에 교사 중심 수업이라는 오해를 받는 경우가 많다. 학생이 집중해서 듣고 있다면 그것은 오히려 교사 중심 수업이라고 해야 맞다. 학생이 관심을 갖는 내용을 드라마틱하게 설명한다면 훌륭한 학생 중심 수업이 된다. 예를 들어 다음의 내용은 사회적 소수자인 다문화학생들이 관심을 가질 수 있는 좋은 사례이다.

소수계 우대정책은 미국에서 소수 인종(흑인 · 히스패닉 · 아시안) 및 사회적 소수자에게 (여성 등의 약자 계층) 대학 입학 · 취업 등에서 혜택을 주는 제도이다. 구체적으로 소수 인종 출신자의 대입 전형 시 가산점을 주거나 대학 입학 정원의 일정 비율을 그들에게 배정하는 방식으로 실시된다. 그러나 소수 인종에 대한 배려 때문에 오히려 성적이 우수한 백인 학생들이 피해를 보는 등 역차별을 유발시킨다는 논란도 함께 제기되어 왔다. 그래서 대입 전형에서 탈락한 백인 학생들이 평등권을 침해한다는 소송을 제기해 논쟁이 일기도 했는데 다음은 이와 관련된 기사이다. 설명식 수업에서 이러한 사례들을 적절히 활용한다면 학생들의 몰입된 경청을 유도할 수 있다.

### 소수계 우대정책(Affirmative Action) 논쟁

낙방학생, 텍사스대학 상대 소송 법관 9명 중 5명 보수파 결과 주목,
2003년 연방대법원은 합헌 판결

미국의 소수계 우대정책(어퍼머티브 액션)이 9년 만에 다시 생사 기로에 놓였다. 〈로이터〉 통신은 10일 미 연방대법원이 소수계 우대정책 때문에 대학 입시 과정에서 역차별을 받았다고 주장하는 백인 여성 소송의 심리를 시작했다고 보도했다. 연방대법원은 지난 2003년 미시간대 법학대학원의 소수계 우대정책을 합헌이라고 판결한 바 있다.

이번 소송은 텍사스대학에 지원했다가 떨어진 백인 여학생 애비게일 피셔로부터 비롯됐다.

(중략) 피셔는 '히스패닉 · 흑인계 학생들은 나와 같은 성적이었는데도 소수계를 우대하는 대학의 특혜를 받고 입학했다'며 제소했다. 그는 '소수계 우대정책은 헌법에 보장된 평등권을 위배하는 것'이라고 주장하고 있다. 피셔는 1 · 2심에서 모두 패소했으나 연방대법원 판결에 희망을 걸고 있다.

어퍼머티브 액션은 인종차별이 극심하던 지난 1961년 존 에프 케네디 대통령이 '평등고용기회 위원회'를 설립하는 행정명령을 내리면서 시작됐다. 하지만 보수 진영은 역차별이라는 불만을 계속 제기해왔고, 1990년대 중반부터 백인들의 주도로 소수계 우대 정책을 철폐하자는 흐름이 일어났다. 이제 캘리포니아 · 애리조나 · 뉴햄프셔 · 워싱턴 등 7개 주의 공립학교들은 소수계 우대정책을 적용하지 않고 있다. 〈크리스찬 사이언스 모니터〉는 캘리포니아의 버클리대학에선 1996년 소수계 우대 정책이 사라지기 이전엔 흑인 비율이 전체 학생 중 6~7%를 차지했으나, 이후엔 3~4%로 하락했으며 2010년엔 2%에 불과했다고 보도했다.

한겨레 신문(2012. 10. 11.)

# 참 고 문 헌

박성익 외(2012). 교육방법과 교육공학적 이해. 파주: 교육과학사.

윤기옥 외(2008). 수업모형. 서울: 동문사.

정문성 외(2008). 사회과교수법. 파주: 교육과학사.

한국교육개발원(2021). 2021 간추린 교육통계.

Ausubel, D. P. (1960). The use of advance organizers in the learning and retention of meaningful verbal material. *Journal of educational psychology*, 51(5), 267-272.

Bligh, D. (2000). *Lecture*. CA: Jossey-Bass Publishers.

Medina, J. (2014). *Brain Rules. 12 Principles for Surviving and Thriving at Work, Home, and School*. WA: Pear Press.

Mehrabian, A. (1971). *Silent messages*. Oxford: Wadsworth.

# 제5장 개별화 수업

## 1. 개별화 수업의 개념과 특징

### 1) 개별화 수업의 개념

수업의 초점을 개인 학습자에게 두고, 개인의 학업 능력 수준과 적성, 스타일 등 개인차를 고려해서 적절한 학습목표, 학습방법, 교재, 평가 등을 변별적으로 실천하는 수업이다.

첫째, 수업의 초점을 개인 학습자에게 둔다는 뜻은 학급 전체 학생의 평균적 학업 능력 수준과 적성을 고려해서 획일적 수업을 하는 일제식 수업과는 반대임을 의미한다. 일제식 수업에서는 대개 교사가 모든 학생이 수업목표를 달성할 수 없다는 것을 인정하고 진행한다. 그러므로 최대한 다수의 학생들이 이해할 수 있도록 학생들의 평균 근처의 학업 능력 수준과 평균적인 적성 수준을 고려해서 수업의 초점을 맞춘다. 이러한 수준을 따라오지 못하거나 적합하지 않은 학생들은 수업목표를 달성하기 힘들다. 그러나 개별화 수업은 모든 학습자는 저마다 다른 학업 능력 수준을 가지고 있고, 다른 적성을 가지고 있다고 전제한다. 그러므로 학습자마다 적절한 학업 능력 수준과 적합한 적성에 맞게 맞춤형 학습목표, 학습방법, 학습 자료, 학습평가를 변별적으로 적용시켜야 한다고 본다. 그렇게 하면 모든 학생들이 최상의 학습목표를 달성할 수 있다고 보기 때문이다.

둘째, 학생들의 개인차는 어떤 것들이 있는가? 수업목표를 달성하기 위해 학생이 가져야 할 가장 중요한 요소는 학업 능력과 적성이라고 볼 수 있다. '공부를 잘하는 학생'과 '공부를 못하는 학생'이라고 표현할 때 반드시 학업 능력만으로 설명할 수 없다. 학업 능력은 있는데 학업을 싫어하는 학생도 있기 때문이다. 이는 적성의 문제라고 볼 수 있다. 글쓰기는 매우 싫어하고 잘 못하는데, 말하기는 매우 좋아하고 잘하는 학생의 경우를 생각해보자. 만약 수업의 주된 활동이 글쓰기라면 이 학생은 그 수업이 적성에 맞지 않는 경우라고 볼 수 있다. 그러면 수업에 흥미를 느끼지 못하고, 자신의 잠재적 능력을 계발하기도 힘들 것이고, 공부에 대한 부정적 자아개념을 형성하게 될 것이다. 반대로 수업의 주된 활동이 말하기라면 이 학생은 수업이 자신의 적성에 맞고, 흥미도 느끼고, 자신의 잠재적 능력을 최대한 발휘하며 긍정적 자아개념을 갖게 될 것이다. 이 때문에 개별화 수업이 의미가 있는 것이다.

셋째, 적절한 학습목표, 학습방법, 학습교재, 평가를 제공한다. 어떤 개인에게 이루지 못할 학습목표를 부과한다면 그 학생은 자신의 무능을 확인하고 수업에 참여할 의욕도 없어질 것이다. 반대로 다른 학생에 비해 수준은 낮지만 달성할 수 있는 학습목표를 부과한다면 그 학생은 자신감을 가지고 수업에 참여할 것이다. 수업목표를 달성하면 그 다음에는 좀 더 향상된 수업목표에 도전할 수도 있다. 보통 사람들은 1시간 만에 갈 수 있는 거리를 걸음이 느린 사람은 2시간 걸려서 갈 수도 있다. 그곳을 가는 것이 목표라면 사람마다 다른 걸음속도를 고려해서 모두가 갈 수 있게 하는 것이 옳다. 모든 사람에게 1시간만 주어진다면 많은 사람들은 목표 달성에 실패할 것이고, 좌절감을 갖게 될 것이다. 학습방법의 경우에는 교사의 설명을 선호하는 학생이 있고, 모둠별 학습을 선호하는 학생이 있다. 학생이 선호하는 학습방법을 하면 학생의 수업몰입도가 높아진다. 학습교재도 마찬가지이다. 똑같은 목표를 달성하는 데에 어떤 학생은 신문 기사를 분석해서 하는 것을 좋아하고, 어떤 학생은 뉴스 동영상을 분석해서 하는 것을 더 좋아할 수도 있다. 각 학생들이 선호하는 또는 잘할 수 있는 학습교재를 선택하게 하는 것이 더 흥미롭고 유익한 수업이 될 것이다. 평가에도 다양한 방법이 있다. 만약 똑같은 능력을 평가하는데, A라는 평가방법을 사용했을 때는 능력을 보여주었고, B라는 평가방법을 사용했을 때는 능력이 없는 것으로 나타났다면 B평가방법은 타당도가 없는 것이라고 볼 수 있다. 우리가 평가를 하는 이유는 그 학생이 능력을 획득했는지를 확인하는 것이 목적이지 평가 그 자체가 목적이 아니다. 평가는 수단일 뿐이다. 그러므로 평가방법조차도 학생들의 선호도와 관계가 깊다. 즉 학생들이 능력을 잘 보여줄 수 있는 평가방법을 선별적으로 적용할 필요가 있는 것이다.

넷째, 변별적으로 실천한다는 것은 모든 학습자가 서로 다른 학습활동을 한다는 것을 의미한다. 완전한 개별화 수업은 교사 1인과 학습자 1인인 경우이다. 그러나 이는 현실적으로 불가능하므로 실제로는 교실에서 수준별 학습이 이루어진다. 예를 들어 교사의 판단하에 이번 수업에 3가지의 수준별 학습을 준비하고, 학습자들에게 자신에게 맞는 것을 선택해서 하게 할 수 있다. 이것도 개별화 수업의 개념에 해당된다. 제한적이지만 변별적으로 학습을 할 수 있도록 배려했기 때문이다.

## 2) 개별화 수업의 배경

### (1) 자본주의 사회는 경쟁 수업

자본주의 사회의 기본 이념은 자유경쟁의 원리이다. 누구든지 평등하고 자유롭게 경쟁해서 능력만큼 이익을 얻을 수 있는 열린 사회인 것이다. 그러므로 학교교육은 이러한 자유 경쟁 문화에 익숙하도록 미리 교육할 필요가 있다고 생각했다. 이에 학교교육은 경쟁학습구조로 시작되었다. 그래서 성적이 좋은 학생들이 좋은 학교에 진학하고, 좋은 직업을 얻고 돈과 권력과 명예를 얻게 되는 것이 당연하다고 생각했다.

그러나 경쟁학습구조는 필연적으로 극소수의 승자와 대다수의 패자를 양산하게 되었다. 그리고 해마다 많은 패자들이 누적되면서 이를 교육실패로 간주하게 되었다. 기업으로 예를 들면 제품을 생산했는데 불량품이 너무 많아, 쌓이고 있다는 뜻이다. 이는 기업의 부실화로 결국 도산을 의미한다. 이는 사회적으로 보면 엄청난 비효율이다. 많은 교육투자를 했는데 그 결과가 대다수의 실패로 끝나기 때문이다. 이에 교육학자들은 패자들을 어떻게 구할 것인가에 관심을 갖게 되었다.

### (2) 개인의 자아실현을 위해서 개별화 수업

대다수의 패자들은 결국 평가방법에 의해 결정된다. 그런데 평가방법이 단일한 기준이면 그 기준에 맞지 않는 능력자들도 무능한 자로 분류되고 만다. 즉 참새, 토끼, 금붕어가 있을 때 이들의 능력을 날기로 할지, 뛰기로 할지, 헤엄치기로 할지에 따라 승패가 갈라진다는 것이다. 그러므로 패자들에게 적절한 학습 환경만 제공한다면 모두 합격품이 될 수 있다는 것을 강조하였는데 그 방법이 개별화 수업이었다.

원래 개별화 수업은 영국에서 시작되었다. 영국은 귀족사회였고, 귀족사회는 가정 교사를 통한 교육을 주로 수행했는데 이것이 공교육화되면서 개별화 수업이 보급되었다. 이것이 1960년대 말 미국의 열린교육운동(open education movement)이라는 이름으로 개별화 수업이 확산되었다. 방법도 다양하게 전개되었다. 학급 간 능력별 모둠 편성(between class ability grouping), 학급 내 능력별 모둠 편성(within class ability grouping), 계열화를 따른 모둠(tracking), 프로그램 수업(programmed instruction), 컴퓨터 보조 수업(computerassisted instruction), 완전 학습(mastery learning) 등이 시도되었다(정문성 외, 2008).

우리나라에서는 1980년대 후반부터 열린교육운동이 일어났는데, 교실수업개선운동으로 확산되었지만 처음 출발할 때는 개별화 수업이 강조되었다(이남봉, 1996; 한국방송통신대학교 평생교육원 편, 1999; 황인수, 2015). 이것이 제7차 교육과정에 반영되어 수준별 교육과정이 탄생하게 되었다. 제7차 교육과정은 '학생의 능력, 적성, 필요, 흥미에 대한 개인차를 최대로 고려한 수업을 통해 학생 개개인의 성장 잠재력과 교육의 효율성을 극대화하기 위함'으로 취지를 밝혔으며, 세 가지 방법을 제시하였다. 첫째는 단계형 수준별 교육과정이다. 이는 학습내용의 위계가 뚜렷한 수학과 영어를 단계별로 세분화하여 수업하도록 하였다. 둘째는 심화보충형 수준별 교육과정이다. 기본학습내용을 중심으로 심화학습 또는 보충학습이 가능하도록 구성하였다. 셋째는 과목선택형 수준별 교육과정이다. 과목 내용의 다양성과 난이도를 고려하여 과목들을 종류와 수준별로 설치하고 학생들이 선택하도록 하였다(정문성 외, 2008). 이는 모두 개별화 수업의 특징을 고려한 것이다.

### 3) 개별화 수업의 특징

#### (1) 자유방임이 아니라 철저히 준비된 수업이다

개별화는 개인에게 스스로 학습을 맡기는 것이 아니라 개인의 특성을 사전에 파악한 교사가 개인에게 최적의 학습 기회를 제공하는 적극적이고 의도적인 수업이다.

#### (2) 양보다 질을 중시한다

개별화는 개인의 자아실현을 도와주는 수업이다. 그러므로 다른 학생과의 양적인 비교는 무의미하다.

#### (3) 평가에 근거해서 활용한다

개별화 수업의 시작은 개인 학습자의 출발점 진단에서 출발한다. 즉 개인의 상태를 정확하게 파악해야 한다. 이때 인지적 능력은 물론 성격과 기질 등 다양한 개인적 특성을 파악하기 위해 각종 검사가 많은 도움이 된다. 또한 수업과정과 수업 후의 향상정도도 수시 평가를 통해 확인해가면서 진행해야 한다.

#### (4) 학습자 중심이다

수업은 교사, 학습자, 교재, 교실환경으로 구성된다. 개별화 수업은 이 네 가지 요소 중에 학습자가 가장 중심이 된다. 개인 학습자를 위한 교사의 교수, 교재, 교실환경이 제공된다.

### (5) 다양한 접근을 시도한다

학습자의 학업 능력 수준과 적성이 다양하므로 맞춤형 수업을 위해서는 다양한 접근이 필요하다. 이는 교사가 다양한 접근방법들을 알고 있어야 함을 전제한다.

### (6) 전체학습, 소집단학습을 활용한다

수업시간 내내 개별화 수업을 해야 하는 것은 아니다. 이 세상의 모든 수업은 경쟁학습, 개별학습, 협동학습이 반복된다. 수업의 운영 책임은 교사에게 있고, 수업목표를 달성하기 위해 세 가지 학습방법을 적절히 배치해야 한다.

## 2. 개별화 수업에서 고려할 개인차

### 1) 학업 능력

학업 능력은 두 가지 영역에서 개인차를 보인다.

### (1) 인지적 지능

지능은 학업 능력을 결정하는 가장 중요한 요인이다. 인간의 능력을 수치화하기 시작한 것이 지능(IQ)이다. 최근 다중지능 개념이 나오기 전에는 지능은 학업 능력을 예측하는 가장 확실한 지표였다. 지능은 크게 두 가지로 분류된다. 하나는 유동성 지능인데 이는 타고난 지능을 말한다. 흔히 '두뇌회전이 빠르다.'고 말할 때, 이는 유동성 지능을 말하는 것이다. 유동성 지능은 타고난 것이므로 좋아지기 힘들지만 나이가 들수록 쇠퇴하는 경향을 보인다. 다른 하나는 결정성 지능인데, 이는 후천적 노력에 의해 발달하는 것이다. 그러므로 노력에 의해서 결정성 지능이 향상될 수 있다. 수학 수업에서 유동성 지능이 높은 학습자는 쉽게 이해하고 쉽게 문제를 풀겠지만 결정성 지능이 높은 학습자는 꾸준하게 공부해서 이해하고 문제를 풀 것이다. 따라서 이러한 개인차를 고려한 수업이 필요하다. 유동성 지능과 결정성 지능 외에 통괄성 지능도 있다. 이는 살아오면서 얻은 경험과 지혜가 축적되어 발휘하는 결단력과 관리 능력을 의미한다. 주로 성인에게 나타나며 이 역시 개인차가 크다.

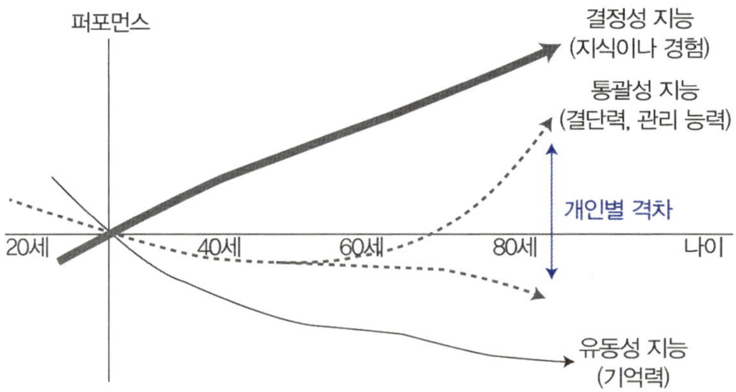


**[그림 5-1]** 세 가지 지능의 퍼포먼스(Horn and Cattell, 1967)

자료: 이시형(2009). 공부하는 독종이 살아남는다. 서울: 중앙북스.

### (2) 학습속도

유동성 지능과도 밀접한 관련이 있는데, 비교적 학습속도가 빠른 학습자가 있고 느린 학습자가 있다. 비유적으로 말하면 단거리를 잘 뛰는 선수가 있고, 마라톤처럼 장거리를 잘 뛰는 선수가 있다. 만약 단거리 위주의 수업을 한다면 장거리에 장점을 가진 선수는 자신의 능력을 잘 발휘하지 못할 것이다. 즉 학습속도도 개별화 수업에서 고려해야 할 중요한 개인차이다. [그림 5-2]는 속진 학습자와 지진 학습자의 성취시간을 나타낸 것이다. 학습속도가 빠른 학습자는 빠른 시간 안에 학습목표에 도달하며, 학습속도가 느린 학습자는 비교적 많은 시간을 필요로 한다는 것이다. 학습속도가 느린 학습자는 시간이 많이 걸리지만, 충분한 시간을 내어준다면 학습목표에 도달할 수 있다. 교수자는 학습자마다 가지고 있는 학습속도에 맞는 교육을 해야 한다. 개별화 수업은 학습자의 학습속도에 맞는 수업을 진행하는 데 적절하다.

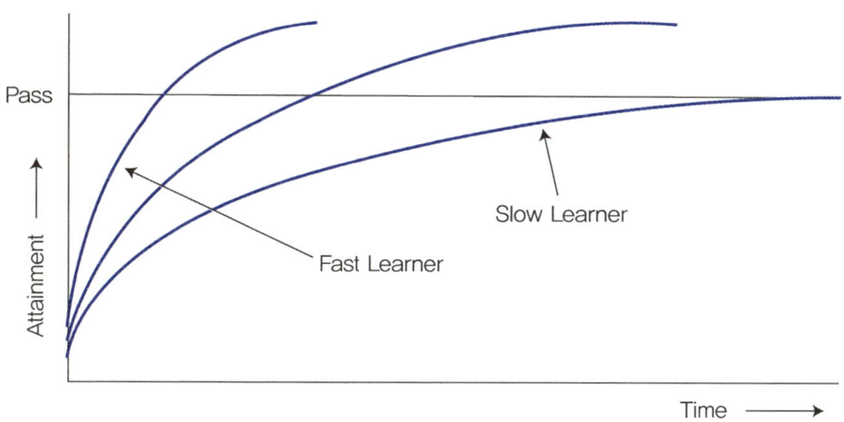


[그림 5-2] 속진 학습자와 지진 학습자의 성취시간

자료: Geoff Petty(2009). Teaching Today: A Practical Guide(4th ed). Nelson Thornes.

속진 학습자와 지진 학습자의 특징은 다음과 같다.

속진 학습자는 학습을 빨리 하지만 다음과 같은 함정에 빠질 수 있다(Tomlinson, 2001). 그러므로 이를 고려한 지도가 필요하다. 첫째, 정신적으로 나태해질 가능성이 있다. 둘째, 아이디어보다 등수가 중요하고, 지적 모험보다 칭찬이 중요하며, 창의성보다 정답 맞히는 것을 선호하는 경향이 있다. 셋째, 칭찬에 익숙해서 실패에 대한 불안감을 많이 느낀다. 넷째, 별로 노력 없이 쉽게 성공하는 경험 때문에 다양한 학습방법을 배우는 데 실패한다.

지진 학습자에게는 다음과 같은 지도가 필요하다(Tomlinson, 2001). 첫째, 실패의 경험을 많이 하므로 긍정적 면을 찾게 해야 한다. 둘째, 부족한 부분에 너무 집착하지 말고 대안을 찾기를 도와주어야 한다. 셋째, 타당한 방법을 찾는 훈련이 필요하다. 넷째, 약간 높은 목표를 주어서 성취했을 때의 자기효능감을 경험하게 해 주어야 한다. 다섯째, 다양한 학습방법을 동원하여 부족한 지능을 보완해주어야 한다.

## 2) 성별

남녀의 차이가 유전인가 환경인가의 논란은 있지만 차이가 있는 것은 분명하다. 학습과 관련되어 연구된 남녀의 차이는 다음과 같다(김태련 외, 1997).

첫째, 수학에서 보면 사춘기 이전에는 여아가 수학에서 우수하지만, 사춘기 이후부터 남아에 비해 열세에 있다. 특히 상위 성적의 학생일수록 이러한 경향이 더 뚜렷하게 나타난다. 그러나 제한된 시간으로 인한 불안 등의 정서적인 요인을 통제하면 그 차이는 줄어든다. 즉 정서적인 문제가 인지적 능력에 영향을 준다는 것이다. 또한 내용에서 보면 남아는 기하 등 비정형문제를 잘 풀고 연산 등은 여아의 인지능력이 더 높다.

둘째, 언어 능력은 여아가 높다. 언어 능력이 상대적으로 여아가 우수한 것은 비언어적인 소통기술이 뛰어나 쉽게 타인의 감정을 잘 알아내기 때문이다.

셋째, 공간 지각력은 남아가 높다. 그 이유는 역사적으로 볼 때, 남자가 여자보다 바깥에서 많은 생활을 했기 때문으로 추측된다. 예를 들어 선사시대에 남자들은 사냥을 하고, 여자들은 집에서 아이들을 돌보았다.

넷째, 학습에 영향을 주는 사회성을 보면 남아가 훨씬 공격적 행동을 많이 하고, 여아는 주로 언어로 공격성을 보여준다. 도움을 청하는 것과 도와주는 행동은 여성이 많이 한다. 그러므로 모둠학습은 여아가 비교적 잘 적응한다. 반면에 남아는 자신의 장점을 강조하여 잘난 체를 많이 하고, 여아는 소극적이어서 잘난 체를 하지 않는데 그 이유는 남아는 위계적 사회에 익숙하고, 여아는 비위계적 사회에 익숙하기 때문이다. 이러한 사회성은 모둠학습을 하는 데에 많이 드러난다.

### 3) 기질

기질은 타고난 성품을 말하는 것으로 성격의 기초가 되며, 생물학적으로 저마다의 서로 다른 반응 양식을 말한다. 기질에는 다음과 같은 5가지 원칙이 있다(박진균, 2009).

첫째, 인간은 서로 다른 독특한 기질을 가지고 태어난다. 둘째, 기질은 감정과 행동반응에 영향을 미친다. 셋째, 기질은 변화나 스트레스가 야기될 때 더 잘 표현된다. 넷째, 기질은 쉽게 변하지 않는다. 다섯째, 기질에 적합한 교육이 필요하다.

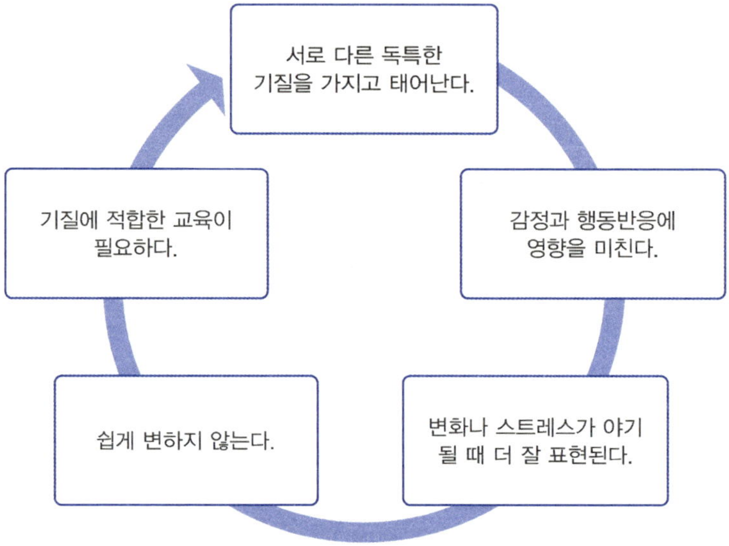


**[그림 5-3]** 기질의 5원칙

Cloninger는 4가지 기질 요소의 높고 낮음에 따라 다양한 기질을 분류하였다. 이러한 다양한 기질을 고려한 학습지도가 필요하다.

**〈표 5-1〉** Cloninger의 4가지 기질 요소

| 4대 기질 요소 | 높고 낮음 | 장점 | 단점 |
|---|---|---|---|
| 위험 회피 (harm avoidance) | ⇧ | 조심성, 안전 | 새로운 도전 안 함 |
| | ⇩ | 사교적, 새로운 도전 | 위험 |
| 지속성 (persistence) | ⇧ | 자기 일은 책임짐 | 완벽주의자 |
| | ⇩ | 창조적 | 주변 도움이 필요 |
| 보상 의존 (reward dependence) | ⇧ | 사이 좋게 지냄 | 자기주장 못함 |
| | ⇩ | 솔직함, 심지가 굳음 | 고집불통 |

| 4대 기질 요소 | 높고 낮음 | 장점 | 단점 |
|---|---|---|---|
| 새로움 추구 (novelty seeking) | ⇧ | 활동적, 탐색적 | 차분하지 못함 |
| | ⇩ | 차분함 | 참여하지 않음 |

자료: 박진균(2009). 기질별 육아혁명. 서울: 파인앤굿.

박진균(2009)은 다루기 힘든 5가지 기질 유형을 소개하였다. 즉 원숭이형은 침착하게 학습하도록 지도해야 하며, 얼룩말형은 자극을 주지 말고 잘 달래고, 거북이형은 인내를 가지고 천천히 지도해야 하며, 강아지형은 좀 더 도전적 경험을 갖게 해 주고, 꽃사슴형은 안정된 학습 분위기를 조성해주어야 한다.

〈표 5-2〉 5가지 힘든 기질의 특징

| 기질 유형 | 기질 요소 | 특징 |
|---|---|---|
| 원숭이형 | NS⇑ P⇓ | 산만하고 부산한 아이 |
| 얼룩말형 | NS⇑ RD⇓ | 말 안 듣는 아이 |
| 거북이형 | NS⇓ P⇓ | 느려터진 아이 |
| 강아지형 | NS⇓ RD⇓ | 너무 착한 아이 |
| 꽃사슴형 | HA⇑ | 겁이 많은 아이 |

자료: 박진균(2009). 기질별 육아혁명. 서울: 파인앤굿.

## 4) 성격

성격도 학습에 많은 영향을 준다. 성격은 다양한 기준으로 분류할 수 있다.

가장 유명한 성격검사 중의 하나인 MBTI(Myers-Briggs Type Indicator)를 소개하면 다음과 같다. Myers와 Briggs는 Jung의 성격이론을 바탕으로 4가지 기질별로 2가지 방향에 따라 8개의 유형을 주장했는데, 이들은 4 × 2 × 2 = 16가지 성격으로 나누었다. 이러한 성격차이는 개인차를 나타내고 학습을 할 때에도 차이를 만들어낸다.

〈표 5-3〉 MBTI의 16가지 성격

| 기준 | 성격 | |
|---|---|---|
| 에너지의 방향 | 외향성(E) | 내향성(I) |
| 정보 수집 및 정보 인식 | 감각형(S) | 직관형(N) |
| 판단과 결정 | 사고형(T) | 감정형(F) |
| 행동양식 | 판단형(J) | 인식형(P) |

| | | | |
|---|---|---|---|
| ISTJ<br>세상의 소금형 | ISFJ<br>임금 뒷편의 권력형 | INFJ<br>예언자형 | INTJ<br>과학자형 |
| ISTP<br>백과사전형 | ISFP<br>성인군자형 | INFP<br>잔다르크형 | INTP<br>아이디어뱅크형 |
| ESTP<br>수완좋은 활동가형 | ESFP<br>사교적인 유형 | ENFP<br>스파크형 | ENTP<br>발명가형 |
| ESTJ<br>사업가형 | ESFJ<br>친선도모형 | ENFJ<br>언변능숙형 | ENTJ<br>지도자형 |

# 3. 개별화 수업의 종류와 응용

## 1) 개별화 수업의 종류

실제 수업에서 하나의 방법으로만 진행되는 경우는 거의 없다. 경쟁하기도 하고, 혼자 하기도 하고, 협동하기도 한다. 또 혼자 학습할 때, 즉 개별화 수업을 할 때도 다양한 방법을 사용한다. 여기서는 교실수업에서 어떤 방식의 개별화 수업이 적용되는지 살펴보기로 한다(加藤幸次, 1987). 기호의 의미는 [그림 5-4]와 같다.

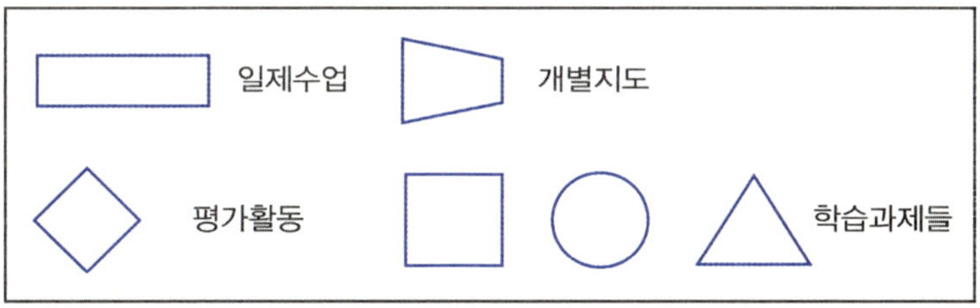


**[그림 5-4]** 기호의 의미

### (1) 일제수업 보충 모델

이 방법의 목적은 주어진 학습내용을 모든 학생이 완전히 습득하는 데에 있다. 전통적인 일제수업을 진행하면서 필요한 경우 개별화 수업을 보충하는 형태이다. 일제수업 보충 모델에는 두 가지 방법이 있다.

첫째, 개별화 보충심화 모델은 전체 학생들에게 동일한 수준의 학습내용을 동일한 방법으로 개별학습을 진행한 후 추가적으로 변별적 개별화 수업을 하는 경우이다. 처음에 교사가 동일한 학습지를 전체 학생들에게 주어 개별적으로 학습하게 한 후 보충학습이 필요하거나 심화학습이 필요한 학생을 위해 추가적으로 각 개인에게 적합한 학습지를 제공하여 학습시키는 경우이다. 이는 모두에게 필요한 최소한의 학습목표를 달성하도록 시도한 후, 부족한 학생은 보충지도를, 학습지를 완성한 학생은 보상차원에서 더 높은 수준의 학습 기회를 제공하는 것이다.

둘째, 완전학습 모델은 일제수업과 개별화 수업을 병행하는 것이다. 교사는 전체 학생에게 동일한 내용의 일제수업을 한다. 그리고 평가를 통해 개인의 수준에 맞는 개별학습을 추가로 진행하는 것이다. 일제수업과 개별화 수업을 어느 정도 비율로 할지는 교사의 전문성에 맡긴다. 이때에도 후반부에 하는 개별화 수업은 보충일 수도 있고 심화일 수도 있는데, 교사는 순회하면서 개별지도를 하게 된다.

〈표 5-4〉 일제수업 보충 모델

| | | |
|---|---|---|
| 일제수업 보충모델 | ① 개별화 보충심화 모델 | 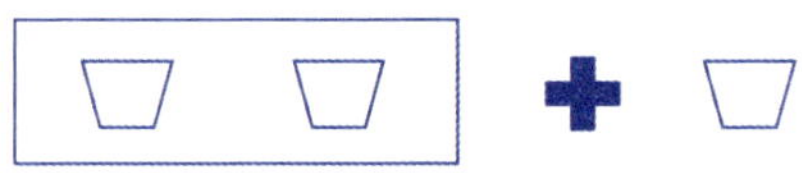 |
| | ② 완전학습 모델 | 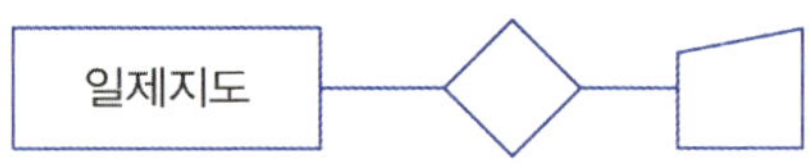 |

## (2) 성취목표 수준 모델

이 방법은 학습자의 학업 능력 수준과 학습속도에 따른 개인차를 고려하여 개인의 수준에 맞는 차별적 성취목표를 달성하도록 배려한 것이다.

첫째, 학력별 집단 모델은 전체 학생들의 학업 능력을 평가하여 상중하로 나누어 수준에 맞는 일제수업을 하는 것이다. 각 그룹에서 보면 일제수업이지만 전체 수업의 관점에서 보면 수준을 고려한 개별화 수업의 모습을 띤다.

둘째, 학습시간별 모델은 학습속도의 차이를 고려한 것이다. 즉 학습속도를 평가하여 상중하로 나누어 수준에 맞는 학습속도를 고려한 일제수업을 하는 것이다. 예컨대 상위그룹은 동일한 문제를 푸는 데 10분을 준다면, 하위그룹은 20분을 주는 방식이다.

**〈표 5-5〉** 성취목표 수준 모델

<table>
<tr><td rowspan="2">성취목표<br>수준모델</td><td>① 학력별 집단 모델</td><td rowspan="2">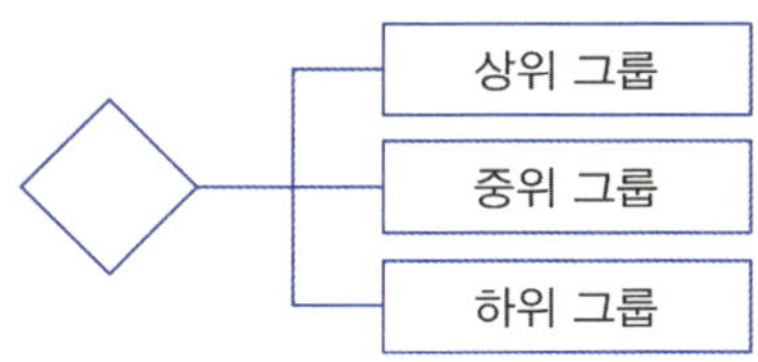
</td></tr>
<tr><td>② 학습시간별 모델</td></tr>
</table>

### (3) 학습진도 모델

교사들은 주어진 수업시간 내에 수업진도를 나가는 것이 항상 신경이 쓰인다. 학기, 학년, 더 나아가 학교 전체로 보면 낙제하지 않고 정상적으로 배워야 할 내용을 다 배우고 학교를 졸업해야 한다. 그러나 학습자의 개인차로 인해 그것이 불가능할 경우가 많다. 그래서 교사는 학생들이 다 안다는 가정하에 넘어가는 것이 현실이다. 학습진도 모델은 이러한 현실을 인정하고 이를 해결하려는 모델이다.

첫째, 단원 내 자유진도 모델은 학습단원 내에서 진도의 선택을 고려한 것이다. 개별화 수업을 한 후 평가를 하고, 그 결과에 따라 속진학생은 좀 더 높은 수준의 심화과정을 학습하고, 지진학생은 보충학습으로 보완하는 것이다.

둘째, 무학년제 모델은 개별화 수업을 한 뒤 학생들의 학업 능력을 평가하여 성취목표에 도달하면 그 다음 단계의 개별화 수업을 하고 또 평가하여 그 다음 단계의 수업을 하는 방식의 반복을 통해 학기, 학년 등에 관계없이 학생의 능력에 따라 진도를 자유롭게 결정하는 모형이다.

**〈표 5-6〉** 학습진도 모델

<table>
<tr><td rowspan="2">학습진도 모델</td><td>① 단원 내 자유진도 모델</td><td>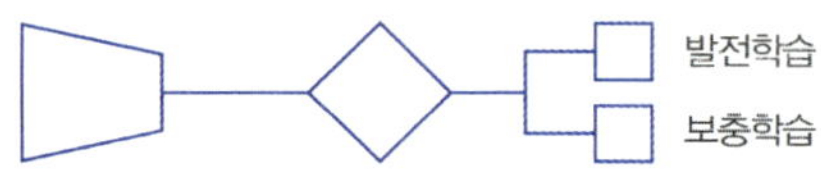
</td></tr>
<tr><td>② 무학년제 모델</td><td>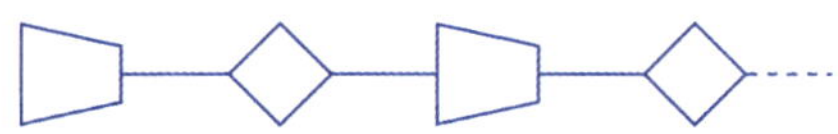</td></tr>
</table>

## (4) 학습양식 모델

학습자들마다 학습양식(learning style)이 다르다. 동일한 학습목표와 내용이 주어지더라도 학습자의 학습양식에 적합한 수업인지 아닌지에 따라 목표 달성도의 차이가 날 수 있다. 따라서 가능한 한 학습자들이 친숙한 학습양식을 제공하는 것이 효과적이다.

첫째, 전체 학습양식 모델은 평가를 통해서 학습자들이 선호하는 세 가지 학습양식을 제공하고 각각 적합한 학습양식으로 수업을 하게 하는 방식이다.

단점은 한 가지 학습양식을 정하면 처음부터 끝까지 그 방식으로 수업을 해야 한다는 것이다.

둘째, 부분 학습양식 모델은 한 학습자가 여러 개의 학습양식으로 수업을 할 수 있는 방법이다. 예를 들어 A라는 학습양식으로 수업을 하고, 평가에 통과한 다음 B라는 학습양식으로 수업을 하는 방법이다. 학습자는 다양한 학습양식으로 공부할 수 있는 기회를 갖는다.

〈표 5-7〉 학습양식 모델

| 학습양식 모델 | ① 전체 학습양식 모델 | 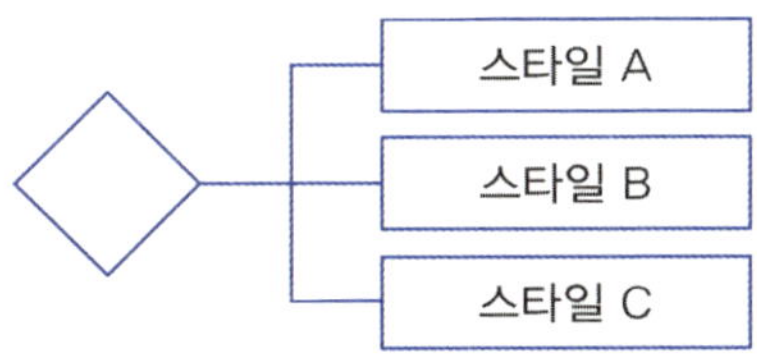  |
|---|---|---|
| | ② 부분 학습양식 모델 |   |

## (5) 학습순서 선택 모델

수업에는 일정한 절차가 있다. 그런데 학습자는 절차 중에서도 선호하는 절차가 있다. 예를 들어 코스음식을 먹을 때 수프를 좋아하는 사람이 있는가 하면 후식을 좋아하는 사람도 있다. 만약 학습순서가 반드시 차례대로 하지 않아도 되는 것이라면 자신이 먼저 하고 싶은 활동을 하도록 할 수 있다. 때로는 학습동기가 학습을 하다가 생기는 경우가 있다. 즉 자신이 좋아하는 학습활동을 먼저 한다면 학습동기가 높아질 수 있어서 다음 순서의 학습을 하는 데 활력이 될 수 있다.

첫째, 코스선택 모델은 여러 가지 순서가 하나의 시리즈로 만들어진 것을 선택하는 경우를 말한다.

둘째, 무작위 모델은 특별히 정해진 순서 없이 무작위로 선택할 수 있다.

〈표 5-8〉 학습순서 선택 모델

<table>
<tr><td rowspan="2">학습순서 선택 모델</td><td>① 코스선택 모델</td><td>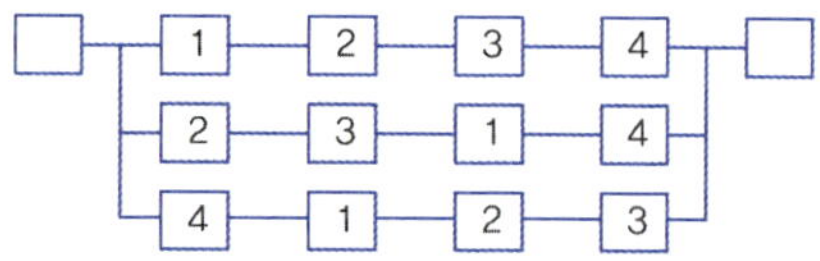
</td></tr>
<tr><td>② 무작위(Random) 모델</td><td>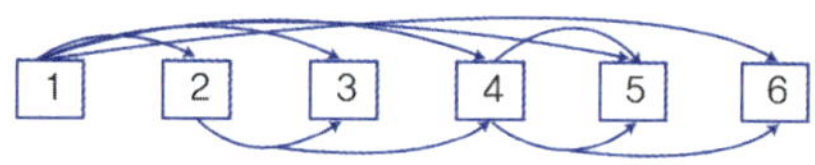
</td></tr>
</table>

## (6) 학습과제 선택 모델

다양한 학습과제 중 자신이 원하는 것을 선택해서 학습할 수 있다.

첫째, 부분선택 모델은 교사가 제시한 하나의 과제를 하다가 마지막에 3가지 종류의 학습과제 중에 선호하는 것을 선택하는 경우이다.

둘째, 전체선택 모델은 코스선택 모델처럼 일련의 시리즈로 된 다양한 학습과제 묶음을 선택하는 경우이다.

〈표 5-9〉 학습과제 선택 모델

| 학습과제 선택 모델 | ① 부분선택 모델 | 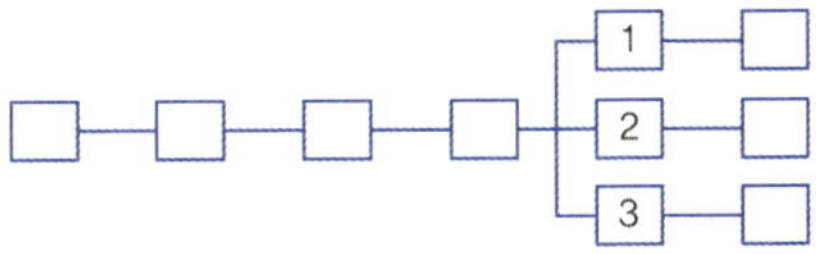  |
|---|---|---|
| | ② 전체선택 모델 | 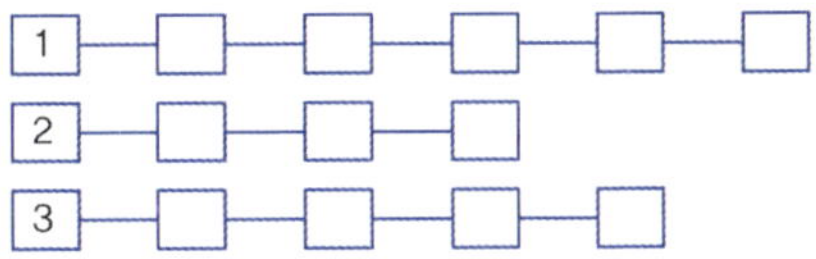  |

## (7) 학습과제 선정 모델

학습과제 선택 모델이 정해져 있는 학습과제를 선택한다면 학습과제 선정 모델은 자신이 스스로 학습과제를 선정하는 점에서 차이가 있다. 학습과제 선택 모델은 교사가 과제를 제시하고 학습자가 선택하지만, 학습과제 선정 모델은 학습자가 스스로 학습과제를 만들어서 수행한다.

첫째, 단원 내 과제 선택 모델은 주어진 단원 내에서 나름대로 학습과제를 만들어서 선정한다. 둘째, 계약학습 모델은 교사와 학습자가 어떤 학습과제를 할지 합의하고 계약을 한다. 즉 학습자마다 교사와 별도의 학습계약을 한다. 계약학습 모델은 하나의 약속이기 때문에 학습자의 학습참여율이 높다.

〈표 5-10〉 학습과제 선정 모델

| 학습과제 선정 모델 | ① 단원 내 과제 선택 모델 | 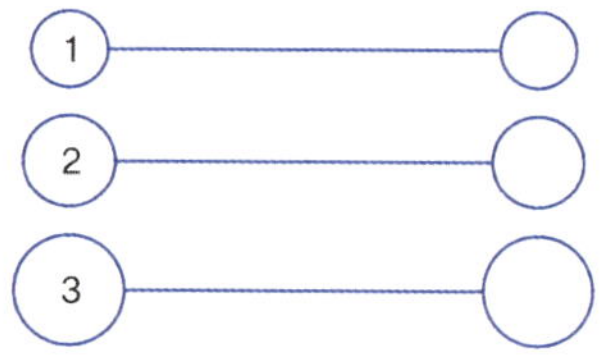 |
|---|---|---|
| | ② 계약학습 모델 | 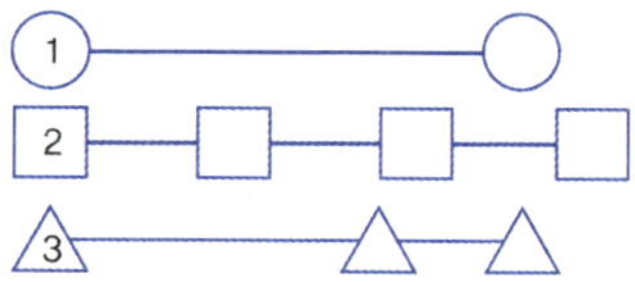 |

## 2) 개별화 수업의 응용

하루의 삶을 살펴보면 혼자 있을 때도 있고, 다른 사람과 경쟁할 때도 있으며, 다른 사람과 함께 있을 때도 있다. 마찬가지로 수업에서도 개별, 경쟁, 협동의 경험을 함께 하는 것이 바람직하다. 여기서는 모둠의 도움을 받아 개별화 수업을 하는 좋은 사례를 소개한다. TAI(Team Assisted Individualization)라고 불리는 이 방법은 개별화 수업의 단점인 끝없이 반복되는 지루한 학습지, 무경쟁으로 인한 학습동기를 반감, 학업성취효과 반감 등을 극복하기 위해 모둠의 협동을 통합시켰다(Kepler & Randall, 1977; Schoen, 1976; Miller, 1976; Schoen, 1976; Slavin, 1987, 1990). TAI는 능력별 차이가 뚜렷이 나타나는 수학교과에서 많이 사용된다. 다음은 윤병희(2001)가 개발한 TAI 사례이다.

### (1) 배치 검사와 모둠 구성

학습할 수학교과 내용을 상, 중, 하 수준별로 구성해서 모둠별로 상 2명, 중 2명, 하 2명을 배치한다.

### (2) 학습 자료 배포

학생에게는 학습 자료가 주어지는데 사칙연산을 비롯해 학생들이 배워야 할 학습내용들이 문제해결 방식으로 구성되어 있다. 구체적 내용 구성은 다음과 같다.

- 안내 면(guide page): 교사가 모둠별 지도(teaching group)를 할 때 사용하는 자료로 내용의 개관과 문제를 해결하는 절차가 소개되어 있다.
- 기능 훈련 면(skill practice page): 각 16개의 문제로 구성되어 있는데 기능의 훈련은 전체 기능의 최종적 획득을 위한 안내의 역할을 한다.
- 형성 평가(formative test): 각각 10개의 문항으로 구성된 두 개의 형성 평가 문제이다.
- 단원 평가(unit test): 15개의 문항으로 된 단원 평가 문제로 교사가 별도 관리한다.
- 정답 면(answer page): 기능 훈련 문제, 형성 평가 문제, 단원 평가 문제에 대한 정답이다.

### (3) 모둠 학습

모두미는 각자 자신의 모둠 내에 서로의 학업 성취를 점검하기 위해 2명 또는 3명의 짝을 정한다. 우선 학생은 학습 자료 안내 면을 학습하고, 필요하다면 교사나 동료에게 도움을 청한다. 그런 다음 학생은 기능 훈련 면의 16개 문제를 해결하기 시작한다. 이 문제는 4문항씩 4개의 묶음으로 되어 있다. 학생은 자신이 가진 기능으로 첫 묶음(4문항)을 해결한다. 그리고 동료에게 답안을 통해 점검을 받는다. 만약 모두 맞았다면 형성 평가 단계로 넘어간다. 만약 틀렸다면 또 다른 묶음(4문항)을 해결한다. 이런 식으로 기능 훈련 문제의 한 묶음(4문항)을 다 맞힐 때까지 계속한다. 만약 이 과정에서 어려움이 있으면 모둠 내 동료에게, 그래도 안 되면 교사에게 도움을 청한다. 기능 훈련 문제를 해결한 학생은 형성 평가 A(10문항: 기능 문제와 비슷함)를 치른다. 모둠 내 동료는 그의 점수를 계산한다. 만약 8개 이상 맞혔다면 그 모둠이 증명하는 합격증을 준다. 8개 미만이면 교사에게 그 학생이 가진 문제를 점검하게 한다. 교사는 학생에게 부족한 부분의 기능을 가르쳐주고 형성 평가 B를 보게 한다. 형성 평가에서 합격해야만 단원 평가를 볼 수 있다. 합격증을 가진 학생은 다른 모둠의 일일 점검자(매일 2명의 점검자가 봉사한다)에게 가서 단원 평가 검사를 받는다. 일일 점검자는 단원 평가의 결과를 기록한다. 단원 평가는 수업시간마다 보는 것은 아니며 단원이 끝나는 수업시간에 본다.

### (4) 모둠 교수

교사는 아동이 프로그램을 하는 동안 5~15분간 각 모둠에서 같은 수준에 있는 아동을 불러내어 직접 가르치는 시간을 갖는다. 즉 개별화 수업의 변형된 형태이다. 만약 6명이 한 모둠이고, 동부 리그에 4모둠, 서부 리그에 4모둠으로 되어 있다면 교사는 동부 리그의 학업수준 상인 학생을 불러낸다.

그러면 동부 리그의 각 모둠에 '상'인 학생 2명씩 모두 8명의 학생이 나올 것이다. 이런 식으로 교사는 동부 리그 3번, 서부 리그 3번의 모둠 교수를 하게 된다. 물론 모둠 교수 동안에는 나머지 학생들은 자신의 모둠에서 학습을 계속하고 있다.

### (5) 모둠 점수와 모둠 보상

매주 말 교사는 모둠 점수를 계산한다. 모둠 점수는 각 모두미가 해결한 단원 평가의 점수에 기초해서 계산한다. 그리고 이에 따른 모둠 보상을 한다.

이처럼 TAI는 교사와 학생이 개별학습자의 수준별 학습을 도와주는 형태로 진행된다. 즉 개인차를 인정하고, 교사는 수준별 수업을 진행하고, 각 모둠의 학습자는 서로를 도와주어서 모둠보상을 받으려고 노력하는 가운데 개별화 학습이 이루어지게 구성되어 있다. 다소 복잡하므로 규칙과 방법을 학습자들에게 충분히 안내해주어야 한다. 다음은 상중하 학습지의 사례이다(윤병희, 2001). 상중하에 대한 불쾌감이 있으므로 호랑이, 얼룩말, 토끼 학습지로 명칭을 사용하였다. 다음은 학습지의 사례이다.

**똘똘이 안내지(호랑이)**

( )모둠 4학년 반 이름( )

1. 다음 내용을 잘 알고 있나요? 상자 속의 말을 다시 한 번 생각하며 다음 계산을 하세요.

> ( )가 없고 덧셈, 뺄셈, 곱셈, 나눗셈이 섞여 있는
> 혼합식의 계산은 곱셈, 나눗셈을 먼저 계산합니다.

① 42 ÷ 7 + 6 × 9 - 39 =
=
= 21

② 11 - 4 × 3 ÷ 6 + 7 =

자료: 윤병희(2001). 협동학습을 통한 초등 수학 수업의 효율화 방안. 덕성여대 석사학위논문.

**똘똘이 안내지(얼룩말)**

( )모둠 4학년 반 이름( )

1. 다음 내용을 잘 알고 있나요? 상자 속의 말을 다시 한 번 생각하며 다음 계산을 하세요.

> ( )가 없고 덧셈, 뺄셈, 곱셈, 나눗셈이 섞여 있는
> 혼합식의 계산은 곱셈, 나눗셈을 먼저 계산합니다.

① 42 ÷ 7 + 6 × 9 - 39 = ( ) + 6 × 9 - 39
= 6 + ( 54 ) - 39
= ( 60 ) - 39
= 21

② 11-4×3÷6+7 = 11 - (12) ÷ 6 + 7
= 11 - ( ) + 7
=
=

자료: 윤병희(2001). 협동학습을 통한 초등 수학 수업의 효율화 방안. 덕성여대 석사학위논문.

**똘똘이 안내지(토끼)**

( )모둠 4학년 반 이름( )

1. 다음 내용을 잘 알고 있나요? 상자 속의 말을 다시 한 번 생각하며 다음 계산을 하세요.

> ( )가 없고 덧셈, 뺄셈, 곱셈, 나눗셈이 섞여 있는 혼합식의 계산은 곱셈, 나눗셈을 먼저 계산합니다.

① 42÷7+6×9-39 =( )+6×9-39 ☜ 나눗셈이 먼저니까 42÷7의 값을 ( )속에
=6+( 54 )-39 ☜ 다음은 곱셈 6×9의 값을 ( )속에
=(60)-39 ☜ 다음은 덧셈 6+( )의 값을 계산하자
= 21

② 11-4×3÷6+7 = 11-(12)÷6+7
= 11-( )+7 ☜ 나눗셈이 먼저니까 12÷6의 값을 ( )속에
= ☜ 덧셈, 뺄셈이 섞여 있으니까 앞에서부터 차례대로
=

자료: 윤병희(2001). 협동학습을 통한 초등 수학 수업의 효율화 방안. 덕성여대 석사학위논문.

## 개별화 수업의 기본은 편견 없는 시각

교육의 본질은 '개인의 잠재된 능력을 끄집어내는 것'이므로 개별화 수업은 교육의 출발점이라고 할 수 있다. 다만 공교육이 정착되는 과정에서 의무적인 보통교육이 제도화되고, 산업화에서 적정 수준의 표준화된 인재양성의 필요성 때문에 교육의 본질은 한동안 수면 아래에서만 논의되고 말았다. 학습자 모두를 똑같은 방식으로 교육하고 평가하는 것은 산업사회에서는 필요했을지 모르지만 교육의 본질에서 보자면 개인의 능력을 개발시킬 수 있는 전제라고 하는 인간의 다양성에 대한 고려와 배려가 없는 방식이다. 그러나 후기산업사회에 오면서 국가의 역량은 시민 개인의 역량의 최대화라는 것을 깨닫게 되었고, 우리나라도 1990년대 '열린교육운동'이라든가 '수준별교육과정'으로 대표되는 제7차교육과정의 혁신적 시도를 학교교육에서 하게 되었다. 이는 합리적 이성에만 초점을 두는 모더니즘을 비판한 포스트모더니즘의 보편화, 다중지능 이론의 출현, 세계화에 따른 문화다양성 선언, 인권의 신장에 따른 사회적 소수자에 대한 존중과 배려, 교실의 민주화 등 변혁적 사회변화의 요구에 따른 것이었다. 우리나라의 다문화교육도 단순히 인권차원뿐만 아니라 문화적 다양성을 개인은 물론 사회적으로 생산적으로 발전 승화시킬 기회라는 차원에서 교육정책과 문화로 전개되고 있다. 이는 독일 등 선진국의 다문화교육에서도 발견되는 현상이다.

2009년 개봉된 '블라인드 사이드(Blind Side)'는 개인이 가진 적성을 발견하고 적용할 수 있도록 지도하고 이끈 성공적 사례를 그린 영화이다. 미식축구 스타 마이클 오헤어의 감동 실화를 바탕으로 했으며, 다문화 배경의 영화이기에 시사하는 바가 더 크다.

결손 가정에서 태어나 여러 가정을 전전하며 커가던 흑인 마이클 오헤어는 백인 상류층인 리 앤의 배려로 그녀의 집에서 거주하며 성적도 향상되고 미식축구 선수로 성장한다. 리 앤은 불우한 흑인 남자 아이를 집안에 들이는 것에 대한 주변의 불안과 충고에도 아랑곳 않고 순수한 마음의 마이클을 가족의 일원으로 받아들이며 서로 신뢰와 사랑을 쌓아간다. 마이클은 큰 체격 덕분에 미식축구에서 공격 포지션에 배정되었으나 공격 때마다 적극성을 띠지 못해 안타까워하던 차에 리 앤은 마이클이 타인에 비해 '보호 본능'이 뛰어남을 알고 경기 위치를 과격한 공격 위치에서 '블라인드 사이드'로 바꾸도록 감독에게 제안한다. 이후 마이클은 자신의 포지션 역할을 훌륭히 수행해 냄으로써 팀을 승리로 이끄는 주역이 된다. 마이클이 가진 적성을 제대로 파악하고 이를 잘 발휘할 수 있도록 배려하고 지도한 리 앤의 세심하고 정확한 교육적 판단의 결과인 것이다.

이 영화는 '개별화'라는 주제 외에 다문화, 편견, 기질과 성격에 대한 내용을 담고 있다. 미국의 주류(WASP: White Anglo-Saxon Protestant)가 소수(minority)자 집단에게 느끼는 편견을 파악할 수 있는 장면이 있다. 바로 리 앤의 친구들이 마이클을 리 앤의 딸과 함께 살게 하는 것이 괜찮겠냐며 흑인 청년은 위험하고 미심쩍은 존재라는 시선을 보내자, 리 앤은 "부끄러운 줄 알아!(Shame on you!)"라는 말로 그들의 편견에 일침을 놓으며 인간 마이클에 대한 신뢰와 사랑을 실천한다. 그리고 마이클이 미식축구 선수로서 성공할 수 있도록 많은 지원과 노력을 기울이는 과정에서 그의 기질과 성격, 재능을 발견하고 맞춤형 지도를 한 결과 성공을 거두었던 것이다. 여기서 주목할 것은 한 개인의 기질과 적성, 재능을 발견하는 것의 근본은 한 인간에 대한 신뢰와 사랑, 믿음이 바탕이 된다는 것이다. 즉 진정한 개별화 수업은 인간에 대한 편견 없는 인식과 시각을 바탕으로 이루어져야 한다. 다문화학생이라는 이유로 교육대상의 본질을 보지 않아서는 안 되고 편견 혹은 동정적 시각이 아닌 객관적 시각이 필요하며, 학생 하나하나의 존재와 가치, 각자의 재능을 올바로 볼 수 있는 시각을 가져야 한다.

* 블라인드 사이드(Blind Side): 쿼터백이 보지 못하는 사각지대로 상대 선수가 못 보는 쪽으로 공격하는 위치를 의미한다.

# 참 고 문 헌

김태련 외(1997). 현대심리학의 이해. 서울: 학문사.

박진균(2009). 기질별 육아혁명. 서울: 파인앤굿.

윤병희(2001). 협동학습을 통한 초등 수학 수업의 효율화 방안. 덕성여대 석사학위논문.

이남봉(1996). 열린교육의 시작. 서울: KBS문화사업단.

이시형(2009). 공부하는 독종이 살아남는다. 서울: 중앙북스.

정문성 외(2008). 사회과교수학습법. 파주: 교육과학사.

한국방송통신대학교 평생교육원 편(1999). 열린교육의 이론과 교수방법. 서울: 한국방송통신대학교출판부.

황인수(2015). 한국열린교육의 역사와 학교 현장교육. 한양대학교 박사학위논문.

加藤幸次(1987). 學校を開く-個性ぁる子どまを 育てるために 挑戰. 東京: ぎょろせい.

Coninger, C. R. & Svrakie, D. M. (2000). Pesonality disorders. In B. J. Sadock(Eds.), *Kaplan & Sadock's Comprehensive Textbook of Psychiatry*. VI: Lippomcott Williams & Wilkins., 1723-1764.

Kepler, K. & Randall, J. W. (1977). Individualization: Supervision of elementary schooling. *Elementary School Journal,* 77, 348-363.

Miller, R. L. (1976). Individualized instruction in mathematics: A review of research. *Mathematics teacher*, 69, 345-351.

Schoen, H. L. (1976). Self-paced mathematics instruction: How effective has it been?. *Arithmetic Teacher,* 23, 90-96.

Slavin, R. E. (1987). Ability grouping and student achievement in elementary schools: A best-evidence systhesis. *Review of Educational Research,* 57, 293-336.

Slavin, R. E. (1990). *Cooperative Learning: Theory, Research, and Practice.* Boston: Allyn and Bacon.

# 제6장 토의 · 토론 수업

## 1. 토의 · 토론 수업의 기초

### 1) 토의 · 토론의 개념

문제를 해결하기 위해서 관련된 사람들이 서로 의논하여 의사를 결정할 때가 많다. 이때 의논하는 방법으로 주로 사용하는 것이 토의와 토론이다. 토의와 토론은 엄밀하게 보면 전혀 다른 개념이지만 일상생활에서는 크게 구별하지 않고 사용한다. 토의보다는 토론이라는 용어를 많이 사용하다 보니, 토의를 포함하여 넓은 개념으로 사용하는 경우가 많다. 토의와 토론은 사용하는 목적이 다른 만큼 개념을 구별하여 사용할 필요가 있다. 그리고 실제 생활에서는 토의와 토론을 함께 사용하는 경우가 많기 때문에 '토의 · 토론'이라고 하는 편이 훨씬 안전하다. 함께 사용하는 것은 그만큼 이 두 활동이 밀접하게 연관되어 있고 실제로 서로 필요한 활동이며 권장되는 활동이기 때문이다.

토의란 '어떤 주제에 대해서 여러 사람이 정보와 의견을 교환하여 문제를 해결하려는 활동'이라고 정의할 수 있다. 이 개념 정의를 자세히 살펴보면 첫째는 주제가 있어야 한다. 그리고 참여자들은 그 주제에 대해 동일한 이해를 바탕으로 토의를 해야 혼선이 생기지 않는다. 둘째는 여러 사람이 모여야 한다. 즉 혼자는 할 수 없고, 두 사람 이상이 모여야 토의가 가능하다. 여기까지는 토론의 개념 정의에도 공통적인 조건이다. 셋째는 참여자 각자가 가진 정보와 의견을 표출해야 한다. 그 정보는 다를 수도 있고, 상반된 정보일 수도 있다. 서로 다른 정보들은 의사결정하기에 충분한 정보를 검토할 수 있는 기회가 되고, 상반된 정보일 때는 따져보아야 하기 때문에 균형 있고 정확한 의사 결정을 하는 데에 도움이 된다.

토론이란 '어떤 주제에 대해 서로 다른 주장을 하는 사람들이 논증과 실증을 통해 규칙에 따라 자기주장을 정당화하여 문제를 해결하는 활동'이다. 전술한 두 가지 공통점 이외에 다음과 같은 특징을 갖는다. 첫째, 참여자의 주장이 달라야 한다. 여기서 '주장'은 각자 또는 몇몇 사람들의 결론이라고 할 수 있다. 두 명 이상이면 몇 명이 되어도 관계없다. 두 개 이상의 다른 주장이 있으면 토론이 발생한다. 흔히들 토론을 찬반대립토론과 오해하는 경우가 많다. 찬반대립토론은 주장이 찬성과 반대 둘밖에 없을 때 하는 방식이다. 주장이 셋, 넷, 다섯 또는 그 이상이라도 주장(결론)이 다르다면 토론이 발생한다. 둘째, 각 주장을 정당화하기 위해 두 가지 방법을 사용한다. 하나는 논증이다. 즉 논리적으로 증명되어야 한다. 다른 하나는 실증이다. 실제 증거를 보여주어야 한다. 논증과 실증이 타당해야 주장(결론)이 정당화된다. 이 과정에서 고정관념이나 편견의 태도, 증거의 축소나 확대, 은폐나 왜곡이 있는지 드러난다. 이들을 포함한 논리적 오류들을 밝혀내고 정확한 의사결정을 하는 것이 토론의 목적이라고 할 수 있다.

실제 생활에서 토의와 토론은 함께 사용되는 경우가 많다. 토론하다가 토의를 하기도 하며, 토의하다가 토론이 붙기도 한다. 예를 들어 친구들끼리 점심을 무엇으로 먹을지 토의할 수 있다. 합의가 되어 중화요리집으로 가게 되었는데 거기서 '자장면'을 주문할 것인지 '짬뽕'을 주문할 것인지 결정할 때, 의견이 불일치되어 서로 자장면과 짬뽕을 먹자고 주장하면 토론이 일어난다. 특정 음식이 낫다고 주장할 이유가 토론의 근거가 될 수 있고, 그 근거에 대해 반박도 할 것이다. 그런데 각자가 따로 시켜 서로 나누어 먹자고 합의가 된다면 이는 제3의 방안을 제시하여 합의한 형태이므로 토의가 사용되었다고 할 수 있다.

이처럼 일상생활에서 대부분 의사결정과 문제해결은 토의와 토론이 함께 사용된다. 그러므로 이를 수업에 이용할 때도 개념은 구별하지만 함께 섞어서 사용하는 것이 자연스럽다. 다문화교육에서는 서로 다른 문화에 대한 이해를 중시한다. 그 이해를 바탕으로 다문화를 더 나은 사회를 위한 동력으로 활용해야 한다. 다문화사회는 문화 차이로 인한 다양한 정보, 다양한 관점, 다양한 의견이 나타나기 마련이다. 이러한 주장들의 가치를 정확하게 판단하기 위해서는 토론이 필수적이며, 이를 활용하여 생산적인 결론을 내기 위해서는 토의가 필요하다. 다문화를 걸림돌이 아니라 디딤돌로 만드는 토의 · 토론의 과정은 교사의 지도역량에 달려 있다.

### 2) 토의 · 토론 수업의 목적

토의와 토론을 사용하는 목적은 주어진 문제에 대해 대안을 찾아내고, 의사결정을 하고 실천으로 해결할 때 여러 사람이 함께 의논하는 것이 정확하고 안전하기 때문이다. 이것이 우리 삶의 중요한 과정이기 때문에 교육을 통해 훈련되어야 한다. 왜냐하면 토의와 토론은 훈련 없이 간단히 할 수 있는 능력이 아니기 때문이다. 우리는 살아가면서 여러 사람이 관련된 문제를 끊임없이 해결해야 하는데, 서로 윈-윈(win-win)하는 가장 좋은 방법이 함께 토의·토론하는 것이다. 우리가 직면하는 문제는 매우 복합적이고, 전문적이고 다양한 정보가 필요할 뿐만 아니라 여러 사람에게 영향을 미치고, 서로 다른 가치관들을 가지고 있기 때문에 의논하고 합의할 필요가 있다. '민주주의는 최선이 아니라 차선'이라고 하는 이유도 이 때문이다. 정확한 판단과 건전한 도덕성을 가진 지도자가 대신 의사결정을 하고 이끌어간다면 매우 효율적인 사회가 될 수 있지만 개인이 신이 아닌 이상 큰 실수를 할 수도 있고, 이는 더 큰 희생을 가져올 수 있다는 것이 역사적 교훈이다. 그래서 복잡하고 번거롭고 시간이 많이 걸리는 '민주주의'라는 정치제도를 갖게 되었다. 볼테르가 "나는 당신의 의견에 반대하지만 당신이 그런 주장을 할 수 있는 민주주의를 지키기 위해서는 목숨을 바칠 것이다."라고 한 이유도 바로 이것 때문이다.

토의·토론을 수업에 활용하는 궁극적인 목적은 학습자에게 주어진 문제를 해결하기 위해 토의·토론을 통한 의사 결정과 해결 과정을 훈련시키려는 것이다. 그러나 때에 따라서는 이 토의·토론이라는 수단을 이용해서 특정 내용을 학습하는 데에만 활용할 수도 있고, 아이디어를 만들어내는 데에 목적을 두는 등 부분적으로 활용할 수도 있다. 어떤 경우에도 토의·토론 수업은 학습자들에게 많은 활동을 위임하는 것이기 때문에 엄격한 규칙과 절차와 내용을 제공하지 않으면 시간의 낭비와 혼란을 줄 수 있다. 따라서 충분한 토의·토론의 훈련과 수업준비를 해야 한다. 〈표 6-1〉의 예와 같이 토의·토론 수업을 하기 전에 학습자들에게 발표와 경청의 훈련을 권장하기도 한다. 이러한 훈련이 되어 있으면 토의·토론 수업이 매끄럽게 진행되고, 학습자들도 진지하게 참여하게 된다. 당연히 지켜야 할 원칙이지만 반드시 한번

해보게 하는 것이 좋다. 알고 있는 것과 직접 해 보는 것은 큰 차이가 있다. 머리로만 기억하는 것과 온몸으로 기억하는 것은 전혀 다른 체험이다.

〈표 6-1〉 의사소통을 위한 사회적 기능의 예

1) '제 생각에는'이라는 말을 사용하여 자기 생각임을 분명히 하기
   ('우리는, 일반적으로'와 같은 표현 삼가기)
2) 구체적이고 쉬운 말로 표현하기
3) 언어적, 비언어적 표현 일치하기
4) '다시 말하면' 등 동일 내용을 다른 표현으로 반복하기
5) '이해하셨어요?' 등 발표 뒤 피드백 받기
6) 듣는 사람이 누구인지 고려하고 전달하기
7) 자신의 감정도 솔직히 담아서 전달하기
8) 타인 언행을 비판 없이 그대로 기술하기
9) 상대방 아이디어는 비판하더라도 사람은 비판하지 말기
10) 내가 이해한 대로 상대방 발표를 재진술하기
11) 상대 감정 느낀 대로 진술하기
12) 상대방 발표를 해석한 후 그 해석에 합의를 구하기
13) 시선을 상대에게 두고 말하기
14) 논쟁에서 승리하기보다 최선의 결정에 주력하기
15) 서로 참여를 격려하기
16) 동조하지 않더라도 일단 경청하기
17) 양측을 지지하는 모든 아이디어를 종합하여 결론 내리기
18) 증거가 분명하면 증거에 따라 생각을 바꾸기
19) 타인을 설득하기보다는 최선의 해답을 얻는 데 주력하기
20) 선입관과 편견 버려서 생각의 자유를 획득하기
21) 아이디어가 불충분해도 기회가 오면 서슴없이 발언하기
22) 토의 · 토론이 자신에게서 멀어지지 않게 하기
23) 아이디어 소재를 두고 싸우지 말기
24) 토의 · 토론 진전 상황을 파악하기

자료: 정문성(2006). 협동학습의 이해와 실천. 서울: 교육과학사, p. 99.

## 2. 토의 · 토론 수업의 준비

### 1) 모둠의 조직

토의 · 토론을 위해서는 대모둠(large group)으로 할 것인지 소모둠(small group)으로 할 것인지 정해야 하는데, 이때 모둠 조직의 주체는 세 가지가 가능하다.

#### (1) 임의로 만듦

출석 번호라든가 앉아있는 학생들의 위치에 따라 교사가 임의로 모둠을 만들 수 있다. A교사는 다문화 수업에서 미리 종이컵과 몇 가지 종류의 음료수를 준비해놓고, 학생들이 오면 선호하는 음료수를 한잔을 마시게 한다. 다 마신 다음엔 종이컵을 뒤집어 보라고 하고, 종이컵 밑바닥에 사전에 써놓은 숫자를 확인하고 모둠을 형성하는 방법을 사용했다. 사람마다 선호하는 음료수가 다르다는 사실을 인정하고, 같은 취향을 가진 학생들이 모둠을 형성하게 함으로써 모둠의 정체성을 자극하는 아이디어가 좋은 모둠 조직 방법이다. 그러나 이러한 임의의 조직이 위험한 것은 우연히도 최악의 조합이 나올 가능성이 항상 있다는 점이다. 그렇게 되면 모둠을 다시 조직해야 하는 번거로움이 있다.

#### (2) 학생들이 자율적으로 만듦

모둠을 학생들에게 자율적으로 맡기는 방법도 있다. 이때 학생들은 다소 당황하게 된다. 선호하는 친구가 누군지 드러나게 되고, 서로 입장이 난처해지기도 한다. 소외되는 학생들도 나오기 마련이고, 사춘기 학생들에게는 많은 상처가 되기도 한다. 친한 학생들이 모이면 활동이 편하기는 하겠지만 항상 만나는 친구들 사이에서는 새로운 지적, 정서적 자극을 얻지 못하기 때문에 토의·토론의 성과도 기대하기 힘들다. 공평하기는 한데 교육적으로 바람직한 방법은 아니다.

#### (3) 교사가 모둠을 구성함

교사가 모둠을 만들어주는 방법이 있다. 이것이 교육을 위해서는 옳다. 수업전문가로서 교사의 판단에 따라 수업목적에 부합하는 모둠을 만들어주어야 한다. 학생들의 능력, 성별, 성격, 문제아에 대한 대처 등 다양한 변수들이 고려되어 최대한 원만하게 토의·토론이 진행되도록 모둠을 만들어야 한다. 중요한 것은 이질적으로 구성해야 학생들이 새로운 지적, 정의적 자극을 받게 되고, 따라서 토의·토론이 아니었다면 기대할 수 없었던 아이디어가 나온다는 점이다. 이를 통해 학생들은 토의·토론이 얼마나 훌륭한 방법인지 인식하게 된다.

### 2) 지위와 역할 부여

모둠을 만든 다음에는 토의·토론을 모둠구성원에게 위임해야 하는데, 이때 교사의 통제력이 약해지고, 수업은 학생들의 능력에 의존하는 형태가 된다. 교사가 의도하는 수업이 진행되기 위해서는 철저하게 모둠을 조직화해서 교사의 통제하에 학생들끼리 열띤 토의·토론이 일어나도록 유도해야 한다. 이때 가장 중요한 것이 지위와 역할의 부여이다. 예를 들어 이끔이는 토의·토론의 사회를 보고, 기록이는 토의·토론 활동을 기록하고, 부름이는 토의·토론 활동에 필요한 학습지 등 심부름을 하고, 칭찬이는 모둠원을 격려하는 등 쉽고 분명한 지위와 역할을 부여하면 토의·토론이 훨씬 흥미로워진다. 자연스럽게 모둠원 모두를 참여하게 하는 것이다. 이를 위해 교사는 수시로 각 지위를 가진 학생들을 호명하고 지시를 함으로써 학생들에게 지위에 따른 역할정체성과 역할리더십을 훈련시킬 수 있다. 예컨대 학습지를 부름이가 가져가게 하면서, '부름이가 없다면 토의·토론은 진행되지 않을 거야.'라는 멘트를 하는 식이다. 그래야 부름이는 자신의 지위와 역할이 얼마나 중요한지 깨닫게 된다. 동시에 다른 학생들도 모둠원 모두의 협력이 있어야 토의·토론이 진행될 수 있음을 깨닫고 서로의 지위와 역할을 존중하게 된다.

〈표 6-2〉와 같이 학생들의 재능, 기질, 성격 등을 고려해서 다양한 지위와 역할을 부여하는 것이 좋다. 예를 들어 항상 부정적인 학생에게는 비판이의 지위를 부여하여 비판활동을 격려할 수 있다. 마음 놓고 비판하게 하면 그러한 행위가 토의·토론 결과의 질을 높이는 데 기여하게 된다. 그래서 좋은 의미의 비판으로 승화시킬 수도 있다. 그 학생은 자신의 비판 능력을 긍정적으로 활용하는 경험을 갖게 됨으로써 비판적 사고를 향상시킬 수 있다.

〈표 6-2〉 역할의 사례

| 역할 | 행동 |
|---|---|
| 발표지킴이<br>(Voice Monitor) | 조용한 목소리로 토론하도록 책임진다. |
| 동작지킴이<br>(Noise Monitor) | 조용히 움직이도록 책임진다. |
| 차례지킴이<br>(Turn-Taking Monitor) | 차례로 활동하도록 책임진다. |
| 설명이<br>(Explainer) | 설명을 담당한다. |
| 기록이<br>(Recorder) | 모둠 활동의 기록을 담당한다. |
| 세우미<br>(Encourager) | 참여를 격려한다. |
| 관찰이<br>(Observer) | 바람직한 행동을 관찰하여 지적해 준다. |
| 이끄미<br>(Direction Giver) | 모둠의 과제, 시간, 목적 등을 재확인시켜주고 지적한다. |
| 도우미<br>(Support Giver) | 활동을 도와주고, 칭찬해준다. |
| 명석이<br>(Clarifier) | 발표를 재정리해 준다. |
| 요약이<br>(Summarizer) | 모둠의 결과물을 요약한다. |
| 바로잡음이<br>(Accuracy Coach) | 모둠의 활동 중 잘못된 부분을 바로잡는다. |

| 역할 | 행동 |
|---|---|
| 점검이<br>(Checker of Understand) | 구성원 모두가 목표를 달성했는지 점검한다. |
| 연구미<br>(Reacher/Runner) | 필요한 자료를 수집해서 과제와 관련시킨다. |
| 정교미<br>(Elaborator) | 이미 배운 것을 새롭게 완성한 과제와 관련시킨다. |
| 창조미<br>(Generator) | 모둠이 만든 결과물을 새롭게 재창조한다. |
| 비판이<br>(Criticizer of Idea) | 아이디어를 비판하는 역할을 담당한다. |
| 정당이<br>(Seeker of Justification) | 아이디어에 증거를 제시하는 등 주장의 정당화를 도와준다. |
| 다름이<br>(Differentiator) | 아이디어를 다른 아이디어와 차이를 비교해 준다. |
| 확산이<br>(Extender) | 발표자의 의견에 좀 더 많은 정보와 의미를 보태어 준다. |
| 선택이<br>(Option Generator) | 여러 대안들을 만들어낸다. |
| 탐구미<br>(Prober) | 주장된 의견을 보다 깊이 탐구할 수 있도록 심도 있는 질문을 한다. |
| 뭉침이<br>(Integrater) | 여러 발표자의 의견을 하나의 의견으로 통합한다. |

자료: 정문성(2022). 토의·토론 수업방법 99. 파주: 교육과학사.

### 3) 모둠의 크기

다수 집단이 토의 · 토론을 하기는 어렵다. 모든 학생에게 발표할 기회가 주어지기 힘들고, 거리가 있어 경청하기도 힘들다. 너무 산만해서 토의 · 토론의 초점이 모이기도 힘들다. 물론 배심(panel)토의 · 토론처럼 간접적인 토의 · 토론 방법도 있다. 그러나 가급적이면 모든 학생들이 쉽게 토의 · 토론에 참여하도록 소규모 모둠을 구성하는 것이 좋다. 보통 모둠은 6명 이하가 적절하다. 7명이 넘어가면 통제가 힘들어서 소외되거나 무임승차하거나 방해하는 학생이 나오게 된다. 〈표 6-3〉은 사회심리학에서 연구한바, 소모둠 규모에 대한 특성이다. 두 명은 가능하면 수업 중간에 잠깐 서로 묻고 답하는 정도의 5분 이내 토의 · 토론에 사용하는 것이 좋다. 왜냐하면 짝을 잘못 만나거나 짝이 없을 때 학생들이 토의 · 토론에 참여하기 힘들기 때문이다. 세 명은 갈등이 잘 생긴다. 두 명이 친해지고, 나머지 한 명이 소외감을 느끼기 쉽다. 네 명은 수업 중에 토의 · 토론하기에는 편하다. 자리 배치가 좋고, 다양한 방식의 토의 · 토론을 할 수 있다. 다만 의사결정을 할 때 짝수라서 진행이 안 되는 경우가 있다. 다섯 명은 사회심리학에서는 최적의 소모둠 규모로 알려져 있다. 충분히 다양하고, 홀수라서 의사결정이 잘 되기 때문이다. 6명은 다소 많지만 소모둠의 특징은 살릴 수 있다.

〈표 6-3〉 모둠의 규모에 따른 특징

| 규모 | 특징 |
|---|---|
| 2명 | 100% 참여 가능하나, 짝의 영향력이 큼 |
| 3명 | 두 명이 친해지고 한 명이 소외될 가능성이 있음 |
| 4명 | 짝 활동도 가능하고, 자리 배치가 편함, 그러나 2 : 2로 의사결정이 어려움 |
| 5명 | 충분히 다양하고, 홀수라서 의사결정이 잘됨, 자리 배치가 불편함 |
| 6명 | 다소 많으나 소모둠의 특성은 살아있음 |

자료: 정문성(2006). 협동학습의 이해와 실천. 서울: 교육과학사.

### 4) 모둠의 관리

모둠에도 수명이 있다. 처음에 모둠이 만들어지고, 지위와 역할 및 활동 등에서 갈등을 겪은 다음, 규범에 합의를 보고 조직화되면서 본격적인 수행에 들어간다. 대부분 모둠은 생성기, 갈등기, 규범기의 세 단계에 대부분의 시간을 보낸다. 그러나 이 단계가 정착되면 수행은 순식간에 일어나기 때문에 다소 시간이 걸리더라도 반드시 필요한 단계이다. 실행이 끝나면 해산할 것인지 또 다른 과제를 할 것인지에 따라 모둠의 운명은 달라진다. 그리고 이러한 단계는 순환적으로 일어난다. 교사는 이러한 모둠의 일생을 인지하고 각 단계를 슬기롭게 극복할 수 있도록 도와주어야 한다.

| 단계 | 활동 |
|---|---|
| 생성(forming) | 모둠이 처음 조직되어 구성원을 서로 알아감 |
| 갈등기(storming) | 지위, 역할, 절차에 대해 갈등이 나타남 |
| 규범기(norming) | 규칙과 사회적 관계가 확립됨 |
| 수행기(performing) | 과제를 실제 해결함 |
| 휴지기(adjourning) | 과업 완수 후 모둠을 해체하거나 다음 과제 시까지 유지함 |

**[그림 6-1]** 모둠의 발달 단계

자료: Levi, D.(2007). 정명진 역. 팀워크 심리학. 서울: 부글. p. 59.

## 3. 토의 · 토론 수업의 종류

### 1) 토의 · 토론의 종류

토의 · 토론은 목적에 따라 매우 다양한 방법이 있다. 〈표 6-4〉는 목적에 따른 다양한 토의 · 토론 수업을 분류한 것이다(정문성, 2016). 물론 반드시 그 목적에만 활용하라는 것은 아니며, 주로 무게 중심이 그쪽에 있다는 뜻이다. 얼마든지 변형하여 다른 목적으로 활용할 수도 있다. 토의 · 토론이 주어진 문제에 대해 대안을 개발하고 의사결정을 하고, 실천을 통해 문제해결을 하는 것이 궁극적 목적이지만 이는 너무 많은 시간과 노력이 들기 때문에 주어진 학교교육과정을 고려할 때 적용하기에 무리가 따른다. 그러므로 5분에서 20분 정도의 짧은 시간 동안 특정 목적을 달성하여 전체 수업에 도움이 되도록 이용하는 것이 바람직하다.

〈표 6-4〉 토의 · 토론 목적에 따른 분류

| 목적 | 방법 |
|---|---|
| 아이디어 계발 | 기회의 원, 라디오 극장, 반전법, 속성열거법, 타블로, 창문 만들기, 모둠 문장 만들기, 육색생각모자, 만다라트, 결부법, SCAMPER, DCS, Brainstorming 등 |
| 발표와 학습 | 포럼, 배심 토의 · 토론, 돌아가며 말하기, 모둠인터뷰, 회전목마, 가치 수직선, 신호등, 역할놀이, 둘 가고 둘 남기, Inside out, Jigsaw, round robin, Simulation 등 |
| 분석 | 장력분석법, 가지치기, 구름, KT분석, 9-WINDOWS, Fish-bone, SWOT, Pro-con, PCA, CEDA, Brainwriting 등 |
| 의사결정과 문제해결 | 수레바퀴, 어항, 사모아, 피라미드, 목표나무, PMI, CPS, EDS, DBL, PBL, FPSP, Why-why, How-How 등 |

## 2) 토의 · 토론 수업의 사례: 브레인라이팅(Brainwriting)

브레인스토밍보다 진일보한 것이 브레인라이팅이다. 일단 아이디어를 적어야 하기 때문에 아이디어의 수준이 높다. 말이 안 되면 적을 수 없기 때문이고, 적어 놓고 보면 더 좋은 아이디어가 나와서 수정이 가능하기 때문이다. 또한 적어 놓고 하므로 잊어버릴 염려가 없어서 편안한 마음으로 토의 · 토론에 참여할 수 있다. 브레인라이팅은 다음과 같은 절차에 의해 진행된다.

〈표 6-5〉 브레인라이팅 절차

① 4~6명의 소집단을 구성하고 B4 용지와 포스트잇을 나누어 줌
② 교사가 토의 · 토론 주제(예: 다문화학생 지도의 어려움)를 제시함
③ 학생은 먼저 개인적인 의견을 포스트잇에 적음
④ 학생이 적은 포스트잇들을 B4에 임의로 붙여 놓고 3~5개의 영역으로 분류함
⑤ 분류된 포스트잇을 대표할 만한 상위 제목을 적어서 위에 붙임
⑥ 모둠별로 발표하고 비교해 봄

| 학교 학습 | 생활 지도 | 경제적 어려움 | 학부모 관계 |
|---|---|---|---|
| 한국어 미흡 | 의사소통 안됨 | 가난한 경우가 많음 | 부모의 나이차이가 많음 |
| 전반적 학력 저하 | 피부색으로 편견 | 직장생활로 못 돌봄 | 가정 폭력 |
| 알림, 숙제 이해 못함 | 한국 문화에 적응 못함 | | 의사소통이 힘듦 |
| 일일이 지도하기 벅참 | 매운 음식을 못 먹음 | | 연락이 잘 안됨 |
| | 정체성 혼란 | | |
| | 자신감이 없음 | | |

[그림 6-2] 다문화학생 지도의 어려움(브라인라이팅의 사례)

〈표 6-6〉은 브레인라이팅의 특징 및 장점이다.

〈표 6-6〉 브레인라이팅의 장점 및 특징

- 참가자들이 기록해야 하므로 아이디어의 수준이 높음
- 언제든지 자신의 아이디어를 수정할 수 있으므로 편안한 가운데 토의·토론에 참여할 수 있음
- 토의·토론을 하는 가운데 자신의 아이디어를 적은 포스트잇이 움직이게 되므로 토의·토론에 집중하게 됨.
- 적어놓은 아이디어들을 계속 보게 되므로 그 아이디어가 다시 지적 자극이 되어 또 다른 아이디어를 생산하는 촉진제 역할을 함
- 추상적 사고를 구체적 사고로 토의·토론하므로 저학년에도 가능함
- 시간이 모자라도 토의·토론 상황이 그대로 남아있으므로 다음에 하거나 쉬는 시간에 해서 제출할 수 있음
- 활동한 결과를 그대로 복사하면 포트폴리오가 되어 토의·토론이 기록으로 남음
- 브레인스토밍에서 볼 수 있는 토의·토론의 지배적인 개인들의 영향을 줄일 수 있고 모두가 골고루 참여함
- 브레인스토밍처럼 미성숙된 결과와는 달리 토의·토론이 끝나면 매우 성숙되고 완성된 아이디어의 결과를 얻음

### 3) 토의·토론의 평가

토의·토론 수업을 하고 나면 반드시 평가 활동을 해야 한다. 그래야 토의·토론의 과정을 반성하고 다음에는 더 나은 과정과 결과를 얻을 수 있기 때문이다. 〈표 6-7〉은 토의·토론 평가표의 예이다.

〈표 6-7〉 토의 · 토론 평가표(예시)

| 전체적 진행에 대한 평가 | 상 | 중 | 하 |
|---|---|---|---|
| • 주제가 수업목적에 적합했는가?<br>• 주제가 정확하게 제시되고 이해되었는가?<br>• 용어들이 정확하게 정의되었는가?<br>• 토의 · 토론자들이 적극적으로 참여하였는가?<br>• 흥미로운 수업이 되었는가?<br>• 중요한 문제들이 다 다루어졌는가?<br>• 시간을 투자한 가치가 있었는가? | | | |
| **사회자에 대한 평가** | **상** | **중** | **하** |
| • 참여를 극대화시키도록 유도하였는가?<br>• 우왕좌왕하지 않고 토의 · 토론을 잘 끌고 갔는가?<br>• 공평하게 진행하였는가?<br>• 시간 관리를 잘 하였는가?<br>• 중립을 지켰는가?<br>• 중요한 요점들을 필요시 잘 요약하였는가?<br>• 주제에서 벗어나지 않도록 통제를 하였는가? | | | |
| **토의 · 토론자들에 대한 평가** | **상** | **중** | **하** |
| • 정확하고 알아듣기 쉬운 목소리였는가?<br>• 생각을 잘 정리하여 발표했는가?<br>• 잘 경청하였는가?<br>• 토의 · 토론의 규칙을 잘 지켰는가?<br>• 감정에 치우치지 않았는가?<br>• 상대에 대한 예의를 지켰는가?<br>• 창의성을 발휘했는가?<br>• 정직했는가? | | | |

자료: 정문성(2022). 토의 · 토론 수업방법 99. 파주: 교육과학사.

### 4) 토의 · 토론 수업에서 교사의 역할

토의·토론 수업에서 교사는 다음과 같은 역할을 해야 한다(정문성, 2016).

첫째, 관리자(manager)이다. 교사는 계획에서부터 정리할 때까지 토의·토론이 잘 진행되도록 관리해야 한다. 특히 학생들에게 많은 것을 위임했기 때문에 관리가 되지 않으면 통제 불능의 상태가 될 가능성이 많다.

둘째, 안내자(guide)이다. 교사는 모둠을 결정하고, 토의·토론 종류를 결정하여 어떤 지위와 역할, 어떤 절차를 거쳐 진행하는지 충분히 안내해야 한다.

셋째, 제안자(initiator)이다. 토의·토론 주제를 정하는 것은 쉽지 않다. 수업목표와 관련이 있어야 하고, 시의적절해야 하고, 학생들 수준에 맞아야 한다. 그리고 학생들에게 납득이 되는 주제여야 한다.

넷째, 촉진자(facilitator)이다. 학생들이 토의·토론에 적극 참여하도록 격려해야 한다. 교사가 통제하지만 그 울타리 안에서는 학생들이 자유롭고 자발적으로 활발한 토의·토론이 일어나도록 유도해야 한다.

다섯째, 요약정리자(summarizer)이다. 토의·토론의 과정이 끝나면 학생들은 매우 혼란할 때가 많다. 이때 교사는 이번 토의·토론에서 논의된 것과 쟁점들, 그리고 결론이 무엇인지 정리해줄 필요가 있다. 그리고 그것이 학생들의 성공적인 토의·토론의 참여 때문이라는 것을 말해주어야 학생들이 토의·토론에 대한 긍정적인 태도를 갖게 된다.

여섯째, 평가자(judge)이다. 토의·토론의 과정과 결과에 대해 냉정하게 평가하되, 잘한 것과 잘못한 것을 분명히 지적하고, 개선 방향도 가르쳐주어야 한다.

## '논리'가 이끌어 내는 위대한 '감동'

삶에는 많은 문제가 존재하고 사람들은 그 문제를 다양한 방법으로 해결한다. 때로는 감정으로, 때로는 이성으로, 때로는 이성과 감정의 적절한 복합체인 합리로. '토의 · 토론'은 이성과 감정을 넘나들면서 최선의 대안을 만들어내는 인간 집단 사고방식이다. 토의는 '창의성'을, 토론은 '논리성'을 주무기로 하는데, 이 둘이 잘 조화되면 엄청난 시너지를 만들고, '우리'가 '개인'보다 얼마나 위대한지를 체험하게 해 준다.

이러한 의미에서 영화 'The Great debaters'(2007)는 '다문화'와 '토의 · 토론'이라는 두 가지 주제에 대해 생각해 볼 수 있는 좋은 예이다. 1930년, 최초의 대학 흑인 토론 팀을 구성하여 전국 토론대회에서 하버드 대학의 엘리트 팀에게 도전장을 내밀었던 텍사스 와일리 칼리지(흑인 대학)의 멜빈 B. 톨슨 교수의 실화를 바탕으로 하였다. 톨슨 교수는 확고한 주관을 가지고 대학 동아리 토론 팀을 구성하고 이끈다. 당시 인종 차별 분위기를 극복하고 1935년, '토론 전국대회'에 출전하는데 이들은 준비하는 과정에서 많은 토의 · 토론을 하면서 여러 갈등과 어려움을 이겨내고 결국 우승을 거머쥐는데 논리가 이끌어 내는 감동의 진수를 확인할 수 있다. 영화 속 토의 · 토론과 여러 사건은 '인종 차별(흑백분리정책)', '진실과 정의', '평등', '교육의 힘'에 대한 지속적인 질문과 숙고를 하게 한다. 다음은 많은 감동과 메시지를 던져준 두 명의 토론 내용이다.

토론 주제: 흑인들은 텍사스주 대학 입학이 허가되어야 한다.

너무 많은 백인들이 인종 혐오라는 병으로 고통을 받습니다. (중략) 제 상대편은 오늘이 백인과 유색인이 같은 대학을 가는 날이 아니라고 말합니다. 같은 캠퍼스를 사용하는 날이 아니라고요. 같은 교실을 걷는 날이 아니라고요. 좋아요, 그럼 그날이 언제 오는지 제게 말씀해 주시겠습니까? 내일이면 올까요? 다음 주면 올까요? 100년 안에? 결코 아니요! 정의를 위한 시간은, 자유를 위한 시간은, 그리고 평등을 위한 시간은 항상, 항상 바로 지금입니다. 언젠가는 흑인과 백인이 같은 캠퍼스를 걸을 날이 올 것입니다. 그리고 우리는 같은 교실을 사용할 것입니다. 하지만 슬프게도 그날은

오늘이 아닙니다. [토론자 사만다 북스]

토론 주제: 시민 불복종은 정의를 위한 싸움에서 도덕적 무기이다

텍사스에서는 사람들이 흑인들을 린치합니다. 저의 동료들과 저는 한 흑인이 목에 줄이 묶인 채 나무에 매달려서 화형당하는 것을 보았습니다. 그 성난 군중들 사이로 차를 몰았죠. 우리의 얼굴을 바닥에 묻은 채 말이죠. 전 동료들을 쳐다보았습니다. 그들 눈에서 공포가 보였고, 더 심한 것은 부끄러움이었죠. 그 흑인의 죄는 무엇이었기에 안개로 자욱한 숲 속에서 재판도 없이 매달려야 했을까요? 도둑질을 했을까요? 살인자였을까요? 아니면 단순히 흑인이어서? 그가 소작농이었을까요? 아니면 목사? 그 사람의 자녀들이 집에서 그를 기다리고 있지는 않았을까요? 그리고 바닥에 엎드려 아무 일도 하지 않은 우리는 누구일까요? 그 흑인이 무슨 짓을 했든, 그 폭도들은 범죄자들입니다. 하지만 법은 아무 일도 하지 않았죠. 그냥 우리에게 "왜?"라는 의문만을 남긴 채로 말이죠.

제 상대편은 말합니다. "법규를 좀먹는 것은 도덕적일 수 없다."고요. 하지만 '짐 크로우 사우스'에서는 법규가 없습니다. 흑인이 주택 공급을 거부당할 때도, 학교와 병원에서 쫓겨날 때도, 우리가 린치당할 때도 법은 없습니다. 성 오거스틴이 말했습니다. "공정하지 못한 법은 법이 아니다."라고요. 그 뜻은 저는 권리가 있다는 것입니다. 저항할 의무까지도요. 또는 시민 불복종 중에서 여러분은 제가 후자를 택할 것을 기원할 것입니다. [토론자: 파머 주니어]

# 참 고 문 헌

정문성(2006). 협동학습의 이해와 실천. 서울: 교육과학사. p. 99.

정문성(2022). 토의 · 토론 수업방법 99. 파주: 교육과학사.

Levi, D. (2007). *Group dynamics for teams*. NY: Sage Publication, Inc. 정명진 역. 팀워크 심리학. 서울: 부글, p. 59.

# 제7장 탐구 수업과 프로젝트 수업

## 1. 탐구 수업

### 1) 탐구 수업의 개념

탐구 수업에서 탐구(探究, inquiry)는 보통 명사로 사용하는 탐구(探求)와는 구별할 필요가 있다. 전자는 진리, 학문 따위를 파고들어 깊이 연구한다는 뜻이고, 후자는 필요한 것을 조사하여 찾아내거나 얻어 내는 것을 뜻한다(표준국어대사전). 교육에서 탐구는 문제 해결(problem solving), 발견(discovery), 혹은 반성적 사고(reflective thinking) 등과 혼용하여 사용하는 경우가 많은 것도 전자의 의미를 강조하기 때문이다. 즉 보통 명사로서 궁리하는 것을 넘어 과학적 사고를 하라는 것이다.

탐구 수업의 등장 자체가 학문적이다. Dewey는 지식의 전달이 아니라 지식을 얻어내는 힘을 가르칠 것을 강조했다. 탈무드에 있는 격언처럼 고기를 잡아주지 말고, 고기 잡는 방법을 가르쳐주라는 것이다. 지식의 폭증에 대한 인간의 지혜는 정확한 지식을 가려서 얻는 방법에 관심을 갖게 했다. 그렇다면 이러한 사고를 가장 잘 하는 사람은 누구인가? 그것은 과학자이다. 그러므로 과학자가 진리를 얻는 방법, 즉 반성적 탐구를 모방하게 하여 사고력을 가르게 하는 것이 새로운 교육의 역할이 된 것이다. Dewey가 탐구 앞에 '반성적(reflective)'이란 형용사를 붙인 이유도 그냥 좀 더 깊이 사고하라는 뜻의 일반적 탐구가 아니라 연구과정을 끊임없이 반성하고 수정하는 과학자들처럼 과학적 탐구를 해야 한다는 것을 강조하기 위함이었다. 문제를 확인하고, 가설을 세우고, 자료를 수집하여 검증하고, 결론을 내리는 과정에서 각 과정이 제대로 진행되는지 반성하면서 탐구하는 것을 강조한 것이다. 따라서 탐구란 지식을 발견하고 창조해 가는 탐구 과정, 방법 및 활동을 의미한다.

## 2) 탐구 수업의 모형

모든 교과가 탐구 수업에 적용 가능하다. 일반적인 탐구 수업은 [그림 7-1]과 같은 모형을 가진다. 그리고 탐구 수업에서 탐구활동은 개인이 혼자 할 수도 있고, 모둠을 구성해서 할 수도 있다. 모둠을 활용한 탐구 수업을 집단 탐구 수업이라고 한다. [그림 7-2]는 일반적인 집단 탐구 모형이다. 교사가 수업의 주제를 제시하고, 소과제(하위 주제)를 여러 개 제시한다. 그러면 학생들이 자신이 하고 싶은 소과제를 선택하고, 같은 소과제를 선택한 학생들이 소모둠이 되어 집단 탐구를 시작한다. 소과제를 완성하면 전체 학급에서 발표하는데, 이들 소과제를 모두 종합하면 수업의 주제를 완성하는 셈이 된다. 이처럼 학급 전체가 소모둠으로 나뉘고, 소과제를 완성하여 학급 전체 과제를 완성하는 형태라고 하여 집단 탐구 수업이라고 한다.

집단 탐구 수업의 약점은 여러 개의 소모둠이 각각 탐구를 수행할 때 교사의 통제가 미치지 못한다는 점이다. 다행히도 소모둠의 역할분담이나 과제분담이 잘 되고 진행도 잘 된다면 다행이지만, 이것이 잘 안될 때는 학급 전체 과제 성취에도 영향을 미칠 수 있다.

| 단계 | 주요 활동 |
|---|---|
| 문제 확인 | 동기유발<br>탐구 문제 확인 |
| 가설 설정 | 가설에 대한 브레인스토밍<br>가설 진술하기 |
| 자료 수집 및 검증 | 자료 수집하기<br>자료 분석 및 평가하기 |
| 일반화 또는 법칙 추론 | 증거를 통하여 결론 내리기<br>평가 및 결과정리 하기 |

**[그림 7-1]** 탐구 수업의 단계

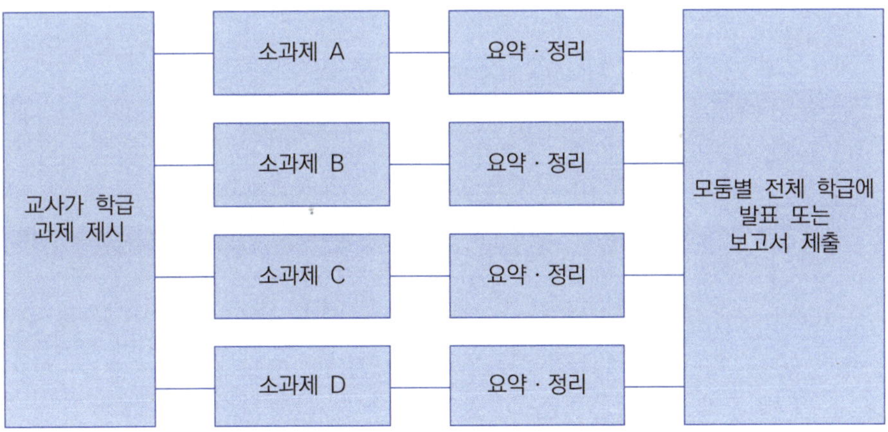


**[그림 7-2]** 집단 탐구(GI)의 수업 절차 개념도

자료: 정문성(2022). 토의 · 토론 수업방법 99. 파주: 교육과학사.

이를 보완한 것이 [그림 7-3]이다. 소과제를 선택한 소모둠이 또다시 미니 과제를 만들어 분담함으로써 구조적으로 소과제를 잘 성취할 수 있도록 모형화한 것이다. 즉 모둠원이 구체적으로 어떤 활동을 해야 하는지 분명히 정해 준다는 것이다. 그러면 교사의 입장에서는 훨씬 학생들을 통제하기가 쉽고, 학생의 입장에서는 자신이 해야 할 일이 무엇인지 알기 때문에 수업에 집중할 수 있다.

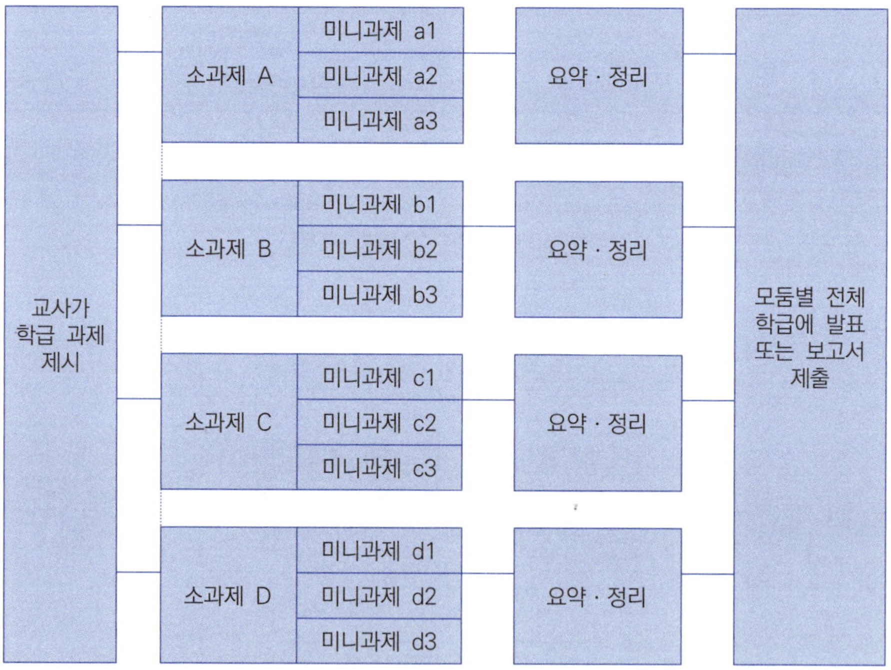


**[그림 7-3]** 집단 탐구 II(GI II or co-op co-op)의 수업 절차 개념도

자료: 정문성(2022). 토의 · 토론 수업방법 99. 파주: 교육과학사.

## 3) 다문화 탐구 수업의 사례

외국인 거주자 지역을 주제로 한 탐구 수업의 사례를 살펴보기로 하자. [그림 7－4]는 서울에 분포하고 있는 외국인 거주지를 나타낸 지도이다. 왜 특정 국가별로 특정 지역에 몰려서 거주하고 있을까? 이것이 설명된다면 외국인 거주 지역의 문제와 대책을 강구할 수 있을 것이다. 그러므로 외국인 거주지의 특성연구를 탐구주제로 설정할 수 있다. 이를 위해 다음과 같은 절차를 통해 탐구 수업을 할 수 있다.

### (1) 문제 확인

주어진 자료에서 탐구할 문제를 찾아내는 것에서 시작한다. 문제는 교사가 분명하게 제시할 수도 있고, 학생들이 스스로 찾아내게 할 수도 있다. 예를 들어 [그림 7－4]를 제시하고 어떤 현상을 보이고 있는지 질문할 수 있다. 이 그림에서 외국인 거주자들이 국가별로 특정 지역을 중심으로 거주하는 현상을 찾아낼 수 있다면 문제 확인 능력을 보여주는 것이다. 그러면 교사는 탐구할 문제가 무엇인지 문장으로 표현하게 한다. 이 사례의 경우는 '외국인 거주자들이 특정 지역에 거주하는 이유는 무엇일까?'가 탐구의 문제라고 할 수 있다.

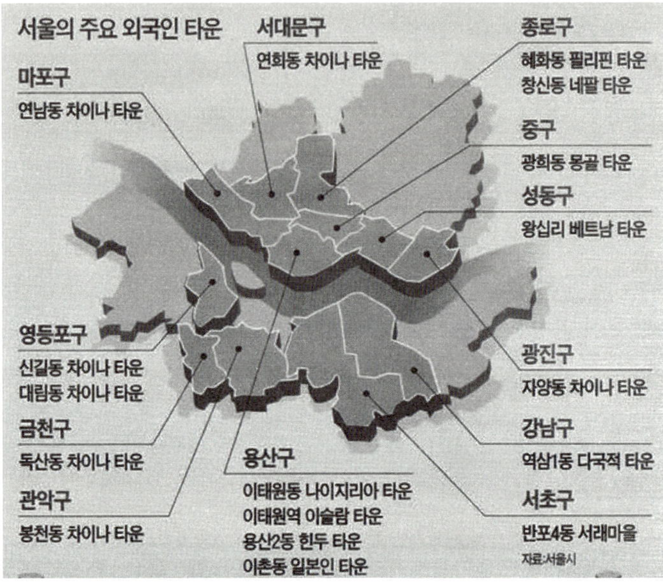


**[그림 7-4]** 서울의 주요 외국인 타운(한국일보 2013.2.14.)
http://www.hankyung.com/news/app/newsview.php?aid=2011041019961

## (2) 가설 설정

먼저 다문화사회를 겪은 국가들의 사례, 현장 조사, 신문 기사, 뉴스 등을 통해 외국인 거주자들이 특정 지역에 거주하는 이유를 다음과 같은 가설을 세울 수 있다.

- 취업하기 좋은 곳으로 모일 것이다.
- 거주비가 싼 곳으로 모일 것이다.
- 의식주 등 자신들의 생활 양식에 익숙한 곳으로 모일 것이다.

### (3) 자료 수집 및 검증

가설을 검증하기 위해서 자료를 수집한다. 보통은 교사가 관련 자료를 제공한다. 학생들이 쉽게 구할 수 있는 것이면 학생들에게 맡겨도 좋다. 관련 문헌도 좋고, 관련 신문 기사도 좋은 자료가 될 수 있다. 이러한 자료를 통해 가설을 검증해본다. 다음은 신문 기사의 사례이다. 관련 신문 기사나 관련 자료들을 제공해주고 자료를 해석할 수 있는 방법들을 가르쳐준다.

> (…)서울 지역에 형성된 외국인 타운은 20여 곳이 넘는다. 가장 많은 곳이 중국인 타운이다. 대림동 가리봉동 봉천동 자양동 독산동 신길동 등 서울 곳곳에 흩어져 있다. 1990년대부터 조선족과 중국인들이 일거리를 찾아 몰려들면서 타운이 형성됐다. 인근 공단과 거리가 가깝고 상대적으로 집값이 싸기 때문이다. 대부분 다세대 주택에 거주한다. 이곳에서 만두가게를 운영하는 조선족 김정숙 씨는 "낮에 남자들은 공장에서 일하고, 여자들은 다른 지역의 식당이나 파출부로 일하러 나간다."고 말했다. 서울엔 베트남, 필리핀, 몽골, 나이지리아, 인도, 중앙아시아, 이슬람 거리 등 다양한 외국인 타운이 있다. 광희동에 있는 10층짜리 뉴금호타워는 몽골타워다. 각 층의 상점 대부분이 몽골인을 상대로 영업한다. 주말이면 몽골인들로 발 디딜 틈이 없다. 서울시 외국인근로자지원센터 관계자는 "몽골인들이 특히 끼리끼리 뭉치는 경향이 강하다."고 설명했다. 이태원에는 이슬람 사원이 있다. 이슬람 휴일인 금요일마다 이곳엔 1000여 명의 무슬림들이 주마(금요예배)를 위해 모인다. 이날 오후 기자가 이곳을 찾았을 때, 1시 예배를 마친 무슬림들이 인근 이슬람 식당에서 늦은 점심을 즐기고 있었다. 이촌동에는 1000여 명의 일본인들이 사는 일본인 타운이 있다. 이곳엔 오후 2~3시만 되면

통학버스 정류장이 일본인 중년 여성들로 붐빈다. 개포동의 일본인 학교로 통학하는 자녀들을 마중 나온 학부모들이다. (…) (한국일보 2013.2.14.)

#### (4) 일반화 또는 법칙 추론

자료 수집 후 가설을 검증하게 하고, 가설이 맞으면 가설을 결론으로 바꾸어서 문장화하면 되고, 틀렸으면 수정하여 결론을 내리게 한다. 이처럼 문제 확인, 가설 설정, 자료 수집 및 검증, 일반화 또는 법칙 추론의 네 가지 절차를 거쳐서 결론을 얻게 하는 것이 탐구 수업이다.

## 2. 프로젝트 수업

### 1) 프로젝트 수업의 개념과 특징

#### (1) 개념

프로젝트(project) 수업은 Dewey와 함께 진보주의 교육학자였던 Kilpatrick (1918)이 'The project method'를 발간하면서 관심받기 시작했다. 프로젝트(project)란 'pro(앞으로)'와 'ject(던지다)'의 합성어이다. 말 그대로 마음속에 생각하고 있는 것을 앞으로 던지는 것이므로 구체적으로 실현하고 형상화하는 것을 말한다. 이것이 학습에 적용된다면, 학생이 마음속에 생각하고 있는 것을 구체적으로 드러내고 형상화하는 학습을 말한다. 그러므로 프로젝트 수업은 '자발적으로 주제를 선택하여 목표수립－계획－수행－결과발표－평가하는 수업'이다.

첫째, 자발적으로 주제를 선택해야 한다. 학생의 마음속 생각을 밖으로 표출하는 것이기 때문에 자신이 하고자 하는 것을 주제로 선택해야 한다. 물론 전체 주제나 주제의 범위는 교육과정상의 것으로 교사가 제공하지만 자신이 수행할 구체적 주제는 학생 스스로 결정한다. 교사가 제시하는 주제의 범위는 학생들이 배운 지식, 기능, 가치·태도 모두를 적용해야 하는 복합적인 주제여야 한다. 실제 생활 속에서 해결해야 할 과제는 복합적이고 종합적인데, 학습의 편의상 분과된 지식, 기능, 가치·태도를 가르치고, 프로젝트의 주제마저 분과화한다면 현실적이지도 않고 교육적 의미도 약하기 때문에 프로젝트 수업을 할 이유가 없어진다.

둘째, 목표수립도 학생이 한다. 과제가 결정되면 최종적인 과제의 결과물이 언제까지, 어느 정도까지, 어떤 모습으로 형상화될지 결정한다. 이때는 학생 스스로 할 수 있는 능력, 시간, 동원할 자료 등도 고려해야 하는데 교사가 목표를 수립하는 것을 도와주어야 한다. 왜냐하면 그러한 과제를 해본 경험이 거의 없는 학생이 구체적 목표를 세우는 것은 힘들기 때문이다.

셋째, 목표에 시간을 부과하면 계획이 된다. 만약 모둠 프로젝트라면 과제의 분담도 계획에 포함된다. 계획은 시간과 관련하여 구체적으로 설정해야 다음 단계인 수행이 원활하게 이루어진다. 대부분의 프로젝트가 일정 기간을 필요로 하고, 과제의 범위가 넓다. 왜냐하면 실생활 속의 과제 중에 쉽게 결정할 수 있는 것이 없기 때문이다. 그래서 관련 지식을 찾아보고, 고민해야 하며, 과제 해결에 필요한 기능도 연습해야 하며, 기다려야 하는 시간이 있는 경우도 있으며 전문가의 도움을 받아야 하는 경우도 있다. 그래서 실생활 속에서 간단한 결정과 실천들은 프로젝트의 대상이 되지 않는다.

넷째, 수행은 실제로 실천하는 것인데, 과제의 종류에 따라 다양한 방법이 동원될 것이다. 물론 수행을 하면서 목표나 계획의 수정이 불가피해진다. 이는 언제든지 가능한데, 그 이유는 머릿속의 목표와 계획은 현실과 차이가 나기 때문이다.

다섯째, 결과를 발표해야 한다. 수업에서 발표할 수도 있고 교사에게 제출할 수도 있으며, 전시회를 이용할 수도 있다. 다양한 방식으로 결과를 발표할 수 있다. 이때는 프로젝트 수행의 과정도 밝혀야 한다. 만약 모둠 프로젝트였다면 모둠구성원이 어떻게 과제를 분담해서 수행했는지도 밝혀야 한다.

여섯째, 과정과 결과에 대한 평가는 필수적이다. 모든 프로젝트가 성공적으로 수행되지는 않는다. 성공적으로 수행되었다 하더라도 시행착오는 겪었을 것이다. 그 과정들을 평가해야만 더 많은 것을 배운다.

일반적인 수업은 체계적 지식과 기능의 습득, 그리고 바람직한 태도를 내면화하는 데에 초점을 둔다. 그런데 이러한 수업만으로는 학생이 배운 지식, 기능, 가치·태도를 생활 속 장면에 적용하는 데에는 어려움이 따른다. 그러한 경험은 수업에서 배우지 않기 때문이다. 프로젝트 수업은 수업에서 배운 지식, 기능, 가치·태도를 종합적으로 활용하여 체계적으로 주어진 과제를 해결하는 경험을 주려는 것이 목적이다. 이런 수업을 하게 되면 학생들은 학교에서 배운 것을 실생활 속에 적응하기가 훨씬 쉬워지고, 살아있는 지식과 기능이 되고, 가치·태도를 내면화하는 경험을 갖는다. 학생들은 프로젝트 수업을 통해 왜 그러한 지식, 기능, 가치·태도를 배웠는지 깨닫게 되고, 내가 배운 것을 활용해서 나의 생각을 실현하고 형상화할 수 있다는 자신감도 갖게 된다. 이러한 프로젝트 수업은 Banks의 다문화교육과정 개혁 접근법 중 사회행동 접근(social action approach)과도 관련된다. 사회행동 접근은 지식적인 측면만이 아니라 실천적인 측면도 부각하는 단계로 학생이 중요한 사회문제나 개념에 대한 의사결정을 하고 그것을 해결하기 위해서 행동을 취함으로 내적 동기가 유발되고 긍정적인 자아개념이 형성된다. 그리고 다른 친구들과 상호작용함으로 사회적 기능과 문화적 교류도 갖게 된다.

> 프로젝트 수업은 세 가지 원칙이 조화된 형태이다. 아이들이 선택하고, 개성을 살리고, 실생활과 관련된 진짜 일을 한다. 배워가는 즐거움과 접촉하는 기쁨, 지성과 손과 몸을 단련하는 종합적 체험학습이다. 통합적 발달이며, 1일 체험이나 장난이 아니라 진짜 일이며, 과학적으로 탐구하고 실천하는 머리를 쓰는 일이며, 스스로 지식을 소비만 하는 것이 아니라 만들어낸다〈기노쿠니어린이마을학원(편)(2014), pp. 8-9.〉.

### (2) 특징

프로젝트 수업의 개념을 상세하게 설명했지만 프로젝트 수업의 특징을 살펴보는 것은 왜 프로젝트 수업을 해야 하는지 교육적 이유를 확인하게 해주기 때문이다.

첫째, 수업목표가 분명하다. 따라서 구체적 계획이 세워진다. 일반적인 모든 수업에는 목표가 있다. 그리고 교사는 수업목표를 먼저 제시하고 수업하도록 권유받고 있다. 수업목표를 분명히 제시한 수업이 그렇지 않은 수업보다 학업성취가 더 높아지기 때문이다. 즉 무엇을 달성해야 하는지 알고 수업하면 그만큼 수업몰입도가 높아지기 때문이다. 프로젝트 수업은 학생 스스로가 과제를 결정하고, 목표를 세우기 때문에 수업목표를 분명히 알고 있어야 한다.

둘째, 학생의 관심을 반영한다. 과제를 학생 스스로 정하므로 학생의 흥미, 능력, 욕구가 반영되지 않을 수 없다. 그러므로 수업몰입도가 더욱 높아진다.

셋째, 전인적 수행이 이루어진다. 프로젝트 과제는 일정 기간과 넓은 범위를 가지고 있기 때문에 단순한 지적 활동에 그치지 않는다. 학습한 기능이 발휘되어야 하고 과제를 수행하면서 의지와 인내, 섬세함과 열정, 동료와의 관계 등 학생의 가치·태도가 반영되기 때문이다.

넷째, 일정 기간이 필요하다. 프로젝트 수업의 과제는 실제 생활 속 과제와 유사하여 복잡하고 종합적이어서 과제 수행에 상당한 시간을 필요로 한다.

다섯째, 관련 사람들의 협조가 필요하다. 과제 중에는 학생의 힘으로 해결할 수 없는 부분도 있다. 전문가의 도움이 필요할 때도 있다. 실제 생활 속의 과제들 중 나 혼자만 할 수 있는 것은 거의 없다. 그렇기 때문에 관련 사람들의 도움이 필요하다. 또 학생들이 그러한 사람들의 도움을 받는 경험도 매우 유익하다.

여섯째, 처음부터 끝까지 자발성이 강조된다. 스스로 주제를 선택하고 목표와 계획을 세우고 수행하면서 의사결정과 실천을 반복한다. 자발성은 학생들의 효능감, 자존감, 독립성 등 스스로 공부할 수 있는 능력을 길러준다.

일곱째, 일반 수업시간에는 실행하기 힘든 수준의 높은 탐구와 표현을 함께 하게 한다. 교사는 수업을 제한된 시간 안에 끝내야 하기 때문에 복잡하고 종합적인 주제를 다루기 힘들다. 그러나 프로젝트 수업은 학교를 벗어나서도 언제든지 자유롭게 할 수 있다. 오히려 학생들은 수업시간 이외의 시간에 자유롭게 하기 때문에 많은 생각과 고민을 자유롭게 할 수 있으며, 간단한 탐구나 표현과는 다른 수준의 높은 탐구와 표현의 기회를 갖는다.

여덟째, 종합적 사고력을 발휘한다. 프로젝트 수업의 과제 자체가 복잡하고 종합적인 특성을 갖는다. 그래야 프로젝트 수업에서 얻고자 하는 다양한 목표들을 성취할 수 있기 때문이다. 교사가 설명하는 수업에서 학생들이 하는 사고는 Bloom의 분류에 의하면 지식을 암기하거나 교사의 설명을 이해하는 정도의 사고만 한다. 그러나 프로젝트 수업을 하면 이러한 저급 사고는 물론 고급 사고들, 적용, 분석, 종합, 평가를 모두 사용하게 된다. 즉 학생들에게 종합적인 사고력을 사용할 경험을 주는 것이다.

아홉째, 구성주의 학습관을 적용한다. 인식론에서 학습할 대상인 지식이 객관적으로 존재하는지 또는 학습자가 구성하는지에 따라 두 가지 입장이 나누어진다. 객관주의는 지식이 객관적으로 존재하기 때문에 교사가 객관적 지식을 설명을 통해서 학생에게 정확하게 전달할 것을 요구한다. 반면에 구성주의는 지식은 객관적으로 존재하는 것이 아니라 학습자가 스스로 구성해서 인식한다고 본다. 그러므로 교사는 학습자가 스스로 지식을 구성하도록 돕는 역할을 해야 한다고 주장한다. [그림 7-5]는 모 택배회사의 로고이다. 영어를 아는 학생들에게 이것이 무엇이냐고 물으면 '택배회사 Fedex'라고 대답한다. 그러나 영어를 모르는 어린아이에게 물으면 '화살표'라고 대답한다. 즉 자신이 아는 것으로 구성하여 지식을 습득한다는 것이다. 프로젝트 수업은 후자의 학습관을 반영한다. 학생 스스로 프로젝트 학습을 통해 지식을 구성하여 습득한다는 것이다.

[그림 7-5] 택배회사 Fedex 로고

〈표 7-1〉 객관주의 학습관과 구성주의 학습관

| 구분 | 객관주의 학습관 | 구성주의 학습관 |
|---|---|---|
| 교사의 역할 | 지식을 전수하는 역할 | 학생들이 학습을 구성하도록 경험 제공과 학습 촉진 |
| 학생의 역할 | 지식을 수동적으로 받아들임 | 의미를 능동적으로 구성 |
| 수업 전 학생의 상태 | 백지상태 또는 쉽게 대치될 수 있는 개념을 가지고 있는 상태 | 선행 경험에서 기초한 쉽게 변하지 않는 개념을 가지고 있는 상태 |
| 학습의 결정 조건 | 외부적인 학습 상황: 교사, 교실, 교과서, 실험 | 외부적인 학습 상황과 학생의 기존 개념과 선행 경험 |
| 학습에 대한 관점 | 백지상태의 학생에게 지식 전수 | 기존의 개념을 바꾸거나 수정 |
| 지식 형성의 관점 | 외부 조건에 의하여 결정되며 학습자와는 무관 | 각 개인의 내적 작용에 의하여 지식이 형성됨 |
| 학습방법 | 설명식 수업 | 협동 학습 |

## 2) 프로젝트 수업의 종류

프로젝트 수업은 크게 두 종류로 나눌 수 있다. 하나는 현존하는 문제를 해결하는 방식의 프로젝트와 다른 하나는 창의적 결과물을 만들어내는 프로젝트이다. 사토 인이치(2007)는 문제를 발생형 문제(이미 일어난 문제), 탐색형 문제(개선하고자 하는 문제), 설정형 문제(앞으로 어떻게 할 것인가 하는 문제)로 구분하였다. 이 세 유형의 문제를 원인 지향과 목적 지향으로 [그림 7-6]처럼 구분하였다. 현존하는 문제를 해결하는 방식의 프로젝트는 발생형 문제를 해결하는 수업이고, 창의적 결과물을 만들어내는 프로젝트는 설정형 문제를 해결하는 수업이라고 할 수 있다.

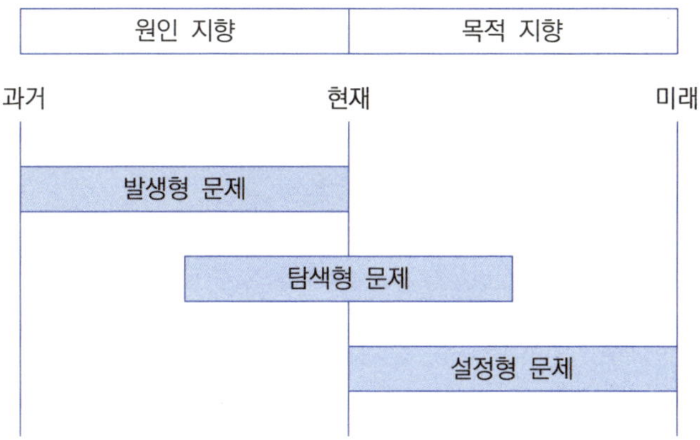


[그림 7-6] 발생형 문제, 탐색형 문제, 설정형 문제

### (1) 발생형 문제 해결을 위한 PBL 활용 프로젝트 수업

발생형 문제는 원인을 찾아내는 것이 문제 해결의 열쇠이다. 원인을 찾으면 대안을 쉽게 만들 수 있다. 다양한 모형이 있으나, Bagulary(2003)의 PBL 모형을 활용하는 것이 쉽고 일반적이라고 할 수 있다.

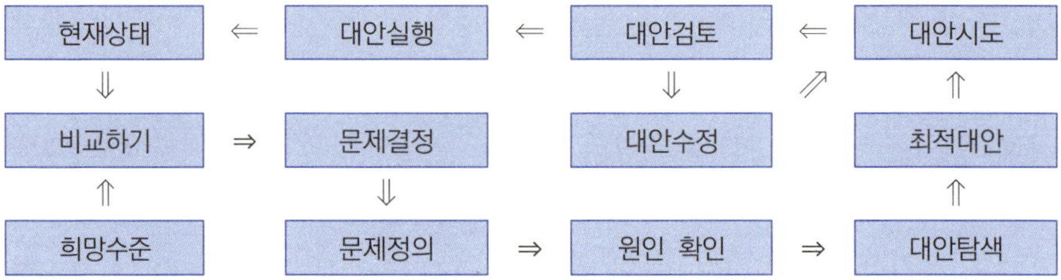


**[그림 7-7]** Bagulary의 PBL모형

프로젝트 수업방법으로 가장 많이 활용되는 것이 문제기반학습(PBL: Problem Based Learning) 방법이다. 문제기반학습은 의과대학에서 개발되어 사용되었다. 의학적 지식을 많이 가지고 있어도 환자라는 '문제'를 만났을 때 대처하지 못하는 상황에 대한 반성으로 시작된 것이다. 환자는 여러 가지 종합적 문제를 가지고 있으며, 문제 해결의 차원으로 접근해야 정확한 진단과 처방이 가능하기 때문이다. 프로젝트 수업은 다소 추상적 절차를 가지고 있는 데 비하여 문제기반학습은 문제 자체가 구체적이므로 구체적 절차와 구체적 해결을 추구하므로 비교적 빠른 속도로 다양한 방법들이 개발되고 정착되었다. 문제기반학습은 다른 교과에도 영향을 미쳐서 교과의 특성에 맞게 수정되어 많이 사용하게 되었다. 즉 수업도 이처럼 문제에서 출발해야 관련 지식과 기능을 동원하여 살아있는 지식과 기능을 체험할 수 있다는 것이다. 또 이렇게 해야 이론과 실제를 동시에 배울 수도 있다. 다만 학교교육에서는 충분한 지식과 기능을 익힌 다음에 수업의 절차(도입－전개－정리) 중 전개 단계(설명－시범－체험)의 체험 부분에 국한하여 실천하고 있다.

한편, 문제기반학습은 복잡한 현실적 문제를 종합적으로 지식과 기능 및 가치・태도를 동원하여 해결해나가는 과정이므로 프로젝트 수업의 가치와도 일치한다. 이에 '문제' 중심의 주제에서는 프로젝트 수업에서 문제기반학습 방법이 가장 많이 활용되고 있다. 이 때문에 문제기반학습(Problem Based Learning)과 프로젝트기반학습(Project Based Learning)을 혼용하여 사용하기도 한다(강인애 외, 2007). 그러나 문제기반학습 방법은 프로젝트 수업의 한 방법이지 동일한 것은 아니다.

① 문제정의

문제를 정확하게 정의하는 것이 중요하다. 이를 위해서 현재 상태와 희망 수준의 차이를 먼저 비교해야 한다. 그 간극이 크다면 이는 문제가 있는 것이다. 동시에 문제가 비교적 명확하게 드러나야 한다. 현실과 희망을 비교했기 때문이다. 그리고 문제는 문장의 형태로 진술하는 것이 가장 명확하다.

② 원인 확인하기

현실과 희망의 차이가 나타난 원인을 확인한다. 이때는 해결책을 생각할 필요가 없다. 일단 원인이라 생각되는 것은 모두 기술한다. 조그만 원인이라도 놓치지 않기 위함이다.

③ 대안 탐색하기

원인들의 경중을 평가한 뒤, 중요한 원인부터 해결할 수 있는 대안을 탐색한다. 탐색이라 함은 원인을 제거하거나 완화시킬 수 있는 대안인지, 실행 가능성이 있는 대안인지를 고려하여 찾아내는 것이다.

④ 대안의 시도와 수정 및 검토하기

모든 대안이 다 성공적으로 수행되기는 힘들다. 일단 대안의 수행을 준비하면서, 그리고 실천하면서 수정, 보완한다.

⑤ 대안 실행하기

최종적 실천적 대안이 준비되면 비로소 실행한다. 이미 수정, 보완을 했으므로 유효한 결과를 확인할 수 있을 것이다. 그럼에도 불구하고 여전히 문제가 생기면 이를 수정, 보완한다. 이러한 과정은 순환된다. 대안 실행의 결과가 새로운 현재 상태가 되며, 이는 희망 수준과 다시 비교를 하게 되고, 동일한 과정이 반복되면서 프로젝트가 진행된다.

### (2) 설정형 문제 해결을 위한 프로젝트 수업

설정형 문제는 현재의 원인에 초점이 있는 것이 아니고 새로운 생각, 물질, 제도 등을 만들어서 현재 상태의 차원을 업그레이드하는 개념이다. 따라서 고도의 창의성이 필요하다. 창의성을 발휘하는 문제해결로 가장 유명한 것은 Osborn의 창의적 문제 해결(Creative Problem Solving) 모형이다. 이 모형은 그 후 많은 사람들에 의해 수정, 보완되어 왔는데, 특히 6×2 CPS가 유명하다(Treffinger, Isaksen, Stead-dorval, 2005). 6단계의 절차를 거치는데 각 단계마다 창의성의 중요 특성인 확산적 사고와 수렴적 사고를 번갈아 활용하는 방식이다. 확산적 사고는 창의성을 자극하고, 그 생각을 다시 현실적으로 정리하는 과정을 반복하여 창의성과 현실 가능성을 동시에 추구한다(정문성, 2016).

| 확산적 사고 | | 절차 | | 수렴적 사고 |
|---|---|---|---|---|
| | ⇐ | 혼란한 상태 발견 | ⇒ | |
| | | ⇓ | | |
| | ⇐ | 데이터 발견 | ⇒ | |
| | | ⇓ | | |
| | ⇐ | 문제 발견 | ⇒ | |
| | | ⇓ | | |
| | ⇐ | 아이디어 발견 | ⇒ | |
| | | ⇓ | | |
| | ⇐ | 문제해결 발견 | ⇒ | |
| | | ⇓ | | |
| | ⇐ | 수용 발견 | ⇒ | |

**[그림 7-8]** CPS(6X2) 모형

자료: 정문성(2022). 토의·토론 수업방법 99. 파주: 교육과학사.

### ① 혼란한 상태 발견

아직 한국어가 서툰 중도입국 다문화가정 자녀가 전학 온 학급에서는 그렇지 않을 때와 어떤 차이가 있을까? 수업 중에 교사의 지시사항을 잘 알아듣지 못하고, 짝 토의를 시킬 때도 그 아이와 짝인 친구는 난처할 수도 있다. 이처럼 어떤 혼란한 상황들이 벌어질지 확산적 사고를 통해 상상해 보게 한다. 그런 뒤에 문제되는 상태들을 수렴적으로 정리해 본다.

### ② 데이터 발견

교사는 신문 기사 등 유사한 상태들에 관한 다양한 자료들을 보여준다. 그리고 그 자료들을 근거로 좀 더 다양한 상황들을 상상하게 해 본다. 그런 뒤에 자료들의 요점을 정리한다.

③ 문제 발견

앞서 살펴본 상태들을 문장으로 진술하게 한다. 이제 이들을 요약해서 한두 문장으로 정리하게 한다.

④ 아이디어 발견

문제가 진술되었으니 가능한 해결 방법들을 열거해 본다. 예컨대 중도입국 다문화가정 자녀가 다닐 특수학교를 설립한다거나 각 학교마다 이중언어 교실을 만들어 운영한다거나 등의 해결 방법을 열거해 본다. 다음으로 이들 해결 방법들을 요약 정리한다.

⑤ 문제 해결 발견

확산적 사고와 수렴적 사고를 통해 해결 방안들의 평가 기준을 만든다. 그리고 평가하여 최적의 대안을 결정한다. 평가 기준은 비용, 시간, 수용 가능성, 효과성 등 다양하게 제시할 수 있다.

⑥ 수용 발견

선정된 대안을 어떻게 실천할 것인지를 논의한다. 확산적 사고로 대안의 영향력의 범위를 최대화하는 방안과 수렴적 사고로 정교하게 작동할 수 있는 방안을 논의한다.

## 3) 프로젝트 수업에서 목표나무(Target Tree)를 활용한 교사의 역할

### (1) 교사의 역할

프로젝트 수업은 넓은 개념이어서 다양한 방법을 사용할 수 있다. 주제도 자발적이지만 표현하는 것도 개성적이기도 하다. 그렇기 때문에 프로젝트 수업을 위해 특별한 방법으로 절차를 제한하지 않는다. 다만 객관성이 보장되도록 문제 확인－대안개발－대안선정－실행 등의 절차는 밟아야 한다. 왜냐하면 그 과정이 납득되어야 하기 때문이다. 또한 그러한 과정을 거쳐야 실효적인 결과를 보여줄 수 있기 때문이다. 그렇다면, 개인별 또는 모둠별 프로젝트를 진행할 때, 자발성과 개성을 보장한 만큼 교사가 어디까지 개입하는 것이 옳을까?

첫째, 프로젝트 학습에 익숙하지 않은 학생들을 고려할 때, 내용과 구체적 절차는 자유를 주더라도 최소한 전체적인 학습의 절차를 통제할 필요가 있다. 즉 시간의 흐름을 고려하여 하나하나 절차에 따른 진행을 확인할 필요는 있다.

둘째, 학생들이 모든 자료에 접근할 자유는 주지만 반드시 점검해야 할 기본적 자료는 제공해주는 것이 안전하다. 아직은 학생들이 자료의 경중을 잘 판단하지 못하기 때문이다. 낯선 곳에서 길을 잃어서 의미 없이 시간을 낭비하는 것은 좋은 학습이라고 보기 힘들다.

셋째, 학생들이 아주 초보적 수준일 경우에는 전체 프로젝트의 일부만 학생들에게 위임하는 것도 한 방법이다. 그래서 성공한 경험을 가진 후에 또 다른 주제의 전체 프로젝트를 하게 하는 것이 좋다.

## (2) 목표나무의 활용

TOCfE(Theory of Constraints for Education)의 목표나무(Target Tree)는 프로젝트 수업을 할 때 교사가 활용하기 좋은 방법이어서 소개한다.

### ① 교육을 위한 제약이론

제약이론(Theory of Constraints)은 이스라엘의 Goldratt가 개발하여 경영학에서 널리 사용되는 방법인데, 이를 교육에 활용한 것이 교육을 위한 제약이론이다(고제석 역, 2006). 이는 기업운영에서 제약이 되는 부분을 찾아 이를 해결함으로써 개선하려는 방법으로 개발되었다. 교육에서도 마찬가지이다. 교육을 위한 제약이론에서는 [그림 7-9]의 세 가지 방법을 사용한다(최원준 역, 2020).

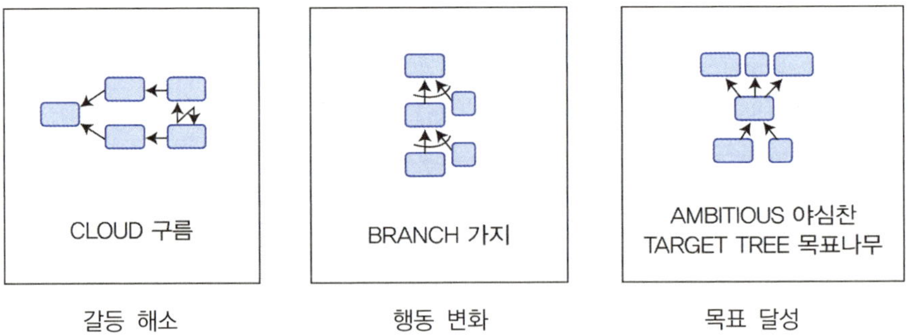


**[그림 7-9]** TOCfE의 세 가지 도구(자료: www.tocfekorea.org)

### ② 목표나무

목표 달성을 위해 체계적으로 계획하고, 목표와 현재 상태 사이의 상세한 중간 단계 행동 계획을 확인하는 방법이다. 즉 학생들이 자발적으로 프로젝트를 수행하지만 중간 단계를 확인함으로써 학생들이 제대로 프로젝트를 수행하고 있는지 확인하고 수정, 보완해줌으로써 목표 달성을 도와주는 방법이다. 여기에는 세 가지 절차가 있다.

첫째, 걸림돌과 디딤돌을 확인한다. 개인 프로젝트나 모둠 프로젝트나 과제를 해결하는 데 걸림돌이 되는 것이 무엇인지, 걸림돌을 해결하는 디딤돌이 무엇인지를 적어서 제출하게 한다. 이 과정에서 학생들은 프로젝트 진행을 위해 무엇을 해야 할지 점검하게 된다. 물론 교사는 학생이 제대로 걸림돌과 디딤돌을 찾아냈는지 확인하고 수정 및 조언해준다. 예를 들어 OO반은 베트남 출신 친구를 위해 '베트남 데이' 행사를 프로젝트하기로 했다. 이 프로젝트를 위한 걸림돌과 디딤돌은 〈표 7-2〉와 같다.

**〈표 7-2〉** 베트남 데이 행사

| 걸림돌 | 디딤돌 |
|---|---|
| 돈은? | 조금씩 모은다. |
| 시간이 없다. | 창의적 체험활동 시간 |
| 아이디어가 없다. | 토의한다. |
| 공간은? | 교실에서 한다. |
| 프로그램은? | 기획부가 준비한다. |
| 장식은 어떻게 하지? | 인터넷 찾아본다. |
| 퀴즈 기념품은? | 선생님이 준비한다. |

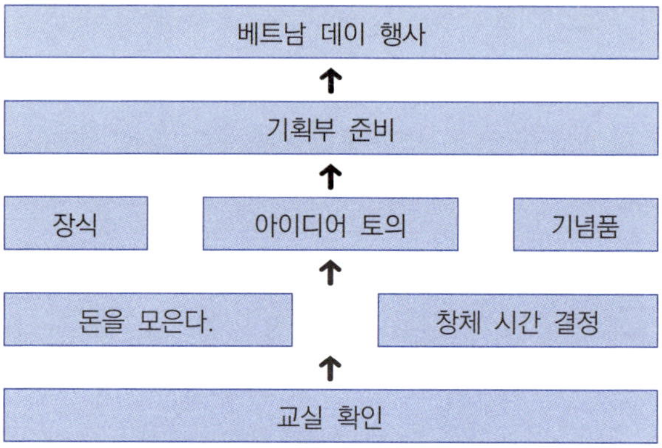


**[그림 7-10]** 베트남 데이 목표나무

둘째, 최종 확인한 디딤돌을 결정했다면 이것만 해결하면 목표가 달성된다. 이 디딤돌은 그런 의미에서 곧 중간목표가 된다. 교사는 학생에게 중간목표의 순서를 목표나무로 만들어 오라고 요구한다. 왜냐하면 일에는 순서가 있기 때문이다. 우선 할 것과 나중에 해야 할 것이 따로 있기 때문이다. 동시에 해야 하는 일은 동시에 제시해도 된다. 교사는 목표나무를 점검하고 순서가 제대로 되었는지 확인하고 수정 조언해 준다.

셋째, 중간목표의 구체적 실천방안을 만들어 오게 한다. 이제 일의 순서가 확정되었으니 구체적 계획이 필요하다. 여기에는 무엇을, 언제, 누가, 어디서 해야 할지 등이 구체적으로 적시되어야 한다. 그러면 이 실천방안에 따라 실천만 하면 프로젝트는 완성될 것이다. 학생들은 〈표 7-3〉의 활동지를 토의로 채우고 실천하면 된다.

〈표 7-3〉 베트남 데이 중간목표 계획

| 순서 | 디딤돌 | 활동 | 담당자 | 시기 |
|---|---|---|---|---|
| 1 | 공간 | 교실 확인 | 반장 | 1일 |
| 2 | 돈 모으기 | 돈을 모은다. | 총무 | 1~7일 |
| 3 | 시간 맞추기 | 창체 시간 확보 | 반장 | 1일 |
| 4 | 장식하기 | 인터넷 검색 | 미화부장 | 8일 |
| 5 | 아이디어 토의 | 토의한다 | 부반장 | 2일 |
| 6 | 기념품 | 부탁한다 | 선생님 | 3일 |
| 7 | 프로그램 | 프로그램 기획 | 기획부장 | 2일 |

이상의 과정은 교사의 통제하에 진행되지만 실제 내용은 학생들이 토의해서 스스로 결정한 자발적 수행이다. 프로젝트 수업은 학생들이 결정해야 할 일이 많은 수업이다. 그래서 익숙하지 않은 학생들에게는 어디서부터 시작해야 할지 매우 부담스러운 활동이기도 하다. 그러나 목표나무 방법을 이용하면 아주 쉽게 진행할 수 있다. 교사는 단지 세 가지 절차에서 표와 목표나무를 점검해주고 지도해주기만 하면 된다. 그에 따라 학생들이 실천만 하면 빈틈없이 목표를 달성할 수 있다. 학생들의 수준에 따라 표와 목표나무의 완성도를 조절할 수 있고, 저학년의 경우 표와 목표나무의 일부를 교사가 만들어 줄 수도 있다. 중간목표 담당도 일부 교사가 해주는 것이 좋고, 고학년으로 갈수록 학생들의 자율 범위를 확대해주면 된다.

**국제특급, 7번 열차**

이민자들이 타국에 이주하면서 느끼는 어려움 중에서 언어 다음으로 문화를 꼽는다. 음식은 물론 생활 방식이나 사고의 차이로 나타나는 충격, 오해, 부적응 문제가 크다. 그래서 문화적 공감대를 형성할 수 있는 동일 민족의 집단 거주지를 형성하며 문화적 감성을 공유한다. 아래 글에 나타난 7번 전철이 정차하는 역 주변은 본 교재 [그림 7-4]에 소개된 외국인 거주자 분포지와 그 형성 이유가 같다. 도심으로 출퇴근이 용이하면서 비교적 거주 비용이 낮은 곳으로 각 역마다 집중적으로 거주하는 민족공동체가 분포한다. 예를 들면, A역은 동유럽계, B역은 아프리카계, C역은 동남아시아계 등 같은 민족들이 모여 살고 있다. 그중에서도 다민족이 가장 많은 뉴욕 지역은 이민자들의 성향을 탐구·분석하고 그들의 삶과 역사, 다민족의 공존과 조화를 연구하는 데 주요한 정보를 제공해 준다. 프로젝트 수업으로 이러한 연구주제는 다문화 학생 자신뿐만 아니라 우리 사회의 다문화사회에 대한 심층적 이해와 열린 태도를 갖는 데 도움이 된다.

7번 열차는 맨해튼 타임스퀘어에서 퀸스의 한 동네인 플러싱까지 10km를 약 1시간 운행하는 동안 다양한 문화의 집, 업체를 지나간다. 잭 에이헨바움 씨는 뉴욕시 5개 독립구 가운데 하나인 퀸스에 평생 거주해 온 도시지리학자로 낮은 거주 비용과 국제공항인 케네디 공항과의 근접성 때문에 이민자 대다수가 퀸스 지역에 집중 거주하고 있으며, 뉴욕은 다양한 이유 때문에 많은 이민자들에게 매력적인 정착지가 된다고 말한다….(중략)

7번 열차의 '국제 여행' 가운데 가장 놀라운 점은 열차가 지나가는 다양한 문화의 수나 이 열차가 40만 명에 이르는 많은 수의 사람들을 수송한다는 사실이 아니라 열차 승객들 대부분 잘 어울린다는 사실이다. 인도인, 파키스탄인, 방글라데시인 등 모두가 길을 함께 오르내리며 물건을 사며, 이민자들이 자신의 모국에서는 증오했던 나라 사람들과 재빨리 어울리는 방법을 터득하는 것은 미국의 위대한 점 가운데 하나이다. 유럽이나 아시아에서 서로 전쟁 중이던 국가 사람들이 미국에서는 특별히 똑같은 종류의 물건을 원하면서 싸우지 않는 것은 주목할 일이다. 또한 많은 이민자들이 열차 역 주변에 정착한 후 지역을 위한 비즈니스 개발을 촉발시켰기 때문에 7번 열차 자체가 퀸스의 도시화에 공헌했다 할 수 있다.

2000년, 백악관은 미국 이민 경험의 상징으로 7번 열차를 공인하고 이를 '국립 밀레니엄 트레일(National Millennium Trail)'로 지정했다. '국립 밀레니엄 트레일'은 미국 건국 사적을 돌아보는 역사 산책 코스인 '자유의 길(Freedom Trail)'과 캐나다까지 이어지는 산행길인 '애팔래치아 트레일(Appalachian Trail)'과 더불어 미국 역사의 명백한 면모를 나타내 주는 16개 트레일 가운데 하나이다.

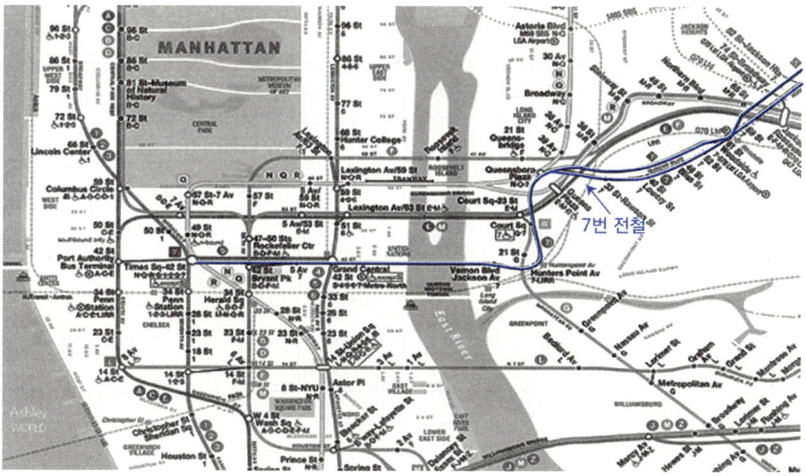


Voice of America

# 참 고 문 헌

강인애 · 정준환 · 정득년(2007). PBL의 실천적 이해. 서울: 문음사.

고제석 역(2006). TOCFE사고력 혁명. 서울: 동양문고.

기노쿠니어린이마을학원(편)(2014). 프로젝트로 꽃피는 자율교육. 서울: 우리교육.

사토 인이치(2007). 바로 해답을 찾아내는 문제해결의 기술. 서울: 새로운제안.

정문성(2022). 토의 · 토론 수업방법 99. 파주: 교육과학사.

주재홍 · 김영천(2014). 효과적인 다문화교육 실천을 위한 학교 교육과정 개발. 교육과정연구, 32(4), pp. 103-136.

최원준 역(2020). 내가 꿈꾸는 목표를 이루고 싶어. 서울: 학토재.

Bagulary, P. (2003). *Teams and team-working*. IL: MaGraw Hill.

Kilpatrick, W. H. (1918). The project method, *Teachers college record*, 14(4), pp. 319-335.

# 제8장 협동학습

## 1. 학습목표구조와 다문화 수업

### 1) 학습목표구조

#### (1) 개념

모든 수업에는 달성하고자 하는 목표가 있다. 그리고 학습목표를 달성하기 위해 교실에서 학습자들이 맺는 의존 관계구조는 세 가지밖에 없다(문용린, 1988). 〈표 8-1〉에서 보듯이 경쟁, 개별, 협동이 그것이다. 흔히 말하는 전통적 수업에서 나타나는 구조는 주로 개별학습목표구조와 경쟁학습구조이다.

〈표 8-1〉 상호의존성과 학습목표구조

| 상호의존성 이론 | 학습목표구조 이론 | 특징 |
|---|---|---|
| 부정적 상호의존 | 경쟁학습목표구조 | 타인이 실패해야 내가 성공하는 경우 |
| 무 상호의존 | 개별학습목표구조 | 타인의 성공 여부는 나와 관계없음 |
| 긍정적 상호의존 | 협동학습목표구조 | 타인이 성공해야 나도 성공함 |

교사가 어떻게 수업을 하든지 학습자는 이 세 가지 관계구조 속에서 학습을 한다. 그리고 이 세 가지 관계구조가 학업성취에 큰 영향을 미치는 것을 발견했다. 학습목표구조론자는 이 세 가지 관계구조 중에서 협동학습목표구조가 학업성취에 가장 효과적임을 보여주었다(Johnson, Johnson, & Stanne, 1999). 뿐만 아니라 역사적으로 유의미한 발견과 변화도 보여주었다.

자본주의사회였던 미국은 학교도 자본주의의 특징인 개인의 자유경쟁문화여야 한다고 생각했다. 그래서 학교수업도 경쟁학습목표구조 또는 개별학습목표구조(이후에는 줄여서 경쟁학습)여야 한다고 생각했다. 그 결과로 나타난 현상은 극소수의 승자와 대다수의 패자였다. 기업으로 비유하면 지속적인 대량의 불량품 생산이다. 이에 대한 반성으로 나타난 것이 개별학습의 강조이다. 학습 환경을 개인의 능력과 적성에 맞게 바꾸어주면 합격품이 나올 수 있다는 생각이었다. 개인의 다양한 능력을 맞춤형으로 개발해주자는 것인데 여기에는 많은 교육예산이 들어간다. 그러나 선진국의 경우에는 가능했으므로 1960년대 개별화 수업이 유행하였고, 이를 미국에서는 열린교육운동(open education movement)이라 불렀다. 한국에서도 1980년 후반부터 이러한 영향을 받아 개별화 수업이 유행했다. 그러나 곧바로 교실수업개선으로 방향을 전환하여 미국과 구별하여 열린교육운동(yeollin education movement) 또는 교실수업개선운동으로 불렀다. 개별학습은 10년도 되지 않아 심각한 문제가 드러났는데, 극단적 개인주의자 양산, 사회성 결핍, 학습흥미 반감, 학력저하 등이 그것이다. 학교에 가는 중요한 이유 중의 하나는 다양한 친구들과의 관계형성인데 학교에 와서 각자 자신의 개별학습지만 하고 가는 학교는 흥미로운 곳이 아니었다. 때문에 의식 있는 학부모들부터 학교에 보낼 이유를 발견하기 힘들게 되자 홈스쿨링(home schooling)이 유행하기 시작했다.

이에 1970년대 후반부터 이에 대한 반성과 대안이 나타났는데 학습목표구조론자들의 주장이었다(정문성, 2006). 첫째, 학습목표구조는 경쟁, 개별, 협동인데 우리 자본주의 사회생활의 대부분은 경쟁이나 개별이 아니라 협동이라는 사실을 확인했다. 우리는 로빈슨 크루소처럼 혼자 살지도 않거니와 대부분의 삶, 즉 가족과 사회(직장 또는 학교 등)에서 여러 사람이 협동하며 살고 있다는 것이다. 그러므로 학교는 협동에 대한 연습과 훈련이 필요한 것이다. 그래서 협동학습이 기본 학습목표구조가 되어야 한다는 주장이다. 둘째, 인류가 이렇게 발전한 것은 서로 협동했기 때문이고, 이는 사회의존성 이론에서 증명되었다는 것이다. 사회의존성 이론은 소집단을 주로 연구하는 사회심리학에서 나온 이론으로 소집단은 과제를 수행할 때 개별, 경쟁, 협동의 세 가지 상호의존방식으로 수행하며 협동에서 가장 큰 효과가 난다는 이론이다. 이를 학교수업에 적용하면 마찬가지라는 것이다. 그리고 많은 실험적 연구들이 이를 증명해주었다. 그러므로 학습목표구조론자들은 실질적 협동을 위한 많은 방법들을 개발하는 데에 주력하였다.

### (2) 협동학습목표구조의 특징과 의의

단지 모둠활동을 해서 협동학습의 효과가 나타나는 것은 아니고 실질적으로 적극적 협동이 일어나야 효과가 나타난다. 즉 다음의 특징이 나타나야 비로소 협동학습의 효과가 나타난다(정문성, 2006).

〈표 8-2〉 협동학습목표구조의 특징

| 특징 | 현상 |
|---|---|
| 높은 수업목표 인식도 | 수업목표를 항상 의식하고 있어야 학습에 집중한다. |
| 긍정적 상호의존성 | 모둠원이 서로 도와야 자신도 성공할 수 있다고 생각한다. |
| 개별적 책무성 | 모둠원 개인의 책임과 의무를 다해야 한다고 생각한다. |
| 대면적 상호작용 | 얼굴을 맞대고 활동을 해야 모둠 활동에 집중하고 팀워크가 생긴다. |
| 과제 분담 | 모둠원이 과제를 분담해서 책임을 갖게 하고 서로 돕게 한다. |
| 성공 기회 균등 | 능력과 적성에 관계없이 모둠의 성공에 기여할 기회가 균등해야 한다. |
| 모둠 단합 | 모둠이 단합하는 분위기가 보장되어야 한다. |
| 충분한 학습시간 | 모둠원이 마음껏 자신의 능력을 발휘할 시간이 주어져야 한다. |
| 모둠 목표와 모둠 보상 | 자기만의 성공이 아니라 항상 모둠의 성공을 의식한다. |
| 모둠 과정 강조 | 모둠활동의 과정이 잘 진행되어야 한다. |
| 이질적 모둠 구성 | 모둠원은 이질적으로 구성되어야 새로운 관점을 배운다. |
| 동시다발적 활동 | 모둠별 각각 활동이 일어나야 학습몰입이 가능하다. |

기존의 연구에서 밝힌 협동학습목표구조의 의의를 정리하면 다음과 같다.

첫째, 세 가지 학습목표구조에서 가장 학업성취효과가 크다. 그 이유는 〈표 8-3〉의 다섯 가지 이론으로 설명된다(정문성, 2006).

〈표 8-3〉 협동학습목표구조의 학업성취효과 원인

| 이론 | 원인 |
|---|---|
| 인지발달론 | 또래로부터 인지적, 정의적 자극을 받아야 인지발달 |
| 인지정교화론 | 가르치면서 배움, 또래의 설명이 더 쉬움 |
| 동기론 | 모둠 보상이 모둠원의 상호의존성을 높임 |
| 연습론 | 모둠활동은 연습하는 기회를 많이 제공 |
| 응집론 | 학생은 혼자보다 함께 공부하는 것을 더 좋아함 |

둘째, 많은 협동학습 모형 개발로 수업방법의 보물창고가 되었다. 구체적 절차와 절차에 따른 활동이 분명하기 때문에 교사도 쉽게 사용할 수 있고, 학습자도 쉽게 따라 할 수 있다.

셋째, 타인 배려 능력을 길러서 대인 관계 능력이 향상된다. 내가 성공하기 위해서는 타인을 배려하지 않을 수 없기 때문이다. 윈-윈 하는 지혜를 배운다.

넷째, 자기주도학습(self-directed learning) 능력이 향상된다. 원래 자기주도학습은 성인교육의 특징이다(정지웅 · 김지자, 1995). 아직 어린 학습자들에게 스스로 공부하기를 기대하기는 힘들다. 그러나 모둠과제의 부여는 모둠 나름의 독립적 학습계획과 수행을 요구하기 때문에 자기주도학습력과 자세를 훈련시키는 효과가 있다.

다섯째, 지적 모험기회가 확대된다. 전체 학급에서 창의적 의견을 내는 것은 모험이다. 많은 학생들의 반응에 대한 불안 때문이다. 성공의 기대보다 실패의 두려움이 더 큰 것이 보통이다. 그러나 소모둠 중심의 협동학습은 편안하게 엉뚱한 의견도 낼 수 있고, 이러한 분위기에서는 창의적 사고가 발현된다.

여섯째, 발표기회가 확대된다. 전체 학급에서 발표할 기회와 시간은 적다. 그러나 여러 개의 소모둠이 동시다발적으로 활동할 때는 그만큼 발표기회와 시간이 많다.

일곱째, 소모둠 활동은 신체 활동 기회가 많이 주어짐으로 신체가 발달하고 있는 청소년에게는 매우 자연스럽고 학습몰입도가 높아진다.

여덟째, 긍정적 자아개념을 갖게 한다. 서로 배려하는 소모둠에서 학습활동에 많이 참여한 학습자는 자신감과 긍정적 자아개념을 갖게 된다.

아홉째, 소속감을 심어주어 왕따가 없어진다. 긍정적 상호의존성이 특징인 협동학습에서 왕따는 불가능하다. 오히려 강한 소속감을 주기 때문에 또래지향적 청소년기에는 정서적 안정을 제공한다.

### 2) 다문화교육과 협동학습의 관계

협동학습은 인간 존엄, 자유, 평등을 강조하는 민주주의 이념과 밀접하다. 게다가 학습공동체성이 있어서 복지주의와도 밀접한 관계가 있다. 이는 자연스럽게 다문화교육의 이념과도 접할 수 있다. 좀 더 구체적으로는 다음의 다섯 가지 특징이 다문화교육에서 협동학습을 적극 활용할 필요가 있음을 보여준다.

#### (1) 교실의 민주화

협동학습은 모둠원의 성취기회 균등을 강조한다. 능력과 적성에 관계없이 모둠에 기여할 기회를 균등하게 주도록 하는 것은 교실의 민주화이자, 다문화교육의 핵심가치이다. 차별이 아니라 차이이며, 이 차이는 우리 사회를 풍성하게 하는 동력이 될 수도 있기 때문이다. 성취기회를 균등하게 주는 것도 이 때문이다. 이는 배려이기도 하지만 사회발전의 기본적 조건이기도 하다. 사회 구성원을 생산적 시민으로 만드는 것이 궁극적으로 도움이 되기 때문이다.

### (2) 학습공동체 활용

협동학습은 학습공동체를 강조한다. 이는 자신의 학습에 최선을 다할 뿐 아니라 동료의 학습에도 도움을 주어 학습에 대한 사회적 책임을 강조한다는 뜻이다. 동료가 못하는 것은 그 동료의 탓이 아니라 도와주지 못한 나의 탓도 되는 것이다. 어시스트를 했는데 동료가 골을 성공시키지 못한 것은 동료의 탓이 아니라 내가 어시스트를 좀 더 좋게 하지 못했기 때문이라고 생각한다면, 또 모든 구성원이 그런 식으로 생각한다면 그 팀은 최강 팀으로 발전할 수 있을 것이다. 다문화로 구성된 학습공동체는 이질적 특성 때문에 동료의 학습에 책임지는 자세가 더해지면서 더 많은 것을 서로 배울 수 있다.

### (3) 학습자의 학습자료원

협동학습은 학습자 개인을 학습자료원으로 활용한다. 이를 통해 교사 혼자 수업을 이끄는 전통적 방식에서는 얻을 수 없는 풍부한 아이디어를 얻을 수 있다. 특히 다문화사회 구성원이라면 더욱 풍요로운 학습 자료를 구성원에게서 얻을 수 있다.

### (4) 구성원의 재능 발굴

협동학습은 소모둠으로 진행되기 때문에 학습자 개인의 아이디어 개발, 재능의 발휘 기회가 많이 보장된다. 학습자들은 아직 잠재력이 많기 때문에 스스로도 자신의 재능을 가늠하지 못한다. 소모둠 활동으로 학습자의 활동 가능성이 많아지면 그만큼 자신을 시험할 기회가 많아지고 그 가운데 자신의 능력을 알게 되고 연습해보는 기회를 많이 갖게 된다. 다문화 구성원이라면 각자의 특성과 재능을 보여줄 기회를 마음껏 가질 수 있다.

### (5) 이질적 구성

협동학습은 이질적 구성을 강조한다. 친숙하거나 비슷한 구성원끼리는 새로운 아이디어를 얻거나 자극받기가 어렵기 때문이다. 모둠구성원이 이질적이면 좀 더 긴장하게 되고, 좀 더 다양한 지식과 정서를 경험하게 된다. 이것이 시너지 효과로 승화되면 동질적 구성보다 훨씬 의미 있는 경험을 하게 되며, 이질적인 것이 방해되기보다는 긍정적 동력이 된다. 그러므로 다문화 수업에서 더욱 강조될 필요가 있다.

## 2. 협동학습방법의 특징

### 1) 용어의 정리

수업은 교수·학습이라고도 한다. 가르침과 배움의 과정이 함께 있기 때문이다. 그런데 방법을 말할 때는 교수자의 입장에서 교수법, 학습자의 입장에서는 학습법이라는 용어를 사용한다. 전자는 가르치는 방법을, 후자는 배우는 방법을 강조하기 때문이다. 협동수업이라고 하지 않고 협동학습이라고 하는 것은 수업이기는 한데 협동이 학습자들 사이에서 일어나기 때문이다. 협동수업이라고 하면 교수자와 학습자의 협동 또는 팀티칭으로 오해할 소지가 있기 때문이다.

수업방법에 관해서도 개념의 혼란이 있다. 방법(method)이란 목표 달성을 위한 수단으로 보통명사로 사용된다. 그러므로 방법은 매우 넓은 개념이다. 좁은 의미의 수업방법은 수업모형(model)을 말한다. 모형이란 일정한 절차가 정해져있고, 각 절차마다 해야 할 활동이 정해져서 하나의 틀을 이루고 있는 것을 말한다. 수업구조 또는 학습구조라는 말도 사용하는데, 이때 구조는 수업목표를 달성하기 위한 학습자들 사이의 관계를 의미한다. 그 관계구조는 경쟁, 협동, 개별의 세 가지이다. 수업기술(skill or technique)이라는 용어도 사용한다. 수업기술은 정해져 있기보다는 교사 개인의 노하우라고 할 수 있다. 즉 수업을 진행하면서 설명하거나 학생들을 다루거나 교재를 만들고 다루는 방법을 뜻한다.

### 2) 협동학습모형의 두 가지 차원과 다섯 가지 전략

협동학습의 성패는 어떻게 학습자들을 적극적으로 협동하게 만드는가에 달려있다. 학습자가 협동하지 않으면 안 되는 구조를 만들어야 한다. 단순히 학습자들에게 협동하라고 격려하거나 독려한다고 협동이 이루어지지 않기 때문이다. 학습자를 강제로 또는 구조적으로 협동시키기 위한 두 가지의 차원과 다섯 가지 전략을 사용한다. [그림 8-1]에서처럼 두 가지 차원이란 목표와 수단이다.

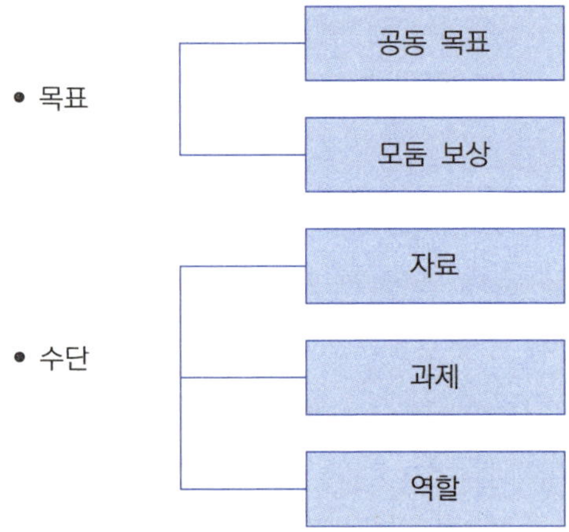


[그림 8-1] 협동학습의 두 가지 차원과 다섯 가지 전략

목표 차원에서 전략은 공동 목표와 모둠 보상이다. 모둠에 공동 목표가 있다면 구성원은 협동하지 않을 수 없다. 예를 들어 축구선수 11명은 시합에서 승리하려는 공동 목표가 있다. 그래서 각자의 위치에서 최선을 다해서 수비와 공격을 한다. 또한 모둠 보상이 있을 때도 마찬가지이다. 개인 보상만 있다면 모둠을 위해 개인을 희생하지 않을 것이다. 교수자가 모둠 보상을 준다고 하면 협동학습이 잘 나타난다.

수단 차원에서는 자료, 과제, 역할 등 세 가지 전략을 사용한다. 과제의 자료를 구성원 모두에게 주지 않고 부분으로 나누어준다면 다른 동료의 도움을 받지 않을 수 없다. 인도차이나 반도의 인구 규모를 조사하라는 과제를 주면서 6개국의 자료를 구성원 6명에게 한 국가씩 나누어준다면 동료들의 도움을 받지 않고는 과제를 수행할 수 없기 때문에, 협동은 저절로 일어난다. 과제 분담도 마찬가지이다. 구성원 6명에게 인도차이나 반도에서 하나의 국가를 배정하여 인구, GDP, 종교, 정치체제를 조사하는 과제를 낸다면 구성원은 각각 맡은 국가에 대해 조사해 와서 모두 합쳐서 모둠 과제를 제출해야 하는데 이때에도 협동이 일어날 수밖에 없다. 역할부여로 협동을 유도할 수도 있다. 네 명의 구성원에게 이끔이, 기록이, 부름이, 칭찬이의 역할을 맡긴다고 하자. 교수자가 "각 모둠의 부름이는 학습지를 가져가세요."라고 한다면 각 모둠의 부름이가 나와서 학습지를 가져가서 동료들에게 나누어줄 것이다. 다시 말하면 부름이가 없다면 수업이 진행되지 않을 것이다. 역할은 교수자가 수업활동에 맞게 적절히 배분하면 된다. 다만 맡은 역할을 분명히 하도록 여러 번의 지시를 해야 한다. 그래야 자신의 역할이 무엇인지 역할 정체성과 역할 리더십을 갖게 된다. 아울러 각 역할 맡은 동료를 존중하고 협조하게 한다.

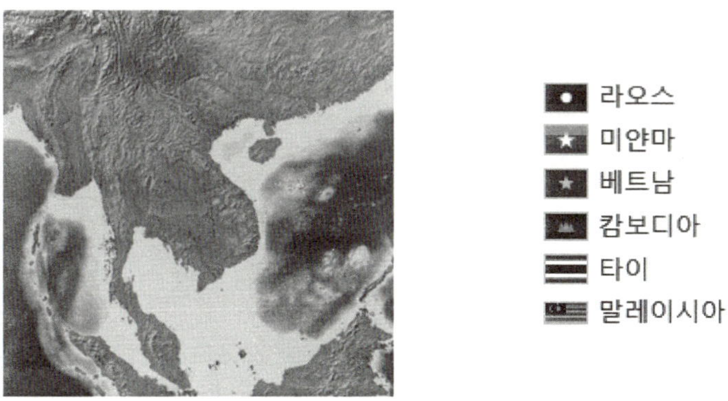


[그림 8-2] 인도차이나 반도의 국가들

## 3. 협동학습의 종류

두 개 차원의 다섯 개 전략으로 다양한 협동학습모형이 개발되었다. 워낙 다양한 협동학습모형이 개발되었으나 학교현장에 가장 많이 사용되는 것은 Kagan의 구조중심 모형이다.

Johnson과 Johnson(1999)은 〈표 8－4〉와 같이 가장 유명한 10대 협동학습모형을 선정한 바 있다. 한국의 협동학습 보급에 앞장섰던 정문성(2006)은 협동학습을 구조화하는 방식을 기준으로 과제중심, 보상중심, 구조중심 협동학습으로 분류한 바 있다.

〈표 8-4〉 현대의 10대 협동학습 모형

| 개발자 | 개발시기 | 모형 |
|---|---|---|
| Johnson & Johnson | 1960년대 중반 | Learning Together & Alone(LT) |
| DeVries & Edwards | 1970년대 초반 | Teams-Games-Tournaments(TGT) |
| Sharan & Sharan | 1970년대 중반 | Group Investigation(GI) |
| Johnson & Johnson | 1970년대 중반 | Constructive Controversy(CC) |
| Aronson | 1970년대 후반 | Jigsaw Procedure |
| Slavin | 1970년대 후반 | Student Teams Achievement Divisions(STAD) |
| Cohen | 1980년대 초반 | Complex Instruction(CI) |
| Slavin | 1980년대 초반 | Team Accelerated Instruction(TAI) |
| Kagan | 1980년대 중반 | Cooperative Learning Structures(CS) |
| Stevens & Slavin | 1980년대 후반 | Cooperative Integrated Reading & Composition (CIRC) |

자료: 정문성(2006). 협동학습의 이해와 실천. 서울: 교육과학사

### 1) 과제중심 협동학습

과제중심 협동학습은 과제를 분담하는 방식으로 협동학습을 유도하는 방법이다. 대표적인 것이 Aronson 외(1978)의 지그소 모형이다. 지그소(Jigsaw)란 판자 등을 곡선으로 자르는 톱을 의미하는데 작은 조각으로 만든 지그소 퍼즐은 우리가 흔히 볼 수 있는 장난감이다. 마치 수업방법이 지그소 퍼즐과 같다고 해서 붙인 이름이다. [그림 8-3]처럼 지그소는 세 가지 절차와 활동으로 구성되어 있다. 1단계는 원래 모둠이 모여서 과제를 분담한다. 물론 교수자는 모둠별로 과제 분담표를 주어야 한다. 2단계는 전문가모둠으로 모여서 학습을 한다. 전문가란 각 모둠에서 특정 과제를 분담받은 구성원을 말한다. A라는 동일한 과제를 맡은 구성원들끼리 따로 모여서 함께 전문과제를 해결한다. 3단계에서는 다시 원래 모둠으로 돌아가 전문가모둠에서 해결한 과제를 동료들에게 돌아가면서 가르쳐준다.

이 지그소는 과제분담으로 협동을 유발하기는 하지만 특정 과제를 맡은 학습자가 제대로 과제를 해결해 와서 동료들에게 잘 가르치지 못하면 나머지 동료들이 피해를 입는다. 또 구성원 간에 갈등이 생길 수도 있다. 아울러 그냥 동료교수로 수업이 끝나버리면 제대로 학습을 했는지 확인할 수도 없고, 그냥 이해하지 못한 채 넘어갈 수도 있다. 그래서 이를 보완한 것이 지그소Ⅱ이다(Slavin, 1990).

지그소Ⅱ는 오리지날 지그소의 세 가지 절차 후에 다음에 설명할 STAD의 보상방법을 추가한 것이다. 즉 보상을 통해 학습자들이 더욱 과제분담을 잘 하도록 격려하기 위함이다. 그러나 지그소Ⅱ는 3단계 직후 평가를 하기 때문에 학습자들이 충분히 준비하지 못한 채 평가를 받아야 하는 불편함이 있었다. 이에 충분한 시간을 제공하고 평가하는 지그소Ⅲ가 만들어졌다.

<table>
<tr><td rowspan="6">JIGSAWⅢ</td><td rowspan="3">JIGSAWⅡ*</td><td rowspan="3">JIGSAW</td><td>1단계</td><td>원래 모둠(Home Team): 과제분담 활동</td></tr>
<tr><td>2단계</td><td>전문가 모둠(Expert Team): 전문가 활동</td></tr>
<tr><td>3단계</td><td>원래 모둠(Home Team): 동료교수 및 질문 응답</td></tr>
<tr><td rowspan="3" colspan="2"></td><td>4단계</td><td>일정 기간 경과</td></tr>
<tr><td>5단계</td><td>원래 모둠: 퀴즈대비 공부</td></tr>
<tr><td>6단계</td><td>퀴즈(STAD평가방법 사용)</td></tr>
</table>

* 3단계가 끝나면 STAD평가로 퀴즈

**[그림 8-3]** JIGSAW, JIGSAWⅡ, JIGSAWⅢ 모형의 차이

## 2) 보상중심 협동학습

보상중심 협동학습은 수업의 절차보다는 보상방식을 통해 학습자들을 협동하게 만드는 방법이다. 보상을 위한 평가는 협동을 잘 해야 점수를 얻는 방식이다. 여기서는 두 가지 모형을 소개한다.

### (1) Slavin의 모둠성취분담모형(STAD: Student Teams-Achievement Divisions)

이 모형은 수업 후 향상점수제를 활용하여 구성원 능력의 차이와 관계없이 모둠에 기여할 성공기회를 주는 것이 특징이다(Slavin, 1978). 여기서 향상점수란 자신의 과거점수에서 얼마나 향상이 되었느냐로 모둠에 기여할 점수를 배점한다. 구성원 간의 능력의 차이가 아니라 과거와 현재의 자신의

능력이 평가의 대상이므로 구성원은 서로가 잘 하도록 도와주고 격려하는 협동학습분위기를 유도한다. 대개 다음의 절차로 진행된다. 향상점수 계산 사례는 〈표 8-5〉와 같다. 향상점수는 교사가 적절히 주면 된다.

① 교사의 수업 안내
② 모둠별 학습
③ 퀴즈 평가
④ 향상점수 산출
⑤ 모둠 점수의 게시와 보상

**〈표 8-5〉** 향상점수 계산례

| 퀴 즈 점 수 | 향상 점수 |
|---|---|
| • 기본 점수에서 10점 이상 하락 | 0 |
| • 기본 점수에서 1~10점 미만 하락 | 10 |
| • 기본 점수에서 동점 또는 10점 미만 상승 | 20 |
| • 기본 점수에서 10점 이상 상승 | 30 |
| • 만점 | 30 |

| 점수 \ 모둠구성원 | | A | B | C | D | 향상점수 총점 | 모둠 점수 |
|---|---|---|---|---|---|---|---|
| 1회 | A 기본점수 | 80 | 60 | 60 | 50 | 80 | 20 |
| | B 퀴즈점수 | 70 | 70 | 80 | 50 | | |
| | B-A | −10 | +10 | +20 | 0 | | |
| | 향상점수 | 0 | 30 | 30 | 20 | | |

### (2) DeVries와 Edwards의 TGT모형

이 방법 역시 구성원 능력의 차이와 관계없이 모둠에 기여할 성공기회를 주는 방식의 평가를 사용한다(Priest & Stahl, 1994). 이를 위해 수업 후 체급(능력)별 퀴즈게임을 통해 모둠에 기여할 성공기회를 균등하게 준다. 체급별 씨름처럼 한 모둠을 능력(체중)에 따라 1,2,3,4번 타자를 정한다. 그런 다음 각 모둠의 같은 번호끼리 모여 퀴즈시합을 한다. 즉 체급별로 시합을 하므로 모둠 내에서 능력대로 점수를 얻어오는 것이 아니라 비슷한 능력의 다른 모둠 구성원과 시합을 해서 점수를 얻어 오는 것이다. 절차는 다음과 같다.

① 가위, 바위, 보로 선을 결정
② 아무 카드나 뒤집어 선이 먼저 문제의 답을 말함
③ 오른쪽으로 앞서 말한 답과 같은 생각이면 '통과', 다르면 '찬스' 하면서 다른 답을 말함
④ 정답을 확인하여, 맞은 사람은 1점, 틀린 사람은 1점 감점을 함
⑤ 오른쪽 사람이 선이 되어 다른 문제를 품
⑥ 같은 방식으로 문제를 모두 품

준비물: 문제카드 16장 정도(퀴즈에 참여한 사람 수의 배수만큼 준비, 정답지 1장, 토너먼트 점수 기록표)

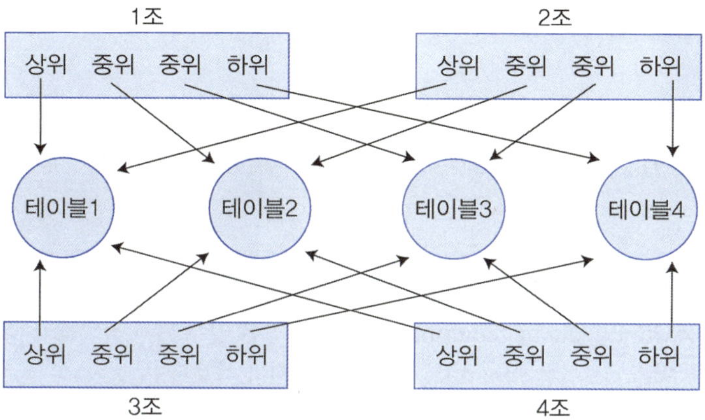


[그림 8-4] TGT 능력별 퀴즈 시합 개념도

### 3) 구조중심 협동학습

구조중심 협동학습은 기존의 협동학습모형이 너무 긴 절차여서 학습자들이 중간에 길을 잃는 경우가 많았고, 처음엔 신기성 효과로 흥미롭게 수업을 했으나 금방 지루해지는 현상이 있었다. 이에 Kagan은 무리하게 협동학습구조 시간을 늘리지 말고 5~10분 정도의 간단한 협동학습구조를 만들어 사용할 것을 주장하였다. 그래서 매우 간단한 절차의 협동학습모형을 많이 개발하였는데, 이를 '구조'라고 명명하였다. 그래서 구조중심 협동학습이라고 한다. 물론 구조란 수업목표를 달성하기 위한 학습자 사이의 관계구조를 말하는 것이지만, Kagan은 이 '구조'라는 용어를 상품화하였다.

### (1) Kagan 협동학습의 4가지 특징

Kagan(2009)이 전술한 협동학습에 여러 가지 특징이 있었지만, 그중에서도 다음의 4가지를 강조하고 이에 충실한 협동학습모형을 개발하였다.

> 긍정적 상호의존(Positive Interdependence) - "네가 잘되어야, 나도 잘된다."
> 개인적 책임(Individual Accountbility) - "내가 맡은 일은 내가 잘할게"
> 동등한 참여(Equal Participation) - "참여의 기회가 똑같다"
> 동시다발적 상호작용(Simultaneous Interaction) - "같은 시간에 여기저기서"

### (2) 구조의 개념

Kagan의 구조는 절차와 절차에 따른 활동으로 구성된 완성품을 말한다. [그림 8-5]의 구조에 배울 학습내용을 넣으면 학습 활동이 된다.

| 구조(structure) + 내용(content) = 학습 활동(activity) |
|---|

**[그림 8-5]** 구조의 개념

### (3) 구조중심 협동학습의 사례

구조중심 협동학습은 두세 단계의 간단한 절차와 간단한 활동으로 학습자가 쉽게 협동하도록 구조화한 것이 특징이다. 그러므로 교수자는 기본 수업 방법을 크게 바꾸지 않고 5~10분 정도의 적용으로 수업을 크게 개선할 수 있다는 장점이 있다. 몇 가지 예를 들면 다음과 같다.

〈창문 만들기〉

(1) 네 명으로 한 모둠을 만들고 다음과 같은 창문 학습지를 한 장 나누어 준다.

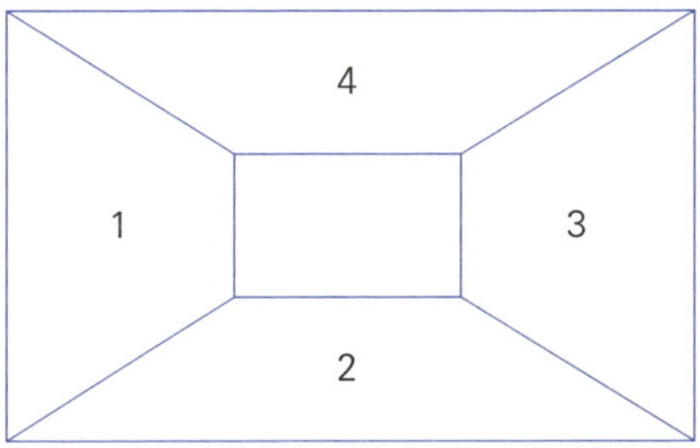


(2) 주제를 주면 학생들은 자신의 창에 자신에게 해당되는 내용을 적고, 설명한다.
(3) 중간 창에는 두 사람 이상의 공통되는 내용을 적는다.
(4) 중간 창에 적힌 내용으로 모둠의 의견을 모은다.
- 의미: 마음껏 각자의 의견을 말할 수 있어서 다양한 의견이 나오고, 그중에 공통의 의견을 모을 수 있다.

〈모둠 짝 나누기〉

(1) 두 사람이 한 모둠이 된다.
(2) 왼쪽 학생이 오른쪽 학생에게 자신의 의견을 발표한다.

(3) 오른쪽 학생은 메모하면서 듣는다.

(4) 오른쪽 학생들이 왼쪽 학생들의 의견을 정리해서 발표한다.

- 의미: 한 사람은 의견을 말할 기회를, 다른 사람은 경청의 기회를 갖는다. 경청한 것을 정리해서 발표할 때 고급 사고를 사용하는 경험을 갖는다. 열심히 잘 들어야 하고, 자기의 표현으로 발표할 수 있다. 또 발표한 사람은 친구를 통해 많은 피드백을 받을 수 있다. 두 사람이 100% 학습에 참여하는 기회를 얻는다.

〈둘 가고 둘 남기〉

(1) 교사는 과제를 제시하고, 개인별 과제를 완수하게 한다.

(2) 모둠별로 의견을 모은다.

(3) 두 사람은 이웃 모둠에 가서 정보를 얻어온다.

(4) 남은 두 사람은 이웃 모둠에서 온 사람에게 우리 모둠 내용을 가르쳐 준다.

(5) 같은 방향으로 한 번 더 같은 활동을 한다.

(6) 자신의 모둠으로 돌아와 과제를 완성한다.

- 의미: 모둠 내에서 다양한 의견을 모을 수 있지만, 동시에 다른 모둠으로부터도 정보를 얻을 수 있다. 즉 모둠활동을 통해 학급 전체가 협동하는 기회를 갖는다. 또한 자신의 모둠 것을 설명해주면서 발표의 기회를, 다른 모둠에서는 경청의 경험을 갖는다.

### 브룩우드 파크 스쿨(Brockwood Park School)과 협동학습

사회적 상호작용을 통해 학습하게 하는 협동학습은 소통이 중요한 다문화사회에서 매우 적합한 교수 방법이다. 일찍이 영국의 교육학자이자 철학자인 지두 크리슈나무르티(J. Krishnamurti)는 영국 햄프셔(Hampshire) 지역 교외에 협동학습을 표방한 소규모 기숙학교(Boarding School)인 브룩우드 파크 스쿨(Brockwood Park School)을 설립했다. 14세 이상 입학할 수 있으며, 학생 수는 65명이었지만 세계 25개국 출신의 다양한 국적, 인종과 언어가 혼재하였다. 그러므로 어느 한 문화의 가치나 전통만을 고집하지 않고 이를 고루 표현하고 받아들이는 학풍이 발전하였다. 교육과정이 유연성 있고 유동적이며, 지식교육보다 예체능 교과를 강조하고 창의력, 책임감, 협동심 등 다양한 능력을 배양하도록 하였다. 지필 평가의 최소화, 활동과 보고서 등 평가의 다변화를 추구하면서 다문화공동체를 이루었다 하겠다. 정체성을 형성하는 과정 및 친구, 공동체, 사회 내로 확산시키는 과정을 강조하며 나는 누구이며, 이 사회 안에서 나의 행동은 어떠한 의미를 갖는가?에 대한 끊임없는 성찰과 경험을 쌓게 하고 교사와 함께 학생이 학습 계획과 프로그램 편성을 가능하도록 한 열린 공동체이기도 하다.

> We are learning together. That is real co-operation, that is real community. That demands natural affection, care, attention.
>
> Education in the true sense is helping the individual to be mature and free, to flower greatly in love and goodness. That is what we should be interested in, and not in shaping the child according to some idealistic pattern.
>
> \- J. Krishnamurti -

# 참고문헌

문용린(1988). 학교학습이론의 한계와 새로운 동향. 한국교육, 15(2), 113-129.

정지웅 · 김지자(1995). 자기주도학습의 길잡이. 서울: 교육과학사.

Aronson et al. (1978). *The jigsaw classroom*. CA: Sage Publication, Inc.

Johnson, D. W., Johnson, R. T., & Stanne, M. B. (1999). *Cooperative learning method: A meta-analysis*. MI: University of Minnesota.

Kagan, S. & Kagan, M. (2009). *Kagan cooperative learning*. CA: Kagan Publishing.

Priest, Q. G. & Stahl, R. J. (1994). Teams-games-tournament: applications to the social studies classroom In *Cooperative Learning in Social Studies: A Handbook for Teachers*, edited by R. J. Stahl, New York: Addison-Wesley Publishing Company, 189-211.

Slavin, R. E. (1978). Student teams and achievement divisions. *Journal of Research and Development in Education*, 12, 39-49.

Slavin, R. E. (1990). *Cooperative learning theory, research, and practice*. MA: Allyn & Bacon.

# 제9장 미디어 활용 수업

## 1. 미디어 활용 수업의 목적과 특징

### 1) 교수미디어(instructional media)의 개념과 활용의 목적

미디어(media)란 라틴어 medius에서 유래한 것으로 무엇과 무엇의 사이를 말한다. 즉 의사소통에서 송신자(sender)와 수신자(receiver) 사이를 연결하는 정보 전달 수단이라는 뜻이다. 미디어 교육은 두 가지로 나눈다. 미디어 자체 교육과 미디어 활용 교육이다. 최근 미디어 자체 교육이 강조되는 이유는 정보 통신 기술의 급속한 발달로 소수가 생산하고 다수가 소비하던 미디어 독점시대가 가고, 미디어가 대중에게 공유되면서 생산과 소비가 쌍방향으로 이루어지는 1인 미디어 시대가 되었기 때문이다. 그래서 아예 교육이라는 표현보다는 소통언어로서 미디어 리터러시가 강조되고 있다(정현선, 2006). 후자의 경우는 미디어를 교육의 수단으로 보는 입장이기 때문에 미디어 환경을 잘 활용하여 교육에 응용하는 범위에서 제한되어 있다. 예를 들면 금속활자의 발명으로 인쇄 미디어가 오랫동안 교육에 활용대상이 되었고, TV 등 영상 미디어의 발달로 동영상이 활용되었다면 오늘날 인터넷과 1인 미디어 시대에는 복합양식(multimodel) 미디어가 교육적 활용의 대상이 되었다. 여기서는 후자의 미디어 활용 수업을 다루기로 한다.

교수미디어란 수업목표를 효율적으로 달성하도록 도와주는 다양한 미디어를 총괄하여 이르는 말이다. 오늘날 미디어 환경이 급속히 발전하였으므로 문자, 소리, 이미지, 영상 등 모든 소통의 도구가 교육적 활용의 대상인 미디어라고 볼 수 있다. 2015 개정 교육과정에서 핵심역량의 하나로 강조한 '지식정보처리역량'에 미디어 활용도 포함되어 있다고 할 것이다. 이러한 미디어를 활용하여 수업을 하는 목적은 수업효과를 극대화시키는 데에 있다.

## 2) 교수미디어의 특징과 장점

### (1) 특징

교수미디어는 교사와 학생, 학생 간 의사소통을 연결하는 수단이지만 이 수단이 수업의 전반에 중요한 영향을 미치기도 한다. 때로는 수단인 미디어가 주인공이 되어 목적과 수단이 전치되는 현상도 발견된다. 특히 과학기술의 눈부신 발달로 미디어 역시 눈부신 발달을 하고 있다. 예를 들어 컴퓨터와 인터넷의 발달은 이전의 수업과는 비교할 수 없을 정도로 교실의 모습을 바꾸어 놓았다. 디지털교과서의 등장처럼 콘텐츠와 미디어가 결합되어 미디어의 개념마저 불분명해지고 있다. 오늘날 다양한 교수미디어가 수업에서 사용되지만 미디어가 갖는 특징은 다음과 같이 정리할 수 있다.

첫째, 기술적 특징으로 미디어를 구성하는 재료 및 기기에 따라 정보 전달에 영향을 준다. 기술이 발달할수록 첨단 재료와 기기들이 새롭게 등장하고, 이들은 교수미디어의 모습으로 교실수업에 활용된다. 특히 미디어가 인터넷과 결합함으로써 더욱 그 역할이 중대해지고 있다.

둘째, 내용적 특징으로 미디어가 어떤 내용을 담고 있는지가 수업에 영향을 준다. 인쇄 미디어에 담을 수 있는 정보와 영상 미디어에 담을 수 있는 정보가 다르고, 형태도 다르기 때문에 수업방법에 영향을 준다.

셋째, 상황적 특징으로 미디어를 활용할 수 있는 교실의 환경이 영향을 준다. 최근에는 많은 교실이 정보 통신 기술을 활용할 수 있는 공간으로 바뀌었지만 아직 그렇지 못한 교실도 많다. 또 빔 프로젝트가 설치된 교실과 대형 모니터만 설치된 교실도 있고, 그런 설비가 없는 곳도 있다. 학생 수가 많아서 미디어를 사용하기에 부담스러운 교실도 있다. 이처럼 교실의 환경이 미디어를 이용하는 데 영향을 준다.

넷째, 상징적 특징으로 내용을 전달하는 상징들이 다르기 때문에 영향을 준다. 예를 들어 문자, 음성, 영상, 기호 등 다양한 상징의 전달이 가능하다.

다섯째, 상호작용적 특징으로 쌍방향의 전달 가능 여부가 영향을 준다. 과거 미디어는 주로 교사와 학생 사이의 전달 위주였지만 최근에는 정보 통신 기술의 발달로 학생들 사이에도 쌍방향의 소통이 가능해졌다. 미디어가 이를 가능하게 하는지가 영향을 미친다.

### (2) 장점

교수미디어가 수업목표 달성에 주는 장점은 많다.

첫째, 수업이 표준화될 수 있다. 동일한 수업목표를 가지고 있더라도 교사에 따라 수업의 모습은 다르다. 또한 한 교사가 동일한 수업을 여러 학급에서 하더라도 그때마다 모습은 달라진다. 그러나 동일한 교수미디어를 사용하면 일정하게 변하지 않는 부분이 있어서 훨씬 표준화된 수업을 할 수 있다.

둘째, 수업을 흥미롭게 할 수 있다. 미디어가 가지는 신기성과 입체성 등이 학생들의 시선을 집중시키고, 미디어 자체에 대한 호기심 때문에 수업에 흥미를 느낀다. 특히 그 어느 때보다 일상생활에서 미디어를 소통의 도구로 체험하는 시간이 길기 때문에 익숙한 학습도구가 될 수 있다.

셋째, 교사와 학생, 학생과 학생의 상호작용을 자극한다. 교수미디어는 의사소통의 효율성을 위해 사용된다. 그만큼 교사와 학생, 학생과 학생 간의 의사소통이 많아지고 상호작용이 늘어난다.

넷째, 수업시간을 효율적으로 사용하게 해 준다. 교수미디어는 학습 자료를 검색하거나 모둠활동을 할 때 의사소통을 하는 데에 시간과 공간을 뛰어넘어 효율을 극대화하게 해 준다. 이전에는 상상하지도 못할 다양하고 많은 양의 자료를 단시간에 구하고 활용할 수 있다. 과거에 흔히 경험했던 마냥 기다리거나 의미 없이 보내는 시간을 줄여서 수업시간의 효율을 높여준다.

다섯째, 장소의 제한을 극복할 수 있다. 교실 안에서 지구 반대편의 모습을 볼 수도 있고, 생물시간에 핸드폰을 들고 학교 정원에 가서 사진을 찍으면서 생물공부를 할 수도 있다.

여섯째, 수업에 대해 긍정적인 태도를 갖게 한다. 이제 수업에서 못할 것이 없는 시대가 되었다. 수업시간에 할 수 있는 일들의 가능성이 높아졌기 때문에 수업이 참아야 될 고통의 시간이라는 생각은 사라지고 있다.

일곱째, 교사의 교수활동이 다양해진다. 미디어가 없었으면 하지 못할 수업방법들을 동원할 수 있다. 이는 다양한 교수활동을 자극한다.

여덟째, 전통적 수업에서 교사는 주로 말과 글 중심의 소통도구로 정보를 전달하였다. 그러나 멀티미디어 미디어의 등장은 그림, 사진, 동영상 등 다양한 방법의 표현이 가능해졌다.

## 3) 교수미디어의 종류

교수미디어도 다양한 종류가 있다. 최근 정보 통신 기술의 발달로 컴퓨터와 인터넷 보급의 일반화로 미디어의 구분이 의미가 없어지는 시대가 되었다. 교사 위주의 미디어도 이제는 교사와 학생, 학생 간의 쌍방향성을 많이 활용한다. 미디어를 몇 가지 기준으로 분류해 보면 다음과 같다.

### (1) 추상성과 구체성의 기준

추상성이 높아질수록 이해도가 낮아지고, 구체성이 높아질수록 이해도가 높아진다(Hoban, 1937). 미디어는 추상적인 것을 얼마나 구체적으로 전달할 수 있느냐로 가치가 결정된다. [그림 9-1]은 다양한 미디어들의 추상성과 구체성의 특징을 그림으로 나타낸 것이다.

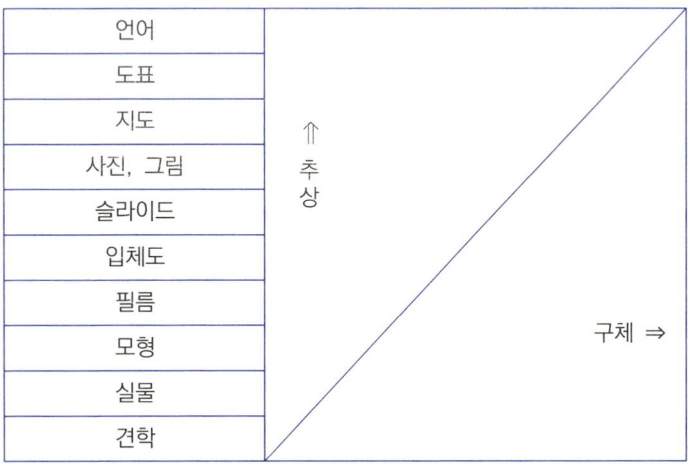


**[그림 9-1]** 미디어의 추상성과 구체성

### (2) 상징 방법의 기준

미디어가 전달하는 상징의 종류에 따라 분류된다(Kemp, 1985). 시각적 방법으로 정보를 전달하는 시각적 형태가 있고, 청각적 방법으로 정보를 전달하는 청각적 형태, 그리고 시각과 청각을 동시에 사용하여 정보를 전달하는 통합적 형태가 있다. 최근에는 정보 통신 기술의 발달로 동영상 등 복합양식 미디어가 많이 활용된다고 볼 수 있다.

## 4) 교수미디어의 선정

교수미디어를 선정할 때는 기존의 만들어진 것을 취사선택하여 사용할 수도 있고, 교사가 새로 만들 수도 또는 기존 자료를 수정하거나 편집하여 사용할 수도 있다. 다만 교수미디어를 선정할 때 고려할 점은 다음과 같다.

첫째, 학습 대상자의 수준을 고려한다.

둘째, 수업활동과 관련해 미디어 활용이 가능한지 교실 환경을 점검한다.

셋째, 교수미디어의 작동이 가능한지 여부를 확인한다. 이 과정을 생략하면 정작 수업이 시작된 후 미디어 활용 준비를 하느라 시간을 낭비할 수도 있다.

넷째, 수업시간을 잘 배분한다. 미디어 활용으로 인한 시간의 부족 또는 남는 시간의 문제를 고려해야 한다.

# 2. 미디어 활용 수업 모형

## 1) ASSURE모형

마셜 맥루언(Marshall McLuhan)은 미디어의 발달을 4단계로 분류하였다. 1단계는 '현식적 미디어 시대'이다. 문자이전 시대로 말(청각)으로 소통하였기 때문에 '현시적 미디어 시대'라고 할 수 있다. 소통하기 위해서는 직접 만나야 했으므로 공간과 시간의 제약이 있었다고 할 수 있다.

2단계는 '문자 시대'이다. 문자로 소통하였기 때문에 '문자 시대'라고 할 수 있다. 즉 소통을 위한 신체 감각이 귀에서 눈으로 이동하였다. 직접 접촉할 필요가 없었으므로 내성적이고 이성적이며 개인적 성향이 강한 인간을 만들었다고 볼 수 있다. 소통 측면에서는 시공간이 분리되었기 때문에 시각에만 의존함으로써 감각소외현상이 나타났다.

3단계는 '구텐베르크 시대'이다. 구텐베르크는 서양 최초로 금속활자를 발명하여 대량 인쇄술의 혁신을 가지고 왔다. 금속활자의 발명으로 대량 인쇄가 시작되었다. 구어문화가 소멸하고 문자문화가 가속화되고 베스트셀러는 수많은 사람이 같은 내용의 지식을 공유 가능하게 하여 정보 공유의 확장이 가능해졌다. 지방어, 방언들이 통합되어 언어가 표준화되면서 동일한 언어문화를 가진 민족주의도 탄생하였다. 동일한 내용을 읽고 생각하는 문화가 만들어지면서 공유하는 이데올로기가 탄생하고 대량 소통이 가능해졌기 때문이다.

4단계는 '전기전자 시대'이다. 전신, 전화, 영화, 라디오, 텔레비전, 컴퓨터, 인터넷 등이 개발되면서 잃어 버렸던 구어문화가 다시 소환되었다. 오늘날 미디어는 영상 속의 다른 언어들인 말, 이미지, 몸짓, 음악 등을 따로 읽을 뿐만 아니라 통합된 양식으로도 읽어야 하는 것으로 우리의 신경세포는 무한히 확장되었다. 그래서 사회기호학에서는 오늘날 미디어의 이해를 '복합양식(multimodal) 리터러시'라고 부른다.

장르에 관계없이 이러한 미디어를 활용한 수업의 고전적 모형은 ASSURE 모형이다(Heinich et al., 2002). 모형의 절차는 [그림 9-2]와 같이 6단계로 진행된다.

| 단계 | 주요 활동 |
|---|---|
| 학습자 진단 | 학습자의 특성, 출발점 행동, 학습양식 진단 |
| ⇓ | |
| 수업목표 진술 | 학습자의 성취목표 진술 |
| ⇓ | |
| 수업방법 선택 | 수업방법과 교수미디어 선정 |
| ⇓ | |
| 교수미디어 활용 | 교수미디어 활용 |
| ⇓ | |
| 학습자 참여 | 학습자 참여 격려 |
| ⇓ | |
| 평가와 수업개선 | 수업목표를 평가하고 수업개선에도 반영 |

**[그림 9-2]** ASSURE 모형

### ① 학습자 진단(Analyze learners)

학습자의 특성, 출발점 행동, 학습양식 등을 진단한다. 학습자의 상태를 파악하는 단계이다. 이를 위해 학습 대상인 학습자의 연령, 학년, 직업, 사회 문화적 배경 등을 확인한다. 또한 학습자의 현재 능력이나 적성도 확인한다. 아울러 학습자가 어떤 학습양식을 좋아하는지도 확인한다.

② **수업목표 진술(State objectives)**

학습자의 성취목표를 진술한다. 수업목표는 전술한 바와 같이 내용, 조건, 행동적 용어로 진술해야 목표가 구체화된다(제2장 수업의 전개와 수업목표 참고).

③ **수업방법 선택(Selective methods)**

수업방법과 교수미디어를 선정한다. 수업목표를 달성하는 데에 적합한 수업방법을 선정하고, 그 수업방법을 효율적으로 진행할 수 있는 교수미디어를 선택한다. 그리고 미디어에 적합한 콘텐츠를 어떻게 담아야 할지도 결정한다.

④ **교수미디어 활용(Utilize media & materials)**

교수미디어를 효율적으로 활용하기 위해서는 교수미디어를 사용하는 환경인 시설과 기자재를 점검한다. 그리고 사전에 미디어 사용이 가능한지 미리 시연해 본다.

⑤ **학습자 참여(Require learner participation)**

학습자가 미디어를 잘 활용하도록 격려한다. 교수미디어의 효용성은 교사와 학습자가 미디어를 얼마나 잘 활용하느냐에 달려 있는 만큼 미디어를 충분히 이용하도록 격려하고, 어느 정도까지 활용할지도 정해준다. 자칫 미디어 자체에 초점이 맞추어져 수업목표와 수단이 전도되지 않도록 고려한다.

⑥ 평가와 수업개선(Evaluate & Revise)

학생들의 학업성취 달성 여부를 확인하고, 교수미디어 활용의 효율성도 평가한다. 예컨대 예상 수업시간을 준수했는지, 학습동기를 자극했는지, 학습자들이 적극적으로 참여했는지, 미디어에 잘 적응했는지 등을 확인한다.

## 2) ASSURE 모형을 활용한 수업 사례

ASSURE 모형을 활용한 수업 두 가지 사례를 살펴보자.

먼저 복합양식 미디어의 대표적인 장르인 영화를 활용한 수업 사례를 보자. 물론 복합양식으로서 동영상의 형태는 영화뿐만 아니라 다큐멘터리, 애니메이션, 뉴스 등 다양하다. 수업의 절차라고 할 수 있는 도입, 전개, 정리 어느 단계에서나 사용할 수 있다. 다만 그 단계에 적합한 의미를 가져야 유의미한 활용이 될 수 있을 것이다.

다문화 내용을 다룬 영화를 편집한 동영상으로 다음과 같은 수업을 할 수 있다.

A: 초등학교 5학년

S: 동영상을 보고 출연한 다문화학생들에게 해 줄 수 있는 말(내용)을 세 가지 이상(조건) 발표할 수 있다(행동).

S: 수업방법: 생각짝 나누기

① 두 사람이 한 모둠이 됨

② 기자 역을 맡은 이가 동영상을 보고 다문화학생들에게 해 주고 싶은 말 세 가지를 짝에게 물어봄
③ 짝이 대답하면 기자는 이를 메모함
④ 모둠별로 기자가 짝이 한 말을 요약해서 발표함
⑤ 모두 들은 다음 교사가 이를 정리해서 전체 의견으로 요약해줌

> 미디어: 컴퓨터와 빔 프로젝트
> 자료: 안녕?! 오케스트라(영화 10분 편집)

U: 동영상 자료를 틀어준다. 모두 함께 시청한다.

R: 두 사람씩 짝을 짓고, 한 명은 기자, 다른 한 명은 관객이 된다.

E: 학생들이 발표한 의견들을 평가, 학생들의 참여도 평가, 학생들의 흥미도 평가, 참여의 의미 평가, 동영상 자료의 효과 평가, 수업방법이 수업 목표 달성하는 데 효과적이었는지 평가 등을 통해 수업을 반성한다.

다음으로 전통적으로 많이 사용하는 인쇄물의 수업 사례를 살펴보자. 복합양식으로서 영상 미디어가 널리 활용되면서 인쇄 미디어는 쇠퇴의 길을 걷고 있는 것처럼 보이지만 인쇄 미디어가 가지고 있는 특징 때문에 여전히 중요한 학습 자료로 사용된다. 신속성과 편리성은 떨어지지만 정확성과 심층성 면에서 장점을 가지고 있기 때문이다. 수업에 사용되는 주된 인쇄 미디어는 크게 네 가지로 분류된다.

첫째는 교과서이다. 선진국들은 교과서가 크게 중요하지 않다. 많은 학습 자료의 하나일 뿐이고, 교사가 선별해서 필요한 부분들을 발췌해서 사용한다. 그러나 우리나라의 경우, 사회계층 수직이동의 중요한 통로가 교육 제도

인 경우 공정한 학생선발배치 때문에 교과서가 그 기준이 되어 무척 중요한 역할을 한다. 그래서 교육과정을 개정하거나 교과서를 집필할 때는 오랜 기간 동안 많은 전문가가 동원되고, 공청회 등을 거쳐서 까다로운 심사를 거쳐 어렵게 만들어진다. 그러므로 교과서에 어떤 특정 내용이 포함되느냐가 매우 중요해진다. 다문화교육 관련 내용도 교과서에 포함되어야 하고 실제 학교에서 다루어지는 이유도 이 때문이다. 다만 최근 우리나라도 교과서자유발행제가 곧 시행될 예정이어서 과거에 비해서는 교과서의 중요도가 크지 않을 전망이다.

둘째는 참고서나 문제집이다. 참고서와 문제집은 교과서를 좀 더 쉽게 이해하기 위해 또는 학생 개인이 스스로 공부하고 시험을 대비하는 데 사용된다. 이들의 일부를 교사가 수업시간에 다루기도 한다. 최근에는 참고서가 필요 없는 교과서를 지향하고, 수능시험에서도 EBS 교재를 활용하면서 과거에 비해서는 참고서를 많이 활용하지 않는다.

셋째는 소설, 동화, 수필, 시, 교양서, 잡지 등이다. 독서의 중요성은 아무리 강조해도 지나치지 않다. 특히 입시를 준비하는 데에도 중요하다. 독서토론이 유행한 것도 심층적 독서를 강조하기 위함이다. 다문화교육을 위해서는 다문화 주제를 다룬 서적들이 좋은 수업 자료가 된다.

넷째는 신문이다. 신문은 교과서에서 배운 지식과 기능 및 가치 태도가 삶에 실천된 실험실 같은 것이다. 그래서 '살아있는 교과서'라는 애칭으로 불린다. 최근에는 종이 신문이 쇠퇴하고 인터넷 신문이 점점 영역을 확장하고 있어서 인쇄 미디어로서의 정체성이 흔들리고 있다. 그래서 신문은 종이냐 인터넷이냐의 문제가 아니라 콘텐츠로서의 신문을 강조한다. 신문은 TV와 같이 신속성과 편리성보다는 정보의 옥석을 가려주는 정확성과 심층성의 장점을 가지고 있다. 그러나 최근 뉴미디어 시대가 되면서 정보력의 독점적 지위를 가지고 있던 신문의 권위와 신뢰가 의심받고, 정치적 편향성 등이 문제시되면서 수업에서 사용하기를 꺼리게 되었다. 그러므로 교사는 신문기사의 선정에 주의를 기울일 필요가 있다.

인쇄 미디어로서 신문을 활용하는 수업(NIE: Newspaper In Education)은 행동목표가 크게 네 가지로 나누어진다. 정보를 찾아서 이해하고, 평가하며, 창조하는 단계로 수준이 높아진다. 각각의 활동은 다음과 같이 분류할 수 있다.

### (1) 찾기

가장 기초적인 활동은 기사를 검색하는 것이다. 즉 원하는 정보를 찾는 방법을 익힌다. 다양한 방식으로 찾는 훈련을 할 수 있다(이태종, 2006). 몇 가지 예를 들면 사실과 의견을 구분하기, 용어사전 만들기, 제목과 기사 짝맞추기, 육하원칙으로 정리하기, 즉 이다. 누가(who), 언제(when), 어디서(where), 무엇을(what), 어떻게(how), 왜(why)이다. 영어 단어의 머리글자를 따서 5W1H라고도 한다.

〈표 9-1〉 다양한 NIE 방법

<table>
<tr>
<td>□ 육하원칙으로 정리하기<br>□ 일어난 차례 알기<br>□ 사실(fact)과 의견(opinion) 구분하기<br>□ 수사법 찾기<br>□ 귀화어, 차용어, 외래어 찾기<br>□ 시사용어사전 만들기<br>□ 축약어 사전 만들기<br>□ 한자성어 찾기<br>□ 제목과 기사 짝 맞추기(저학년)<br>□ 제목이 뽑힌 문장 찾기</td>
<td>□ K-W-L 학습<br><table><tr><td>Know<br>(아는 점)</td><td>Want to know<br>(알고 싶은 점)</td><td>Learned<br>(알게 된 점)</td></tr><tr><td></td><td></td><td></td></tr></table><br>□ 원인과 결과 구분하기<br>□ 줄거리 알아내기<br>□ 주제 알아내기</td>
</tr>
<tr><td>찾기</td><td>이해하기</td></tr>
<tr><td>창조하기</td><td>평가하기</td></tr>
<tr>
<td>□ 시제 바꾸기<br>□ 중복된 언어나 어미 바꾸어 쓰기<br>□ 시사퀴즈 만들기<br>□ 부분 완성하기<br>□ 후속 기사 쓰기<br>□ 형식 바꾸기<br>□ 기사의 양을 늘이거나 줄이기<br>□ 기사의 주인공을 바꾸어 쓰기<br>□ 가상 인터뷰기사 쓰기<br>□ TV 뉴스보기 기사 쓰기<br>□ 패러디 기사 쓰기<br>□ 제목을 완전한 문장으로 만들기<br>□ 기사 제목 달기</td>
<td>□ 비교하며 읽기<br>□ 추론하기<br>□ 기사 비평하기<br>□ 오늘의 뉴스, 이달의 뉴스, 올해의 뉴스 정하기<br>□ 같은 내용을 다룬 두 신문의 제목 비교하기</td>
</tr>
</table>

출처: 정문성(2022). 토의·토론 수업방법 99. 파주: 교육과학사.에서 재인용.

### (2) 이해하기

원하는 정보를 찾았으면 그 내용을 이해해야 한다. 내용이해를 훈련시키는 방법들로 원인과 결과 구분하기, 줄거리로 정리하기, 주제 알아내기, K-W-L(아는 것-알고 싶은 것-알게 된 것) 분석하기 등이다.

〈표 9-2〉 K-W-L 학습지

| K-W-L | 기사 내용 |
|---|---|
| 아는 것 | |
| 알고 싶은 것 | |
| 알게 된 것 | |

## (3) 평가하기

기사를 찾고 내용을 이해했으면 이제는 좀 더 고급 사고를 활용할 차례이다. 기사를 어떤 기준으로 평가해보는 것이다. 예를 들어 상반된 두 사설 비교하기, 삽화가 주는 메시지 알아내기, 결혼 추론하기, 그래프 해석하기 등이다.

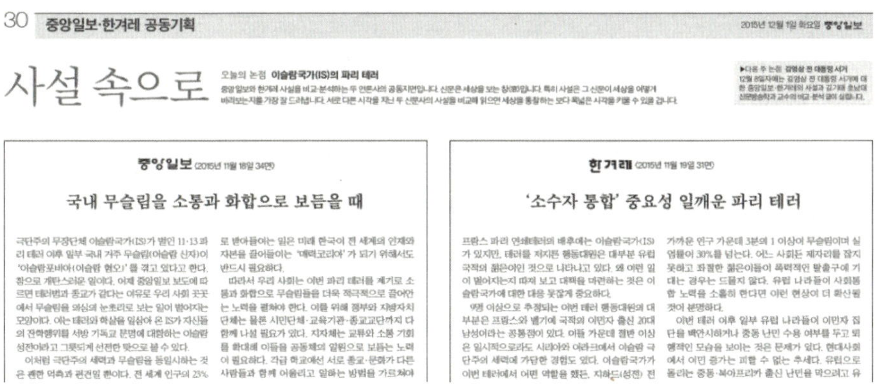
30 중앙일보·한겨레 공동기획 2015년 12월 1일 화요일 중앙일보

사설 속으로

오늘의 논점 이슬람국가(IS)의 파리 테러

▶다음 주 논점 김영삼 전 대통령 서거

중앙일보 (2015년 11월 18일 34면)

국내 무슬림을 소통과 화합으로 보듬을 때

극단주의 무장단체 이슬람국가(IS)가 벌인 11·13 파리 테러 이후 일부 국내 거주 무슬림(이슬람 신자)이 '이슬람포비아(이슬람 혐오)'를 겪고 있다고 한다. 참으로 개탄스러운 일이다. 어제 중앙일보 보도에 따르면 테러범과 종교가 같다는 이유로 우리 사회 곳곳에서 무슬림을 의심의 눈초리로 보는 일이 벌어지는 모양이다. 이는 테러와 학살을 일삼아 온 IS가 자신들의 잔학행위를 서방 기독교 문명에 대항하는 이슬람 성전이라고 그릇되게 선전한 탓으로 볼 수 있다.

이처럼 극단주의 세력과 무슬림을 동일시하는 것은 괜한 억측과 편견일 뿐이다. 전 세계 인구의 23% … 로 받아들이는 일은 미래 한국이 전 세계의 인재와 자본을 끌어들이는 '매력코리아'가 되기 위해서도 반드시 필요하다.

따라서 우리 사회는 이번 파리 테러를 계기로 소통과 화합으로 무슬림들을 더욱 적극적으로 끌어안는 노력을 펼쳐야 한다. 이를 위해 정부와 지방자치단체는 물론 시민단체·교육기관·종교교단까지 다 함께 나설 필요가 있다. 지자체는 교류와 소통 기회를 확대해 이들을 공동체의 일원으로 보듬는 노력이 필요하다. 각급 학교에선 서로 종교·문화가 다른 사람들과 함께 어울리고 일하는 방법을 가르쳐야

한겨레 (2015년 11월 19일 31면)

'소수자 통합' 중요성 일깨운 파리 테러

프랑스 파리 연쇄테러의 배후에는 이슬람국가(IS)가 있지만, 테러를 저지른 행동대원은 대부분 유럽 국적의 젊은이인 것으로 나타나고 있다. 왜 이런 일이 벌어지는지 따져 보고 대책을 마련하는 것은 이슬람국가에 대한 대응 못잖게 중요하다.

9명 이상으로 추정되는 이번 테러 행동대원의 대부분은 프랑스와 벨기에 국적의 이민자 출신 20대 남성이라는 공통점이 있다. 이들 가운데 절반 이상은 일시적으로라도 시리아와 이라크에서 이슬람 극단주의 세력에 가담한 경험도 있다. 이슬람국가가 이번 테러에서 어떤 역할을 했든, 지하드(성전) 전 … 가까운 인구 가운데 3분의 1 이상이 무슬림이며 실업률이 30%를 넘는다. 어느 사회든 제자리를 잡지 못하고 좌절한 젊은이들이 폭력적인 탈출구에 기대는 경우는 드물지 않다. 유럽 나라들이 사회통합 노력을 소홀히 한다면 이런 현상이 더 확산될 것이 분명하다.

이번 테러 이후 일부 유럽 나라들이 이민자 집단을 백안시하거나 중동 난민 수용 여부를 두고 퇴행적인 모습을 보이는 것은 문제가 있다. 현대사회에서 이민 증가는 피할 수 없는 추세다. 유럽으로 몰리는 중동·북아프리카 출신 난민을 막으려고 유

[그림 9-3] 중앙일보와 한겨레 사설 비교

자료: 중앙일보 2015.12.1.(화)

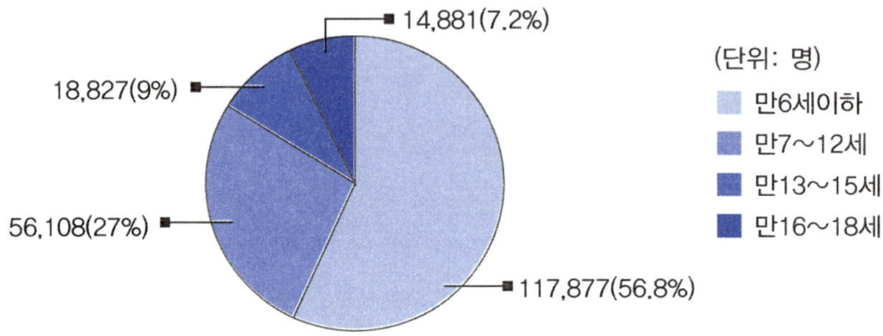


**[그림 9-4]** 결혼이민자 및 귀화자 자녀현황

자료: 다문화가족지원포털

### (4) 창조하기

기사를 평가했으면 이제 마지막 단계인 창조하기이다. 나의 목소리를 내는 것이다. 예를 들어 후속 기사 쓰기, 가상 인터뷰 쓰기, 패러디 기사 쓰기, 기사 제목 만들기 등이다. 기사 제목 만들기는 쉽게 적용해볼 수 있는 수업이다. 원래 기사의 제목은 지운 상태로 본문기사만 학생들에게 제공하고, 제목을 만들어보게 하는 활동이다. 이때 학생들에게 도움이 되는 것은 편집상을 받은 기사들을 약 20개 정도 보여주는 것이다. 즉 모범적 제목들을 많이 보게 해야 학생들이 지적 자극도 받고, 제목 만드는 요령도 터득해서 좋은 작품이 나온다. 다음은 실제 수업에서 나온 학생들의 작품들이다.

A: 고등학교 1학년

S: 신문 기사를 보고(조건) 적절한 제목(내용)을 만들 수 있다(행동 용어).

S: 수업방법: 모둠 토의

① 네 사람이 한 모둠이 됨

② 이끔이, 기록이, 부름이, 칭찬이로 지위와 역할을 나눔

③ 교사가 신문의 구성과 기사와 제목에 관한 설명을 함

④ 제목을 잘 만들어 편집상을 받은 우수 작품 20개를 시범사례로 보여줌

⑤ 모둠별로 토의하고 발표함

> 미디어: 컴퓨터와 빔 프로젝트
> 자료: 편집상 받은 신문 기사 20장 PT

U: 빔 프로젝터 또는 PPT로 편집상 받은 작품을 보여 줌

R: 모둠 활동을 순회하면서 지도함

E: 모둠별로 발표하고 가장 우수한 팀에서 상품을 줌

〈표 9-3〉 신문 기사 제목 만들기

| 원래 제목 | 모둠별 학생들이 만든 제목 |
|---|---|
| 청소년 4만 명 '스마트폰 폐인' | 중독을 충전하는 청소년들<br>아이는 없어서 불안, 부모는 있어서 불안<br>완충된 밧데리, 방전된 우리 아이<br>스마트폰, 스마트한 대책<br>지식 대신 밧데리 충전하는 청소년들<br>스마트폰, 구속보다는 약속<br>스마트폰, 스魔트폰?<br>'카톡' 대신 '가(家)톡'<br>인터넷은 中毒, 스마트폰은 重毒 |
| '다민족 국가' 고구려가 보여주는 우리의 미래 | 다 인종? 다 인정!<br>알고 보니 다민족, 섞고 보니 다 만족<br>배달의 민족, 배 다른 민족<br>Go 구려, 다문화 구려~ |

## 참 고 문 헌

이태종(2006). NIE 원론. 서울: 통키.

정문성・최상희・심옥령・권영부(2013). 신문으로 하는 인성교육. 서울: 교육과학사.

정문성・최상희・심옥령・이혁찬(2011). NIE 선생님 첫걸음. 서울: 한국편집기자협회.

정현선(2006). 언어문화소통기술의 관점에서 본 미디어 리터러시의 고찰. 한국학연구 25, 71-101.

Heinich, R., Molenda, M., Russell, J., & Smaldino, S. (2002). *The ASSURE model: Instructional Media and Technologies for Learning*. NJ: Merrill/Prentice Hall.

Hoban Charles, F. (1937). *Visualizing the curriculum*. New York: Cordon.

Kemp, J. E. (1985). *The instructional design process*. NY: Harpercollins College Division.

McLuhan, M. (1994). *Understnading media: The extensions of man.* MA: MIT press.

# 제10장 문화예술 활용 수업

## 1. 문화예술교육의 개념 및 배경

세계화 이후 문화예술이 상품화되면서 모든 영역에서 문화예술에 대한 관심이 높아졌다. 명화로 디자인된 냉장고, 에어컨이 등장하고, 상품의 기능보다는 디자인이 강조되는 등 문화예술이 과학기술과 결합되는 경우도 많아졌다. STEAM교육이 유행한 것도 이러한 경향의 한 단면을 보여준다(김진수, 2012; 송미숙 외, 2014; 이정화, 2014; 한국예술교육학회, 2017). 이에 각국은 문화예술을 새로운 동력으로 보고 자국의 문화예술역량 향상을 위해 법률을 제정하고 정비하는 등 문화예술교육을 강조하고 있다.

문화예술을 법적 의미와 학문적 의미로 나누어 살펴보자.

### 1) 문화예술교육의 법적 정의

문화예술교육의 법적 정의는 문화예술, 문화산업, 문화재를 교육내용으로 하거나 교육과정에 활용하는 교육을 말한다. 구체적 장르는 〈표 10－1〉과 같다.

〈표 10-1〉 문화예술교육의 정의

| -「문화예술교육 지원법」 제2조(정의)- |
|---|
| 문화예술교육이라 함은 「문화예술진흥법」 제2조제1항제1호의 규정에 따른 문화예술 및 「문화산업진흥 기본법」 제2조제1호의 규정에 따른 문화산업, 「문화재보호법」 제2조제1항의 규정에 따른 문화재를 교육내용으로 하거나 교육과정에 활용하는 교육을 말하며, 다음 각 목과 같이 세분한다.<br>가. 학교문화예술교육: 「영유아보육법」 제2조의 규정에 따른 어린이집, 「유아교육법」 제2조의 규정에 따른 유치원과 「초·중등교육법」 제2조의 규정에 따른 학교에서 교육과정의 일환으로 행하여지는 문화예술교육<br>나. 사회문화예술교육: 제2조제3호 및 제4호에서 규정하는 문화예술교육시설 및 문화예술교육단체와 제24조의 각종 시설 및 단체 등에서 행하는 학교문화예술교육 외의 모든 형태의 문화예술교육 |
| • 「문화예술진흥법」 제2조제1항: 문학, 미술(응용미술 포함), 음악, 무용, 연극, 영화, 연예, 국악, 사진, 건축, 어문 및 출판<br>• 「문화산업진흥 기본법」 제2조제1항: 영화, 비디오, 음악, 게임, 출판, 인쇄, 정기간행물, 방송영상물, 문화재, 만화, 캐릭터, 애니메이션, 에듀테인먼트, 모바일 문화콘텐츠, 디자인, 광고, 공연, 미술품, 공예품, 전통적인 소재와 기법을 활용한 의상, 조형물, 장식용품, 소품 및 생활용품, 전시회, 박람회 등<br>• 「문화재보호법」 제2조제1항: 유형문화재, 무형문화재, 기념물, 민속문화재 |

## 2) 문화예술교육의 학문적 의미

문화예술교육은 문화, 예술, 교육 이 세 단어가 융합된 개념이다. 문화, 예술, 교육 등 세 단어의 개념을 먼저 살펴볼 필요가 있다. 결국 문화예술교육은 문화예술을 어떻게 가르치는가와 어떻게 활용하여 교육의 목적에 기여하는가에 의미가 있다.

## (1) 문화

문화란 자연 상태에서 벗어나 일정한 목적 또는 생활 이상을 실현하고자 사회 구성원에 의하여 습득, 공유, 전달되는 행동 양식이나 생활 양식의 과정 및 그 과정에서 이룩하여 낸 물질적·정신적 소득을 통틀어 이르는 말이다(표준국어대사전). 문화는 인간 생활 양식의 총체라고 할 수 있다. 이러한 문화는 공유성, 전체성, 축적성, 변동성, 학습성 등 다섯 가지의 특성을 가지고 있다.

첫째, 공유성이다. 사회 구성원 모두가 그 문화를 인식, 인정, 공감한다는 뜻이다. 예를 들어 한국 사람들 대부분이 김치를 즐겨 먹지만, 간혹 김치를 싫어하는 사람도 있다. 그러나 어느 식당을 가든 김치는 밑반찬으로 반드시 나온다. 또 다른 예를 들어보면, 한국인이라고 모두 국악을 좋아하는 것은 아니지만, 영화 '서편제'를 보고 대중음악에 물들어 있는 청소년들도 감동을 받는다. 김치와 국악은 한국인들의 공유된 문화이기 때문이다. 문화를 공유한다는 것은 사회 구성원 대부분이 그 사회의 핵심적인 규범과 가치를 받아들이고 사회의 공유한 생활 양식을 따르는 것을 말한다.

둘째, 전체성이다. 문화는 부분이 별개로 떨어져 있는 것이 아니라 유기적인 연관을 맺으면서 체계적인 하나의 전체를 이루고 있다는 뜻이다. 어떠한 문화도 다른 문화와 아무런 관계없이 독자적으로 고유하게 존재하지는 않는다. 예를 들어 서양에서부터 발달한 악수 문화는 단지 예절로서의 의미를 가진 것이 아니라 칼이라는 무기 문화와 관련이 있다. 악수는 중세 기사들이 자신의 오른손에 칼을 들고 있지 않음을 나타내는, 즉 상대방과 싸울 의사가 없다는 것을 표현하는 수단이었다. 이렇듯 악수라는 예절 문화 이면에는 칼과 관련된 전쟁 문화가 숨어 있던 것이다. 그러므로 문화의 한 부분이나 단편적인 몇 개의 부분만을 가지고는 전체 사회를 이해할 수 없다. 문화의 각 영역은 상호 밀접한 관련을 맺으면서 전체를 이루고 있기 때문이다. 이에 한 사회를 이해하기 위해서는 그 사회의 문화를 전체적으로 파악해야 한다.

셋째, 축적성이다. 오랜 시간 동안 축적되어 온 반복적인 생활 양식으로 이해되어야 한다는 것이다. 예를 들어 춘향전, 심청전 등의 고전 문학도 전해 내려오는 이야기들이 작품으로 승화된 것이며 이 또한 오늘날 여러 장르로 재해석되고 보태어지면서 재창작되고 있다. 이러한 문화축적의 일등공신은 문자의 발견과 사용에 있다 하겠다. 이홍우(1995; 155)는 '내 생각의 깊이는 이제까지 살았던 모든 인간의 생각을 합친 것과 같다. 나의 수명은 앞으로 영원토록 살아갈 인류의 수명 그 자체'라고 하였다.

넷째, 변동성이다. 문화는 고정되어 있는 것이 아니라, 창조, 전파 등을 통해 시대의 흐름에 맞게 변동된다. 예를 들어 1970년대 대학 문화는 통기타와 청바지, 생맥주로 상징되는 운동권 문화가 있었다. 1980년대 대학 문화는 의식화 교육, 집회와 시위, 화염병으로 대표되는 운동권 문화가 있었다. 또 다른 예를 들어보면, 현대의 건축 문화는 고대의 건축 문화와 다르다. 통신 문화를 보더라도 오늘날 SNS는 엄청난 변동의 결과이다. 원시 사회에서는 불이나 연기를 피워 멀리 떨어진 곳에 연락을 취하였다. 그 다음에 등장한 것은 편지다. 편지도 처음에는 직접 사람이 말을 타거나 걸어서 전달했지만, 이제는 우체통에 넣기만 하면 상대방에게 전달된다. 최근에는 이메일(인터넷)을 이용한다. 전화의 발명과 발전도 마찬가지이다.

다섯째, 학습성이다. 인간은 학습을 통해서 문화를 접하며 공유한다는 것이다. 예를 들어 한국인으로 태어났다고 해서 모두 한국말을 잘하는 것은 아니다. 언어사용, 인사법, 식사법, 종교 의식 등 모두 후천적으로 학습한 결과에 의한 것이기 때문이다. 즉 모든 문화는 학습된 것이다.

이처럼 문화교육은 공유성, 전체성, 축적성, 변동성, 학습성 등 다섯 가지의 특징을 바탕으로 인간이 사회에 적응하기 위해 사회의 생활 양식이나 행동 양식을 학습을 통해 전달받는 것이다(전영은, 2012). 이에 문화예술교육에서 문화는 인간이 사회에 적응하기 위해 교육을 통해 전달받는 생활 양식이나 행동 양식으로 이해할 수 있다.

### (2) 예술

예술이란 특별한 재료, 기교, 양식 따위로 감상의 대상이 되는 아름다움을 표현하려는 인간의 활동 및 작품, 아름답고 높은 경지에 이른 숙련된 기술을 비유적으로 이르는 말이다(표준국어대사전). 예술은 인간이 느끼는 아름다움을 특정한 형식으로 표현하는 의미적 행위이며 표현활동을 통해 아름다움을 창조하는 것으로 미적 감수성과 관련이 있다. 또한 생활 양식 및 정신적이며 육체적인 가치를 어떠한 양식으로 빌려서 의식적으로 표현하는 것이며 인간 삶의 진리와 인간 존재의 의미를 표현한 것이다. 이러한 예술을 고대에는 '테크네(τέχνη, techne)'라고 하였다. 아리스토텔레스는 예술은 인간이 지닌 특별한 재능, 창작하는 능력인 동시에 제작하는 능력이라고 하였다. 테크네는 생산적, 기술적, 지적인 것을 뜻한다. 즉 예술교육은 인간이 사회에 민감하게 반응하여 도구를 가지고 표현하도록 돕는 것으로 문화예술교육에서 예술은 미적 감수성 추구 및 아름다움 표현의 목적을 위한 수단으로 이해할 수 있다(전영은, 2012).

### (3) 교육

교육이란 지식과 기술 따위를 가르치며 인격을 길러주는 행위를 말한다(표준국어대사전). 교육의 의미를 가지고 있는 단어로 education과 pedagogy가 있다. education은 밖으로(e: out, from away)와 끌어올리다(ducare: lead up)의 합성어로 인간의 잠재력을 적극적이고 의도적인 노력으로 끌어올리는 것이다. pedagogy는 인간의 잠재력을 성인이 적극적이고 의도적인 노력으로 끌어올려 올바른 방향으로 이끈다는 뜻이다. 하인을 뜻하는 paidagogos에서 어원된 것으로 paidos(어린이)와 agogos(이끌다, 인도하다)로 구성되었다. 또 교육(敎育)을 한자로 풀이하면, 교(敎)는 위에서 베풀고, 아래에서 본받는다는 뜻이며, 육(育)은 자녀를 길러 착하게 만든다는 뜻이다. 우리말로 교육은 나쁘고 거친 것을 갈고 다듬어서 착하고 아름답게 기르는 것을 가르치는 것을 말한다. 이홍우(1995)는 교육의 대표적 개념 정의를 정범모의 '인간행동의 계획적 변화', Peters의 '문명된 삶의 형식으로의 성년식', Durkheim의 '어린 세대를 대상으로 하는 체계적 사회화'로 소개하였다. 정범모는 교육이 가져야 할 행동변화의 힘을 강조하였고, Peters는 교육의 장기적 효과를 강조하였고, Durkheim은 사회의 동질적 정신 구조가 전달되어야 함을 강조하였다.

## 3) 문화예술교육의 배경

플라톤, 아리스토텔레스, 데카르트 등에 의해 전개된 이성과 신체의 이분법적 사고는 신체를 이성에서 분리하여 이성의 지배를 받는 저급한 것으로 취급하였다. 그러나 1980년대를 중심으로 유럽에서 데카르트를 비판하고 분리되고 저평가되었던 신체를 복귀시키려는 운동이 일어났다. 소위 '신체의 복귀(Wiederkehr des Körpers)' 운동을 통해 이성과 신체가 통합된 온전한 인간을 다시 이해하자는 인간학 연구가 활발히 진행되었다. 이는 포스트모더니즘의 유행과도 밀접한 관계가 있다. '신체의 복귀' 운동은 문화예술교육과도 밀접한 관련을 맺고 있다. 왜냐하면 문화예술은 인간의 정신과 느낌을 신체의 오감을 통해 감상하고, 오감을 통해 표현하기 때문이다. Medina(2008)는 '몸을 움직이면 생각도 움직인다.', '자극이 다양할수록 생각이 뚜렷해진다.'라고 하였다. Damasio(2003)는 '정서는 신체와 관련이 있다.'고 하였다. 즉 인간에게 있어서 신체의 끊임없는 움직임과 표현 활동은 중요한 의미를 가지고 있다(전영은, 2015).

우리나라 정부가 문화예술교육에 대해 관심을 갖기 시작한 것은 문화예술의 패러다임과 요구 사항이 공급자 중심에서 수요자 중심으로 바뀌면서부터이다. 우리나라 문화정책은 1970년대 말까지 전통문화의 보존을 강조하였다(1972년 8월 「문화예술진흥법」 제정). 1980년대에 들어서서는 전문예술인의 예술 활동을 지원하였다. 그러다가 2000년 중반 이후, 시대적 변화에 따라 문화복지라는 개념으로 국민의 삶의 질 향상을 위한 문화정책이 등장하였다. 2003년 문화관광부에 문화정책 개선을 위한 문화행정혁신위원회가 만들어졌으며, 2003년 6월 문화관광부 내 문화예술교육과가 신설되었다. 2004년에 문화관광부와 교육인적자원부가 공동으로 '문화예술교육 활성화 종합계획 수립 중간보고 및 2004년 시범사업 추진계획'과 '문화예술교육 활성화 종합계획'을 발표하였으며, 2005년 「문화예술교육 지원법」을 제정하였다(전영은, 2012).

## 2. 문화예술 활용 다문화교육

### 1) 문화예술 활용 다문화교육의 의미

다문화교육에서도 문화예술 활용이 강조되고 있다. 그 이유는 다음과 같다(전영은, 2015; 정옥희, 2019).

첫째, 문화예술은 문화적 다양성과 인류의 공통성을 동시에 확인할 수 있는 원천이다. 어느 나라에나 문화예술이 있으며, 그 사회의 특성을 반영한다. 또한 문화예술은 인류가 보편적으로 이해하고 공감할 수 있는 요소를 포함한다. 어떤 문화도 홀로 존재하지 않으며, 다른 문화와 제휴한 상태로 공존한다. 즉 문화예술 활용 다문화교육은 같은 인간으로서의 공감을 기초로 다양성을 확인하고 이해하고 관용하고 수용하는 데 중요한 역할을 수행한다.

둘째, 다문화교육의 효과성을 높일 수 있다. 문화예술은 다양한 문화를 가진 인간의 공통분모에 기초한 표현들이어서 보다 많은 공감을 얻을 수 있기 때문이다.

셋째, 다양한 교육방법을 활용할 수 있다. 문화예술은 다양한 장르를 가지고 있고, 장르마다 다양한 표현기법을 사용한다. 인간이 표현할 수 있는 모든 방법을 다 사용하기 때문에 활용할 수 있는 교육방법이 무궁하다.

넷째, 문화예술교육은 다문화교육과 통합교육이라는 공동의 철학적 기초 위에 있다. 문화예술은 다양한 장르로 특화할 수도 있지만, 장르 통합을 통한 시너지 효과와 새로운 창조를 격려한다. 다문화교육도 문화의 다양성을 최대한 존중하면서도 다양성의 조화를 통해 새로운 시너지 효과와 통합의 현실성과 창의성을 강조한다.

## 2) 다문화 관련 기관의 문화예술 활용 다문화 수업의 사례

교실수업에서도 문화예술을 활용한 다양한 다문화 수업을 할 수 있지만 여기서는 여러 기관들에서 수행하고 있는 문화예술 활용 다문화 수업의 사례들을 살펴보기로 한다.

### (1) 국립현대미술관

국립현대미술관은 2011년부터 다문화교육(문화다양성) 프로그램을 실시하고 있다. 다문화교육 프로그램 실시 초기에는 다문화가정 자녀를 대상으로 하는 프로그램이 주를 이루었지만, 2012년부터는 다문화가정 자녀뿐만 아니라 일반가정 자녀를 대상으로도 프로그램을 운영하고 있다.

〈표 10-2〉 국립현대미술관 다문화교육(문화다양성) 프로그램 및 대상

<table>
<tr><th>연도</th><th>프로그램</th><th>대상</th></tr>
<tr><td>2011</td><td>다문화 어린이 소풍</td><td>결혼이주민 및 자녀</td></tr>
<tr><td rowspan="4">2012</td><td>다문화가정 미술관 초청</td><td>다문화가정 어린이</td></tr>
<tr><td>미술관에서 만나는 이웃나라 이야기</td><td>다문화가정 어린이</td></tr>
<tr><td>점, 선, 면으로 연결된 다양한 세상</td><td>일반 어린이</td></tr>
<tr><td>초등대상 문화다양성 교육(작가연계 워크숍)</td><td>초등학생</td></tr>
<tr><td rowspan="3">2013</td><td>Da? 多! 다?</td><td>다문화가정 어린이 및 가정</td></tr>
<tr><td>항아리-꿈을 담는 그릇</td><td>다문화가정 및 일반가정 자녀</td></tr>
<tr><td>팔레트 속 다양한 세상</td><td>다문화가정 및 일반가정 어린이</td></tr>
</table>

| 연도 | 프로그램 | 대상 |
|---|---|---|
| | 새롭게, 낯설게, 다르게 | 청소년 |
| | 조각공원 9경가요! | 다문화가정 및 일반가정 |
| 2014 | Da? 多! 다1 | 다문화가정 어린이 |
| | Da? 多! 다2 | 어린이를 동반한 일반가정 |
| | 미술관 속 다양한 세상 | 다문화가정 및 일반가정 청소년 |
| | 조각공원 9경가요! | 어린이를 동반한 다문화가정 및 일반가정 |
| 2015 | 아라와 찌민 | 다문화가정 및 일반가정 청소년 |
| | 매직쇼 | 다문화가정 및 일반가정 청소년 |
| | 미술관 소풍 | 다문화가정 어린이 |
| | 공감이 있는 미술관 | 다문화가정 청소년(새터민) 및 포함 학급 |
| | 조각공원 9경가요! | 초등학생 포함한 일반가정 및 다문화가정 |
| | 몸으로 표현하는 움직이는 조각 | 어린이, 청소년, 일반인, 청소년 |
| | 꿈꾸는 미술관(작가와 함께하는 워크숍) | 어린이, 청소년, 일반인, 청소년 |
| 2016 | 필립 가렐-찬란한 절망 | 문화소외지역 거주민(청소년), 다문화가정, 장애인 |

자료: http://www.mmca.go.kr/

### (2) 올리볼리 그림동화

올리볼리 그림동화는 다음세대재단의 문화다양성 사업으로 평소 접하기 어려웠던 나라들의 그림동화를 애니메이션으로 제작해 인터넷으로 제공하는 공익사업이다. 이 사업의 목적은 어린이들에게 글로벌 시민으로서 문화다양성에 대한 감수성을 기를 수 있도록 하기 위해 한국에서 접하기 어려웠던 나라들의 그림동화를 보급하는 것이다. 2020년 6월 현재 대한민국(15), 중국(2), 레바논

(2), 르완다(2), 몽골(18), 베트남(28), 우즈베키스탄(8), 이란(25), 인도네시아(11), 캄보디아(4), 태국(8), 티베트(5), 팔레스타인(6), 필리핀(17) 등 14개 국가의 150개 그림동화가 있다(홈페이지 주소: http://www.ollybolly.org/). 올리볼리 그림동화는 다문화교육을 위해 필요한 동화를 보급하고, 온라인 미디어 콘텐츠로 제작하여 무료로 보급한다. 또한 다문화가정 자녀들뿐 아니라, 일반가정 어린이들도 대상으로 하고 있다(정현성, 2011).

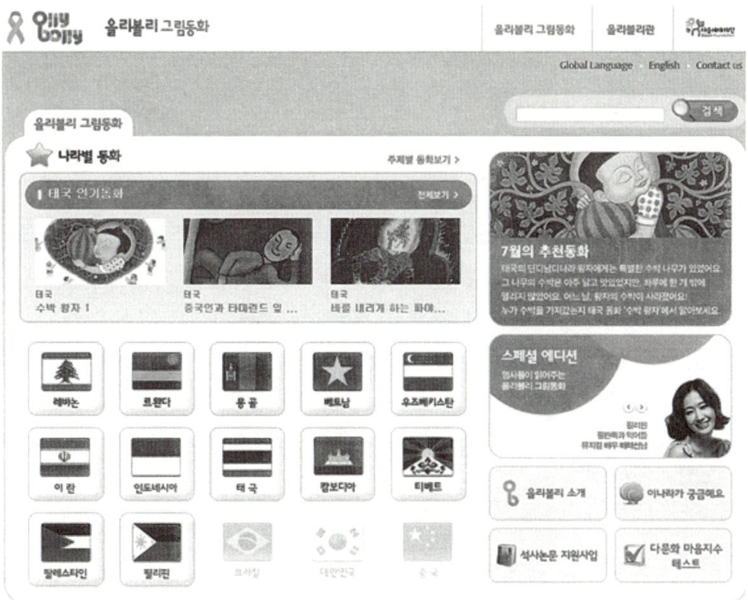


[그림 10-1] 올리볼리 그림동화 홈페이지(자료: http://www.ollybolly.org/)

### (3) 국립민속박물관 다문화꾸러미

다문화꾸러미는 어린이 문화다양성 체험자료 전시상자를 말한다. 이 사업의 목적은 어린이들에게 오감체험을 통해 다문화 체험기회를 제공하기 위함이다. 실물자료를 통한 진정성 있는 다문화 체험기회를 제공하기 때문이다. 2020년 6월 현재 몽골꾸러미(센베노 몽골), 베트남꾸러미(신자오 베트남), 필리핀꾸러미(꾸무스타 필리핀), 대한민국꾸러미(안녕 대한민국), 우즈베키스탄꾸러미(살롬 우즈베키스탄), 인도네시아꾸러미(아빠까바르 인도네시아), 중국꾸러미(니하오 중국), 일본(곤니치와 일본), 인도(나마스떼 인도), 태국(싸왓디 태국) 등 총 10종의 다문화꾸러미가 운영 중이다.

- 몽골꾸러미(3상자 1세트): 생활상자, 옷상자, 신발상자
- 베트남꾸러미(4상자 1세트): 생활상자, 놀이상자, 수상인형상자, 옷상자
- 필리핀꾸러미(3상자 1세트): 생활상자, 축제상자, 옷상자
- 대한민국꾸러미(3상자 1세트): 생활상자, 놀이상자, 옷상자
- 우즈베키스탄꾸러미(3상자 1세트): 생활상자, 놀이상자, 옷상자
- 인도네시아꾸러미(5상자 1세트): 생활상자, 옷상자, 놀이/악기상자, 인형상자, 앙끌룽상자
- 중국꾸러미(큰 꾸러미 2종 1세트, 작은 꾸러미 3종 1세트): 큰 꾸러미(소개상자, 문화상자), 작은 꾸러미(소개상자, 생활상자, 의례상자)
- 인도꾸러미(4상자 1세트): 소개상자, 생활상자, 종교상자, 예술상자
- 일본꾸러미(3상자 1세트): 생활상자, 옷상자, 축제상자
- 태국꾸러미(4상자 1세트): 소개상자, 생활상자, 예술상자, 학교상자

[그림 10-2] 몽골꾸러미

[그림 10-3] 베트남꾸러미

[그림 10-4] 필리핀꾸러미

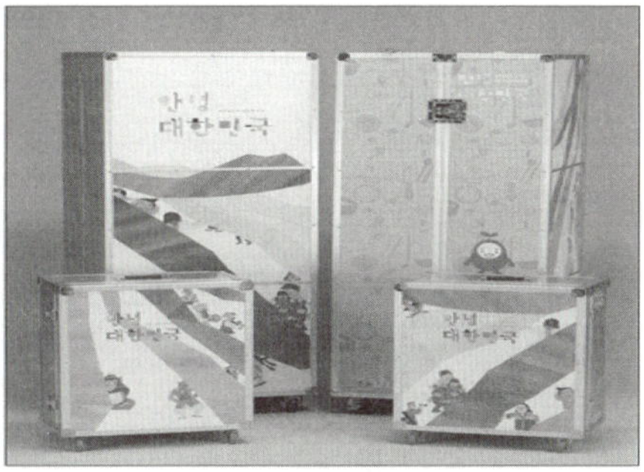


[그림 10-5] 대한민국꾸러미

[그림 10-6] 우즈베키스탄꾸러미

[그림 10-7] 인도네시아꾸러미

**[그림 10-8]** 중국꾸러미

**[그림 10-9]** 인도꾸러미

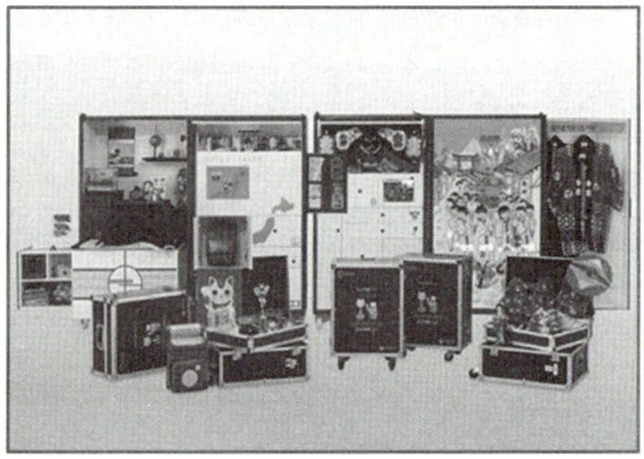

**[그림 10-10]** 일본꾸러미

**[그림 10-11]** 태국꾸러미

(URL: https://www.kidsnfm.go.kr/culturebox/culturebox/intro/introduce.do#none)

### (4) 국경없는마을 RPG

국경없는마을 RPG는 2012년 경기도 안산시 단원구 원곡동 '(사)국경없는 마을'에서 진행한 다문화 체험교육 프로그램이다. RPG는 Role-Playing-Game의 약자로 컴퓨터 게임 장르 중 캐릭터의 특성을 기반으로 진행하는 게임을 부르는 말로, '(사)국경없는마을'은 국내 최대 이주민 밀집지역인 안산시 원곡동의 지역적 특성을 활용해 미션수행 등 게임을 통해 다문화 체험교육 프로그램을 진행하였다.

〈표 10-3〉 국경없는마을 RPG 교육내용과 목표

| 회차＼내용 | 1차 | | 2차 | | 3차 | |
|---|---|---|---|---|---|---|
| | 교육명 | 교육내용 및 목표 | 교육명 | 교육내용 및 목표 | 교육명 | 교육내용 및 목표 |
| 1 | 오리엔테이션 | 수업에 대한 소개 및 담당강사 학생 소개, 현장 답사 | 오리엔테이션 | 수업에 대한 소개 및 담당강사 학생 소개, 국경없는마을 현장답사 | 오리엔테이션 | 수업에 대한 소개 및 담당강사 학생 소개, 국경없는마을 현장 답사 |
| 2 | 이미지 세상 | 본격적인 체험에 앞서 국경없는마을에서 특징적인 건물이나 풍경들을 관찰하고 사진에 담아 이야기 구성 | 이미지 세상 | 본격적인 체험에 앞서 국경없는마을에서 특징적인 건물이나 풍경들을 관찰하고 사진에 담아 이야기 구성 | 이미지 세상 I | 본격적인 체험에 앞서 학생들이 서로 친해지고, 국경없는마을에 관심을 가질 수 있도록 광장에서 다양한 게임을 진행함으로 표현력, 창의력 신장 |

| 내용<br>회차 | 1차 | | 2차 | | 3차 | |
|---|---|---|---|---|---|---|
| | 교육명 | 교육내용 및 목표 | 교육명 | 교육내용 및 목표 | 교육명 | 교육내용 및 목표 |
| 3 | 음식 문화와 언어: 인도네시아 편 | 인도네시아의 인사말과 언어, 식문화 등을 미션 수행과정을 통해 원곡동 일대의 주민, 이주민들에게 직접 배우고 체험 | 언어 편 | 국경없는마을에서 사용되는 다양한 언어를 미션 수행과정을 통해 다문화 강사(이주 여성)들과 원곡동 일대 이주민들에게 직접 배우고 만나고 소통 | 이미지 세상Ⅱ | 국경없는마을을 돌아다니며 미션 주제(불편함과 아름다운 것들, 숨은 ( ) 찾기, 접촉)에 맞는 이미지를 관찰하고 사진에 담고, 이야기를 구성 |
| 4 | 놀이 문화: 베트남 편 | 베트남의 놀이 문화와 음식 문화 등을 미션 수행과정을 통해 원곡동 일대의 주민, 이주민들에게 직접 배우고 체험 | 음식 편 | 여러 나라(베트남, 캄보디아, 인도네시아, 중국, 인도 등) 음식을 미션 수행과정을 통해 다문화 강사(이주 여성)들과 원곡동 일대 이주민들에게 직접 배우고 만나고 체험 | 국경 없는 언어 편 | 국경없는마을에서 사용되는 다양한 언어를 미션 수행과정을 통해 원곡동 일대 이주민들에게 직접 배우고 만나고 소통 |
| 5 | 국경없는마을 배낭 여행: 인도 편 | 여행을 위한 코스튬, 여권 발급, 비행기표 발급 등 여행에 필요한 수속 절차와 여행에서 일어날 수 있는 상황들과 화려한 춤과 군무・노래가 특징적인 인도 영화를 체험 | 악기 편 | 안산시 외국인주민센터 및 다문화 공방에서 타악기를 이용하여 음악 만들기 | 국경 없는 음식 편 | 여러 나라(베트남, 캄보디아, 인도네시아, 중국, 인도 등) 음식을 미션 수행과정을 통해 다문화 강사(이주 여성)들과 원곡동 일대 이주민들에게 직접 배워 만들어 보는 체험 |

| 회차＼내용 | 1차 | | 2차 | | 3차 | |
|---|---|---|---|---|---|---|
| | 교육명 | 교육내용 및 목표 | 교육명 | 교육내용 및 목표 | 교육명 | 교육내용 및 목표 |
| 6 | VJ 특공대 길거리 음식: 중국 뎬신 편 | 중국의 음식 문화(뎬신)와 국경없는 마을의 길거리 음식을 알아보고 체험하는 과정에서 학생들이 직접 콘티를 짜고 촬영, 취재 | 배낭 여행 편 | 여행을 위한 코스튬, 여권 발급, 비행기표 발급 등 여행에 필요한 수속 절차와 여행에서 일어날 수 있는 상황들과 화려한 춤과 군무·노래가 특징적인 인도 영화를 체험 | 광고 만들기 I | 역대 퓰리처상 사진 및 다른 나라 광고 등을 보며 창의적으로 광고 콘티를 짜고 직접 연기 |
| 7 | 국경 없는 마을 신문 | 사진·방송 미디어의 시선과 기록에 관한 이야기를 통해 창의적 다문화 신문 만들기 | 미디어 세상 I | 사진·방송 미디어의 시선과 기록에 관한 이야기, 카메라 작동법 및 편집 방법 | 광고 만들기 II | 학생들이 국경없는마을을 소개할 수 있는 창의적인 광고 콘티를 짜고, 직접 연기 및 취재, 촬영, 편집 |
| 8 | 다문화 연극 I | 교육연극의 다양한 방법을 통해 감각 깨우기 | 미디어 세상 II (VJ 특공대) | 학생들이 직접 콘티를 짜고 촬영, 취재. 편집된 영상은 다음 차시에 함께 보고 이야기 나눔 | 국경 없는 마을 배낭 여행 | 중국제기와 한국제기 차기, 국경없는마을 거리 간판 사진 찍기, 다문화 어린이 도서관 방문, 인도네시아 단어 뜻 알아오기, 중국 꽈배기 먹어보기, 인도 영화 보고 춤 따라 하기 등 다양한 문화 체험 |

<table>
<tr><th rowspan="2">내용<br>회차</th><th colspan="2">1차</th><th colspan="2">2차</th><th colspan="2">3차</th></tr>
<tr><th>교육명</th><th>교육내용 및 목표</th><th>교육명</th><th>교육내용 및 목표</th><th>교육명</th><th>교육내용 및 목표</th></tr>
<tr><td>9</td><td>다문화 연극Ⅱ</td><td>극단 북새통 배우들과 함께 창의적 다문화 연극 만들기</td><td>신문 만들기</td><td>창의적 다문화 신문 만들기</td><td rowspan="2">신문 만들기 (2시간) 1, 2, 3기 상영회 (3시간)</td><td rowspan="2">사진·방송 미디어의 시선과 기록에 관한 이야기를 통해 창의적 다문화 신문 만들기 및 1, 2, 3기 영상 상영회. 8회 동안 습득, 체험된 다문화 경험들을 이야기 나눔</td></tr>
<tr><td>10</td><td>퀴즈~ 퀴즈</td><td>1기 영상 상영회. 9회 동안 습득, 체험된 다문화경험들을 이야기 나눔</td><td>2기 상영회</td><td>2기 영상 상영회. 9회 동안 습득, 체험된 다문화경험들을 이야기 나눔</td></tr>
</table>

자료: 주희란(다문화 콘텐츠 플래너/국경없는마을 RPG 예술강사)·전영은(2015). 다문화교육에서 활용되는 문화예술 체험활동에 관한 문화인지론적 연구: 신체성을 중심으로. 인하대학교 박사학위논문

### (5) 청소년다문화유레카

청소년다문화유레카는 2013년 경기도 안산시 '(사)국경없는마을'에서 진행한 다문화 인식개선 프로그램이다. 청소년다문화유레카는 다문화를 주제로 한 미디어(영화, 사진, 신문, 뉴스 등)를 비판적인 시각으로 바라보게 하는 데 목적을 두고 있다. 각 분야마다 전문가들이 와서 약 40~50분 정도 강의를 한 후, 모둠별로 미션을 수행한다.

〈표 10-4〉 국경없는마을 청소년다문화유레카

| 회차 | 수행내용 | 세부수행내용 |
|---|---|---|
| 1 | 오리엔테이션과 다문화 기본 인식 | • 관계형성을 위한 닉네임과 팀 이름 정하기<br>• 국경없는마을 체험 시간 '내가 찾아낸 국경없는마을 1가지 스토리' |
| 2 | 다문화 분석 및 비평 교육 기초 | • 다문화에 대한 시각 '내가 다문화를 말하다' |
| 3 | 뉴스 분석과 실습 | • 뉴스 분석의 기본과 작성의 기초 '오늘은 내가 기자다' |
| 4 | 이미지 분석과 실습 | • 사진 분석의 기본 개념과 분석 방법 '사진으로 이야기하다' |
| 5 | 영화 분석과 실습 | • 영상 분석 기본 개념과 분석 방법 '영상으로 표현하다' |
| 6 | 유레카 캠프(1박2일) | • 스토리텔링 '다문화 스토리텔링'<br>• 이주민과 함께 만들어가요 |

자료: (사)국경없는마을

### 3) 교실에서의 문화예술 활용 다문화 수업 사례

여기서는 교실에서 할 수 있는 문화예술 활용 다문화 수업방법들을 소개한다.

#### (1) 다문화 여권 만들기

① 교사와 학생은 다문화 여권을 만든다(실제 여권과 비슷하게 만듦).
② 교사는 학생들이 미션을 수행할 때마다 다문화 여권에 도장을 찍어준다.
③ 미션 수행 후, 다문화 여권에 그날 배운 것과 느낀 점에 대해 적도록 한다.

④ 모둠을 만들어 모둠원들 간 서로 느낀 점에 대해 나누도록 한다.

### (2) 사진 분석을 통해 비판적 시각 갖기

① 교사는 학생들에게 퓰리처상 수상작인 케빈 카터의 '수단의 굶주린 소녀(1993)', 도로시아 랭의 '이민자의 어머니(1936)', 에디 에덤스의 '사이공식 처형(1968)' 사진을 보여준다.
② 교사는 학생들에게 사진을 보고 느낀 점에 대해 이야기하도록 한다.
③ 교사는 사진 속 숨겨진 이야기에 대해 말한다.
④ 교사는 퓰리처상 수상작과 같이 다문화 관련 미디어 영상에 대해서도 비판적 시각을 가져야 한다고 말한다.

### (3) 몸으로 표현하기

① 교사는 한 학급 학생들을 여러 모둠으로 나눈다(한 모둠당 5~6명 정도가 적당).
② 각 모둠은 교실 앞에 나가서 한 줄로 선다.
③ 맨 앞에 있는 학생은 교사가 보여준 단어 혹은 문장을 몸으로 설명한다. 두 번째 학생은 자신이 이해한 것을 세 번째 학생에게 몸으로 설명한다. 마지막 학생은 정답을 이야기한다.
④ 정답을 이야기한 모둠은 다문화 여권에 도장을 찍어준다.
⑤ 교사는 학생들에게 외국인이 겪고 있는 소통의 어려움을 알게 하고, 그들을 이해하는 마음을 가져야 한다고 말한다.

### (4) 그림으로 표현하기

① 다문화를 주제로 한 영화를 본다.
② 교사는 학생들이 1주일 동안 영화에 대해 생각을 정리할 시간을 준다. 과제로는 학생들의 생각을 그림으로 표현하도록 한다.
③ 1주일 후, 지난 시간에 본 다문화 관련 영화에 대해 모둠 별로 토의(4~6명)한다. 학생들은 모둠원들에게 자신이 그린 그림을 보여주면서 토의한다.
④ 모둠 토의를 마친 후, 교사는 각 모둠에서 가장 잘한 작품을 선발하도록 하고, 모둠별 발표를 시킨다.

### (5) 다문화 마인드맵 그리기

① 교사는 각 모둠에게 전지를 한 장씩 나누어준다.
② 학생들은 '다문화'라는 주제를 놓고 각 모둠에서 마인드맵을 그리도록 한다.
③ 교사는 학생들이 작성한 내용에 대해 모둠별 토의하도록 한다.
④ 교사는 모둠별 토의를 통해 학생들이 다른 문화에 대해 선입견과 편견을 갖고 있었다는 것을 알도록 한다.

### (6) 세계 지도를 통한 다문화 간접 경험

① 교사는 세계 지도가 그려진 전지를 준비하고, 모둠에 전지를 한 장씩 나누어준다.

② 교사는 세계 지도가 그려진 전지에 다문화라는 주제를 놓고 각 모둠에서 각 나라에 대한 경험을 이야기하게 하고, 방문했던 나라 혹은 가고 싶은 나라에 표시하도록 한다.

③ 교사는 학생들이 방문했던 나라에 대한 느낌을 물어본다. 그리고 왜 가고 싶은지에 대해 말하도록 한다.

④ 학생들이 여러 나라에 대해 이야기할 때, 교사는 미리 준비한 다른 나라의 문화에 대해서 이야기하며, 학생들이 다양한 문화를 간접 경험하도록 한다.

### (7) 다른 나라 신발(정문성 · 전영은, 2014)

① 교사는 여러 나라의 신발 그림을 준비한다(예: 고려시대 국사의 신발, 일본의 게다, 스페인의 플라멩고화, 알래스카의 머클럭, 터키의 예메니, 몽골의 고탈, 네덜란드의 글로그 등).

② 교사는 신발의 특징 및 소리를 말해주며, 학생들이 어느 나라의 신발인지 퀴즈를 풀어보도록 한다(예: 딱 다닥 딱딱 소리가 나요. 이 신발은 민속춤인 플라멩고를 출 때 신는 신발이랍니다. 또각 또각 소리가 나요. 빗물이 스며들지 않게 나무 표면에 밀랍을 발라줍니다.).

③ 교사는 신발의 이름을 말해주며, 그 나라의 문화에 대해 이야기한다(예1: 네덜란드는 바다가 땅보다 높은 곳이 있어서 땅이 질퍽하대요. 그래서 나무를 깎아 만든 신발을 신어요. 클로그를 신을 때는 자기 발 치수보다 큰 것을 고르고 미끄러지지 않게 두꺼운 양말을 신어야 합니다. 예2: 터키는 전체 국민의 98%가 이슬람교도랍니다. 하루에 다섯 차례

나 예배를 드리기 때문에 신발을 자주 벗어야 합니다. 또한 한국 사람처럼 실내에서 신발을 벗고 생활하기 때문에 뒤가 트이고 신고 벗기 쉬운 예메니를 신게 되었답니다.).

④ 학생들은 각 나라별 신발의 이미지를 몸으로 표현한다.

### (8) 다른 나라의 놀이 문화 체험하기

① 교사는 베트남, 태국, 중국, 독일, 오스트레일리아, 한국 등 다양한 나라의 (전통)놀이를 위한 교구를 준비한다.

② 교사는 준비해 온 놀이 교구를 보여주며 학생들에게 어느 나라의 놀이 도구이며, 어떻게 하는 건지 맞혀 보도록 한다.

③ 교사는 정답을 말하고, 관련 동영상을 보여준다.

④ 학생들은 모둠을 구성하여, 모둠 안에서 하나씩 놀이를 체험해 본다.

⑤ 교사는 학생들이 모둠 안에서 놀이를 해 본 경험을 이야기해 보도록 한다.

⑥ 교사는 나라는 서로 다르지만 모두 놀이를 통해 즐거웠음을 강조한다.

## 발도르프 학교의 문화예술교육

맥신 그린(Maxine Greene)은 '널리 깨어 있음' 문화예술교육을 통해 더 적절하게 표현과 감상능력을 키워주어야 한다고 했다. 역으로 말하면 우리는 충분히 널리 깨어 있게 만들지 못했다는 것이다. 인간은 말과 글뿐만 아니라 그림, 소리, 몸짓 등 인간의 모든 표현이 가능한 문화예술적 표현과 감상을 충분히 우리 학교에서 길러주지 못했다. 입시 위주의 교육문화 때문에 문화예술 관련 교과는 학교에서 찬밥 신세가 되었고, 학생들에게 문화예술결핍을 초래했을 뿐만 아니라 그 분야의 뛰어난 아이들이 교육기회의 박탈을 당했다고 볼 수 있다.

특히 어린이는 신체와 감성이 집중적으로 발달하기 때문에 초등학교 수준에서는 문화예술교육만 시켜도 충분하다는 것이 루돌프 슈타이너(Rudolf Steiner)의 발도르프 학교 철학이다. 슈타이너는 어린이는 감성적으로 세계를 향해 열려 있다고 하였으며, 이러한 발달 수준에 맞추어 감성과 신체발달을 마음껏 발휘할 수 있는 문화예술교육을 시켰다. 사춘기가 되고 지적 발달이 왕성하게 시작될 때 비로소 인지적 영역의 교육을 한다. 어린이들은 자신들의 발달단계에 적합한 학습을 통해 행복한 배움을 누린다. 발도르프 학교 교사는 증언한다.

슈타이너(1861~1925)

"발도르프 학교와 일반학교를 졸업한 학생의 능력 차이는 없습니다. 다만 한 학생은 천국에서 공부했고, 다른 학생은 지옥에서 공부했다는 것이 차이지요."

발도르프 학교의 우수성을 강조하는 것이 아니라 결과가 같다면 천국에서 공부하는 것이 낫다는 것이다. 발도르프 학교에 다니는 학생은 처음에 일반 학교에 다니는 학생들이 배우는 곱셈, 나눗셈을 배우지 않는 것이 불안했다고 한다. 그러나 일반 학생들이 이해되지 않는 인지적 지식을 10개월 동안 끙끙대며 힘들게 배웠다면 발도르프 학교 학생들은 마지막 1개월 동안 쉽게 배웠다는 것이다. 어린 시절을 돌이켜본다면 6학년이 되었을 때, 과거 5학년 교과서를 보면서 이렇게 쉬운 걸 그때는 왜 그렇게 어려워했지 하며 의아해했던 기억이 있을 것이다. 인지적 발달이 충분히 되지 않을 때부터 인지적 내용을 배우려고 하니 힘들었던 것이다.

다음 장에서 다룰 다중지능 이론은 문화예술교육의 효과론의 중요한 근거가 된다. 다중지능은 발달 시기가 다를 뿐만 아니라 다양한 지능이 골고루, 또한 어떤 지능은 자신의 우월적 지능이 되기도 하고, 아울러 여러 지능들이 복합적으로 시너지를 이루어 나의 능력을 한껏 발달시킬 수 있는 놀라운 경험을 하게 된다. 결론적으로 언어와 논리수학으로만 공부하는 시대는 지났다. 우리 사회는 그 외의 다양한 지능을 요구하며 그와 관련된 다양한 직업과 인재를 필요로 하고 있다.

# 참 고 문 헌

김진수(2012). STEAM교육론. 서울: 양서원.

서울문화재단(2013). 사회로 예술하기 3학년 사회. 서울: 서울문화재단 예술교육팀, pp. 40-51.

송미숙 · 김경은 · 홍애령(2014). 문화예술교육의 이론과 실제. 레인보우북스.

이정화(2014). 문화예술교육의 이해. 커뮤니케이션북스.

이홍우(1995). 교육의 개념. 서울: 교육과학사.

전영은(2012). 한국의 문화예술교육 정책 변천에 관한 연구: 정책범주 및 계열성을 중심으로. 인하대학교 대학원 석사학위논문.

전영은(2015). 다문화교육에서 활용되는 문화예술 체험활동에 관한 문화인지론적 연구: 신체성을 중심으로. 인하대학교 대학원 박사학위논문.

정문성 · 전영은(2014). 교육과정 재구성을 통한 문화예술교육 가능성 탐색: "사회로 예술하기" 사례를 중심으로. 시민교육연구, 46(2), 283-305.

정옥희(2019). 예술교육의 다문화 실천 담론. 교육과학사.

한국예술교육학회(2017). 문화예술교육개론. 레인보우북스.

Johnson, M. (1990). *The body in the mind*. Chicago: The University of Chicago Press.

Lakoff, G. & Johnson, M. (1999). *Philosophy in the flesh*. NY: Basic Books.

Medina, J. (2008). Brain rules. 서영조 역(2009). 브레인룰스. 서울: 프런티어.

# 제11장 다중지능 수업

## 1. 다중지능 이론의 개념과 배경

### 1) 다중지능 이론의 기본 가정

다중지능 이론을 주장한 Gardner(2006, 2011)는 지능에 대해 다음과 같은 기본 가정을 하고 있다.

#### (1) 모든 사람은 8가지 지능을 가지고 있다

인간의 지능을 측정할 수 있다고 생각한 이후, IQ(Intelligence Quotient)는 인간의 능력을 측정하는 대표적인 지수였다. 물론, 처음에는 신뢰도가 낮았으나 지속적인 연구를 통해 상당한 정도의 신뢰도를 갖는 객관적인 인간 능력의 지수 역할을 해왔다. 그러나 지능지수는 객관적인 측정 가능성의 요구로 인해 주로 언어와 수리 능력으로 측정되었기 때문에 인간 능력의 대표라고 보기에는 한계가 있었다. 즉 특정 영역의 지수일 뿐이었다. 물론, 과거 산업화 시대에는 언어 능력과 수리 능력만으로도 충분히 인간의 능력을 대표할 수 있었다. 그러나 포스트모던 사회에서는 언어와 수리 능력 이외에 다양한 영역의 능력이 필요해지고, 발휘되면서 지능지수는 인간의 성공을 예언하는 지수로써 역할에 점점 한계를 드러내기 시작했다. 이성, 질서, 체계, 보편성, 객관성 등의 가치들이 감성, 생산적 파괴, 창의성, 특수성, 개성 등의 가치들로 대체되면서 이에 맞는 인간의 능력이 강조되었다. 이에 Gardner는 산업화 시대에는 관심을 갖지 못한 다양한 영역의 지능들을 부각해야 한다고 주장하였다. 그가 찾아낸 지능은 언어, 논리-수리, 공간, 신체-운동, 음악, 대인 관계, 개인이해, 자연이해 등 8가지이다. 이러한 다양한 지능은 모든 개인에게 보편적으로 있는 것이다. 과거에는 인정받지 못한 지능들이 이제는 인정받을 뿐 아니라 언어 지능이나 논리·수학 지능보다 더 중요하게 작용할 수도 있다. 이들 8가지 지능은 어디까지나 잠정적 지능들이고, 앞으로 더 많은 지능들이 강조될 여지는 열려있다고 본다.

### (2) 각 지능은 높은 수준까지 발달시킬 수 있다

8가지 지능은 교육이나 스스로의 노력에 의해 높은 수준까지 계발이 가능하다. 언어 능력과 수리 능력이 언어 공부나 수리 공부를 통해 향상될 수 있듯이 8가지 지능은 얼마든지 계발되고 향상될 수 있다. 그러므로 이를 향상하기 위한 다양하고 적합한 수업방법들이 필요하게 되었다.

### (3) 각 지능들은 복잡한 방식으로 함께 능력을 발휘한다

8가지 지능은 모든 사람에게 내재되어 있지만 발휘될 때는 서로 연계되어 나타난다. 즉 8가지 지능 중에 한 가지만 돋보이는 것이 아니라 여러 개가 서로 복합되어 능력이 발휘된다는 것이다. 이는 인간의 기본적인 생체적 특성과 마찬가지로 설명될 수 있다. 우리의 신체 각 부분이 각각 발달하지만, 동시에 서로 연합하여 그 기능을 발휘하듯이 각 지능들도 서로 연합하여 필요한 능력을 발휘한다. 인간의 삶의 양식은 총체적이기 때문이다.

#### (4) 각 지능 내에서도 다양한 방식으로 능력을 발휘한다

8가지 지능 간 연합하여 능력을 발휘하지만 각 지능 내에서도 다양한 방식으로 능력을 나타낸다. 언어 지능이 뛰어난 사람들도 영어를 잘하는 사람이 있는가 하면 국어를 잘하는 사람도 있는 것처럼 개인마다 다양하게 나타난다. 개인마다 다양하게 나타난다. 또한 음악 지능이 뛰어나다고 해도 모든 음악가가 절대화음을 가지고 있는 것은 아니며, 모든 악기를 잘 다루는 것도 아니다. 악기마다 다루는 방법이 다르기 때문에 호흡에 약하다면 관악기는 다루기 힘들 것이다.

### 2) 8가지 지능의 분류

Gardner는 최근 제9지능인 영성 지능에 대해서도 언급했지만 지금까지 받아들여지고 있는 것은 다음의 8가지 지능이다. 각 지능의 특성과 관련 직업을 알아보면 우리 주변의 사람들이 어떤 다중지능을 가졌는지 쉽게 알 수 있다.

#### (1) 언어 지능(Verbal-linguistic intelligence)

말과 글을 효과적으로 사용하는 능력을 말한다. 이는 전통적인 지능지수

검사에서도 중요하게 다룬 지능이다. 언어 지능이 뛰어난 사람들은 정치가, 변호사, 시인, 언론인 등을 들 수 있다.

### (2) 논리 · 수학 지능(Logical-mathematical intelligence)

숫자를 효과적으로 이용하거나 추론을 잘하는 능력을 말한다. 이 역시 전통적인 지능지수검사에서 중요하게 다룬 지능이다. 이 지능이 뛰어난 사람들은 수학자, 회계사, 통계학자, 과학자, 컴퓨터 프로그래머, 논리학자 등이다.

### (3) 공간 지능(Visual-spatial intelligence)

시각-공간을 정확히 지각하고 이를 응용하는 능력을 말한다. 이 지능이 뛰어난 사람들은 사냥꾼, 건축가, 장식가, 예술가 등을 들 수 있다.

### (4) 신체 · 운동 지능(Bodily-kinesthetic intelligence)

몸과 손발을 잘 이용하는 능력을 말한다. 배우, 운동선수, 무용가, 공예가, 외과 의사, 기계공 등이 이 지능이 높은 사람들이다.

### (5) 음악 지능(Musical intelligence)

음악적 형태를 지각, 변별, 변형, 표현을 잘하는 능력을 말한다. 작곡가, 연주가, 음악 비평가, 음악 애호가 등 주로 음악에 종사한다.

### (6) 대인 관계 지능(Interpersonal intelligence)

타인의 의도, 기분, 느낌을 잘 지각하고 구분하는 능력을 말한다. 대인 관계 능력이 뛰어난 사람들로서 종교가, 교사, 치료사, 영업인 등을 들 수 있다.

### (7) 개인이해 지능(Intrapersonal intelligence)

자신을 잘 알고 통제하며 계발하는 능력을 말한다. 자신을 객관화하여 볼 수 있다. 따라서 자신을 잘 통제할 수 있다. 상상력이 풍부한 소설가, 상대를 잘 이해하는 상담가 등이 대표적 직업이다.

### (8) 자연이해 지능(Naturalist intelligence)

생물을 구분하고 자연의 특성을 잘 이해하는 능력이다. 우리 주변에 자연 친화적인 삶을 추구하는 사람들을 흔히 볼 수 있다. 이들은 자연이해 지능이 높다고 볼 수 있다. 사냥꾼, 수집가, 농부, 식물학자 등이 대표적이다.

## 3) 다중지능의 이론적 근거

Gardner(2006, 2011)는 전술한 바와 같이 네 가지 가정을 이야기하면서 이 지능을 8가지로 구분할 수 있는 근거는 다음의 9가지 준거 때문에 가능하다고 하였다(윤기옥 외, 2009).

### (1) 두뇌의 특정 부분이 손상되면 특정 영역의 지능만 영향을 받음

좌측전두엽이 손상된 사람은 언어적 장애를 겪지만 다른 지능들은 아무런 장애가 없다는 실험근거를 들어 두뇌의 특정 부분이 특정 영역의 지능을 담당한다고 가정하고 있다. 이는 지능의 구분이 가능하다는 것을 의미한다.

### (2) 서번트 증후군(Savant Syndrome)은 특정 지능만 천재적으로 발달

어떤 사정으로 인해 다양한 지능이 골고루 발달하지 못하고, 어느 한 지능 또는 여러 지능이 발달하는 것이 제한되면서 대신에 다른 지능이 급속히 발달한 경우가 제법 많다. 이를 서번트 증후군이라고 한다. 실제 인물인 영화 레인맨의 Raymond처럼 논리-수학적 지능은 천재적으로 발달했으나, 다른 지능은 장애수준인 경우도 있고, 자폐아이나 회화능력이 뛰어난 작가들도 있다.

### (3) 지능의 발달 시기는 지능마다 다름

음악의 작곡은 어린 나이에 고도로 발달하며 나이가 들어도 쇠퇴하지 않는다. 위대한 수학과 과학적 발견은 주로 10대에 이루어진다. 그러나 헤밍웨이처럼 소설가는 나이가 들어서 위대한 작품을 쓰기도 한다. 즉 다중지능의 발달 시기는 지능마다 차이가 있다.

### (4) 각 지능의 가치를 어떻게 보느냐는 시대나 문화에 따라 다름

신체·운동 지능은 농업을 중시하던 시대에, 공간 지능은 멀티미디어가 강조되는 최근에 발달하였다. 전술한 바와 같이 다중지능 이론이 각광받는 것은 포스트모더니즘이라는 시대가 다중지능을 원하기 때문이라고 볼 수 있다.

### (5) 기존의 지능검사에도 8가지 지능이 일정 부분 포함되어 있음

지능지수로 대변되는 기존의 지능검사는 주로 언어 지능과 논리-수학 지능을 중심으로 측정했지만 다른 지능들도 조금씩은 다 포함되어 있다. 그러므로 다중지능 이론이 전혀 새삼스런 주장이라기보다는 조금씩 발견되고, 전개되고 다듬어지면서 만들어진 것으로 보아야 한다.

### (6) 사람마다 8가지 지능의 능력이 각각 다르게 측정됨

적성검사를 하면 학생들마다 적성 영역의 차이가 있는 것처럼 사람마다 다중지능이 다르고, 이를 각각 구분하여 측정할 수 있다. 즉 8가지 지능이 각각 분리될 수 있는 능력이라는 것을 말해준다.

### (7) 각 지능은 그 지능을 발휘할 수 있는 하위 기능들이 있음

음악 지능은 가락에 대한 민감성이나 다양한 멜로디를 식별하는 능력들이 있고, 신체-운동 지능은 섬세한 운동근육, 타인의 움직임을 흉내 내는 능력 등이 있어야 한다. 이처럼 8개 지능은 각각 하위에 그 지능을 구성하고 있는 또 다른 하위 영역들이 분류되는 것처럼 하위 능력들은 사람마다 다르다.

### (8) 각 지능은 상징체계로 기호화가 가능함

언어 지능에는 한국어, 중국어, 영어 등 발음과 문자가 있고, 공간 지능에는 그래픽이 있는 것처럼 8가지 지능들을 보여줄 상징체계들이 다 있다.

#### (9) 이미 오래전부터 혁신적 교육방법 출현의 배경에는 다중지능이 있음

다음의 학자들은 혁신적 교육방법을 주장했는데, 공통점은 전통적인 지능지수를 강조하지 않았다는 점이다. 오히려 아동의 발달단계에 맞는 행동과 체험으로 학습하는 방법을 강조하고 있다.

- 루소(Rousseau): 아동은 말이 아닌 경험으로 학습해야 한다고 주장
- 페스탈로치(Pestalozzi): 구체적 경험을 근거로 통합교육과정을 주장
- 프뢰벨(Froebel): 장난감을 이용한 체험학습을 강조하면서 유치원 창시
- 몬테소리(Montessori): 촉각자료를 이용한 학습을 강조
- 듀이(Dewey): 행동으로 학습 강조

## 2. 다중지능 수업의 특징

### 1) 다중지능 이론이 수업방법에 끼친 영향

다중지능 이론은 기존의 수업방법에 많은 영향을 끼쳤다. 수업은 교수-학습이라고 한다. 학생의 학습에 처방을 내리는 교수로 구성되기 때문이다. 그렇기 때문에 학습이론이 바뀌면 이에 따른 수업방법도 바꾸어야 한다. 다중지능 이론은 학습의 주체인 학생을 보는 관점을 바꾸었다.

### (1) 학생들을 다양한 가능성을 가진 존재로 보게 됨

과거 학생들은 언어와 수리 능력을 학습 능력의 핵심으로 생각했지만, 이제는 8가지의 다양한 학습 능력을 가진 존재가 되었다. 다시 말하면 8가지의 지능이 계발될 수 있는, 그런 가능성이 열려있는 존재가 된 것이다. 뿐만 아니라 8가지 지능은 서로 연결되어 시너지 효과를 낳게 된다. 또한 8가지 지능 중 하나가 천재적으로 계발될 가능성도 있다. 그만큼 이전보다 학생의 발전 가능성을 훨씬 긍정적으로 보게 되었다. 즉 과거에는 학생들이 갈 수 있는 길이 2개였다면 이제는 8개가 된 것이다.

### (2) 학생들은 다양한 학습스타일을 가지고 있다고 보게 됨

학생들이 가진 능력이 8개 종류로 분류되면 학생들의 학습스타일도 8개로 분류될 수 있다. 학생들은 자신이 잘하는 능력을 수단으로 학습하는 경향이 있기 때문이다. 학생의 학습 능력이 다양함에 따라 수업방식도 다양하게 할 필요가 있게 되었다. 기존의 수업처럼 수업시간의 70%가 교사의 지시로 이루어지는 수업은 다중지능 이론에는 역행하는 것이기 때문이다. 따라서 교사는 더욱 학생들의 학습 능력과 태도에 관심을 갖게 되었다.

### (3) 수업목표, 수업방법, 평가방법에 개선이 요구됨

전통적인 수업의 행동목표는 지식, 기능, 태도였다. 여기에 학습내용이 결합된다. 다중지능은 수업의 행동목표에 다양한 옷을 입히는 결과를 가져왔다. 예를 들어 기능의 종류가 8가지 영역으로 확대되었다. 그만큼 학생들은 잘할 수 있었지만 쓰지 못했던 근육들을 쓰게 되었다. 그만큼 자신의 잠재해 있는 능력들을 더욱 개발하게 되었다.

수업목표에 통합 또는 융합교육이 강조되었다. 8개 지능은 각각 독립적으로 계발되는 것이 아니라 서로 통합 또는 융합되어 시너지 효과를 내기 때문이다. 따라서 수업에서 이러한 기회를 제공하면서 수업방법은 더욱 다양해졌다. 다음은 다중지능이 다양한 수업방법을 사용하게 하는 사례이다.

리드미컬한 목소리로 중요한 점을 강조하며 강의하고(음악), 중요한 것을 설명하기 위하여 흑판에 그림을 그리고(공간), 이야기할 때 극적인 몸짓을 하며(신체 · 운동), 학생들에게 반성할 시간을 주기 위하여 멈추며(개인이해), 대인 관계가 활발하게 이루어지도록 질문을 하는(대인 관계) 교사는 교사중심적인 측면에서 다중지능 이론의 원칙을 이용하고 있는 것이다.

수업목표와 수업방법이 달라지면 평가방법도 달라질 수밖에 없다. 예를 들어 언어로 표현할 수 없지만 몸으로 더 잘 표현하는 학생도 있다. 이러한 학생은 언어보다는 몸으로 평가를 하면 훨씬 자신의 능력을 잘 나타낼 수 있을 것이다. 따라서 평가방법도 더욱 다양해졌다.

### 2) 다중지능의 수업방법들

다중지능은 수업방법을 다양화하는 데 기여하였다. 기본적으로 각 지능은 그 특성상 〈표 11-1〉과 같은 수업방법을 활용하게 한다(윤기옥 외, 2009).

〈표 11-1〉 다중지능 수업방법

| 다중 지능 | 주된 수업방법 |
|---|---|
| 언어 | 어떻게 구어와 문어를 이용할 수 있을까? |
| | 설명, 학습지, 글짓기, 단어게임, 발표, 스토리텔링, 수업일지, 읽기, 학급신문 만들기, 인터뷰, 녹음자료 활용 등 |
| 논리 수학 | 어떻게 수, 계산을 논리적으로 분류할 수 있을까? |
| | 분류, 범주화, 규칙 만들기, 수량화, 계열적 제시, 발견 학습 등 |
| 공간 | 어떻게 시각적 자료, 색, 미술작품을 이용할 수 있을까? |
| | 차트, 그래프, 표, 지도, 사진, 비디오, 슬라이드, 영화, 색칠하기, 망원경, 현미경 등 |
| 신체 운동 | 어떻게 몸의 모든 부분을 이용할 수 있을까? |
| | 현장학습, 무언극, 연극, 인형극, 신체 게임, 공예, 운동, 요리, 원예, 조작활동 등 |
| 음악 | 어떻게 주변의 소리, 아름다운 선율을 이용할 수 있을까? |
| | 노래하기, 휘파람 부르기, 연주하기, 악기 다루기, 음악 감상 등 |
| 대인 관계 | 어떻게 동료와 협동하고 모둠 활동에 몰두하게 할 수 있을까? |
| | 협동학습, 토의·토론, 시뮬레이션, 모둠 활동 등 |
| 개인이해 | 어떻게 개인의 감정과 기억을 불러일으키고 선택하게 할 수 있을까? |
| | 개별화 수업, 숙제 선택, 활동 선택, 선택학습코너 등 |
| 자연이해 | 어떻게 생물을 구분하고, 자연의 특성을 민감하게 인식할 수 있을까? |
| | 동물원, 식물원, 수족관, 숲 관찰, 별 관찰, 갯벌탐사, 자연 관련 비디오 보기 등 |

## 3. 다중지능 수업과 다문화교육

우리나라의 다문화사회는 급격히 찾아왔다. 불과 얼마 전까지만 해도 우리나라는 단일민족을 강조했고, 순수 혈통임을 자랑스러워했다. 이러한 민족주의는 약소국일 경우 힘을 집결하기 위해 필요한 이데올로기로 사용될 수 있다. 그러나 강대국이 민족주의를 강조하면 제국주의로 변모한다. 한국도 급속한 경제성장으로 OECD국가로 성장하였다. 아울러 세계화 추세와 함께 어느 시기보다도 외국인 거주자가 급격하게 늘어나고, 다문화사회로 진입했음을 인정하게 되었다. 이에 기존의 단일민족 이데올로기는 버리고 문화다양성을 인정하고, 이러한 다양성이 오늘날 사회에서는 새로운 동력으로 작용하는 시대의 세계시민으로서의 역할을 강조하게 되었다.

그러나 당위적인 또는 선언적인 다문화사회는 시민들에게 쉽게 받아들여지지 않는다. 왜냐하면 미국, 호주, 캐나다처럼 처음부터 이민국가도 아니었고, 또 다문화사회라고는 하지만 아직은 외국인 거주자의 수가 그렇게 많지 않은 환경이기 때문에 좀 더 설득력 있는 접근법이 필요하다.

가장 좋은 방법 중의 하나는 내 몸의 감정과 인지에서부터 다양한 요소가 있다는 것을 느끼면서 가까운 내 주위에서부터 문화다양성에 둘러싸여 있다는 것을 받아들이면서 다문화를 이해해야 함을 깨닫게 하는 것이다. 이처럼 내 몸에서 출발하여 점차 영역을 확대하는 것이 다문화 태도에 대한 자연스러운 공감을 얻게 한다. 다음은 이러한 수업의 사례를 소개한다.

## 1) 내 마음 안의 여러 감정(Inside Out 모형)

### (1) 수업의 특징

애니메이션 영화 Inside Out의 스토리가 배경이다. 이 영화는 개인의 감정을 조정하는 다섯 가지 감정(기쁨이, 슬픔이, 까칠이, 소심이, 버럭이)의 활동을 우리가 볼 수 있도록 드러내고 그 감정들의 활약상을 보여주는 심리학적, 철학적 영화이다. 처음엔 기쁨이가 항상 주도권을 쥐고 다른 감정들을 통제하려 한다. 항상 기쁘게 사는 것이 당연한 것처럼 여기지만 우리의 삶은 그렇지 않다. 친구의 아버지가 돌아가셨다면 함께 슬퍼해주어야 한다. 이때는 슬픔이가 필요하고 큰 역할을 한다. 즉 다섯 가지 감정은 우리의 삶에서 모두 다 소중한 감정이다. 적절한 때에 적절한 감정이 활동을 해야 하는 것이다. 기쁨이도 나중에 이를 깨닫게 된다. 우리의 감정은 대부분 다 복합감정이다. 하나의 감정만 나타나지 않는다. 그러므로 다섯 가지 감정은 조화를 잘 이루어서 바람직한 감정을 보여주어야 한다. 이처럼 내 마음에서부터 다양성이 존재하고 삶의 활력소임을 깨닫게 해야 한다. 그리고 그것의 아름다운 조화가 내 삶을 아름답게 만든다는 것을 느끼게 한다.

### (2) 방법

학생은 평소의 나, 수업할 때의 나, 놀 때의 나일 때, 다섯 가지 감정의 정도를 꺾은선 그래프로 그려본다. 소모둠을 만들고, 돌아가면서 자신의 감정 그래프를 돌아가며 설명한다. 이 활동만으로 학생들은 자신의 감정 상태를 '또 다른 내'가 살펴볼 수 있는 메타인지를 경험한다. 자신의 감정을 또 다른 내가 살펴볼 수 있는 기회, 이것이 스스로의 감정을 통제할 수 있는 출발점이다. 내 몸 안에서도 다양한 감정들이 각자의 역할을 하고 있으며, 이들의 조화가 곧 나의 복합감정임을 깨닫는다. 그리고 각 감정들의 소중함을 느낀다.

[그림 11-1] 애니메이션 영화 Inside Out 포스터

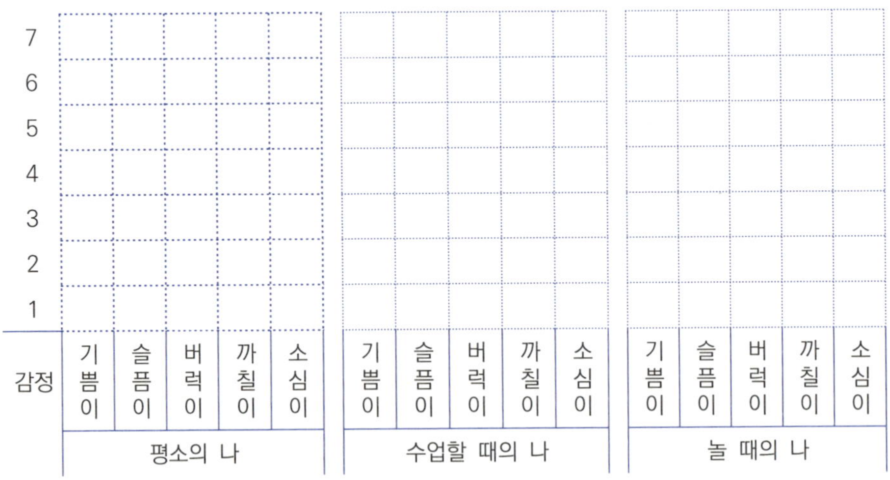


[그림 11-2] Inside Out 활동지

## 2) 내 안의 다중지능(다중지능 모형)

### (1) 수업의 특징

Bloom이 분류한 6가지 사고력과 다중지능을 매트릭스로 만들고 각각의 활동 주제를 만든다. 다중지능에 맞게 수업과제를 사고력 차원에 따라 분류한다. 학생들은 흥미 있고 잘할 수 있는 셀 주제를 3개 정도 선택하고 학습을 한다. 학생들은 자신이 잘하는 다중지능을 활용하여 학습하기 때문에 학습동기도 높게 나타나고 좋은 학습결과물을 만들어낼 수 있다. 이 활동을 통해 학생들은 자신이 어떤 지능이 높은지를 깨닫고 사람마다 잘하는 지능이 다르다는 것도 깨닫는다. 또 학생들마다 다중지능이 다르므로 거의 대부분 셀 주제가 골고루 선택된다.

### (2) 방법

각 개인은 매트릭스의 학습주제 중에 자신이 잘하는 다중지능(가로축) 3개를 선택하고 사고력(세로축) 6개 중에서도 3개를 선택하여 총 3개의 셀 과제를 자신의 과제로 선택할 수 있다. 학생들마다 다양한 과제를 선택하게 되므로 매트릭스의 모든 과제를 해결하는 결과를 얻게 된다. 교사는 학생들의 과제발표의 순서를 잘 정해서 차례로 모든 과제를 해결한다. 〈표 11-2〉와 〈표 11-3〉은 다중지능 수업계획표 예시이다(구Bloom분류 기준). 인도차이나라는 주제로 8개의 다중지능과 6개의 사고력을 매트릭스로 만들었다. 〈표 11-3〉은 교육대학원에서 다문화교육을 전공하는 초등교원이 다문화를 주제로 초등학교 5학년과 6학년을 대상으로 직접 만든 다중지능 수업계획 매트릭스의 예시이다. 이와 같이 같은 학년 교사들이 모여서 다중지능 수업계획 매트릭스를 만들 수도 있고, 한 명의 교사가 모두 만들 수도 있다.

〈표 11-2〉 다중지능 수업계획(인도차이나-베트남, 캄보디아, 라오스, 말레이시아, 미얀마 등)

| 구분 | 지식 | 이해 | 적용 | 분석 | 종합 | 평가 |
|---|---|---|---|---|---|---|
| 언어 | 사용되는 언어 목록 만들기 | 언어보고서 만들기 | 국가별 특정 단어 번역 표 만들기 | 각국 언어의 어원 분석 | 각국 언어로 인사말 카드 만들기 | 각국 각종 단어카드로 언어 구별 |
| 논리 수학 | 각국 언어로 1~10까지 수세기 | 각국에서 사용되는 큰 숫자 표기법 차이 이해 | 아라비아 숫자를 특정국가 숫자로 변경 | 각국 숫자 표기 방식 분석 | 각국 숫자로 기술된 간단한 덧셈 뺄셈을 정확하게 맞히기 | 각국에 숫자를 사용해 표시한 표지판 및 간판 등 구별 |
| 공간 | 각국 면적조사 | 각국 주요 산업과 지리적 관계 | 각국 수도 표시 | 각국 수도 위치 분석하기 (내륙과 해안 차이 등) | 각국 면적과 수도 위치의 관련성 설명 | 각국 수도와 한국 서울 간 거리 측정 및 비행시간 비교 |
| 신체 운동 | 각국 올림픽 참가 종목 리스트 만들기 | 각국 인기 스포츠경기 나열 | 각국 인기 스포츠 종목 직접 시도 | 각국 인기 스포츠와 올림픽 참가 종목의 관련성 분석 | 각국 기후차이와 주요 인기 스포츠종목의 관련성 설명 | 각 국가별 스포츠 스타 인지도 알아보기 |
| 음악 | 나라별 전통악기 종류 | 각국 전통 악기 연주법 이해 및 설명 | 각국 국가 불러보기 | 각국 국가 가사 이해와 주제 분석 | 개인이 다룰 수 있는 악기로 각국 국가 1소절 이상 연주 | 각국 전통악기로 연주된 국가를 구별 |
| 대인 관계 | 각국 인사말 및 특별한 표현 방법 나열 | 각국 인사말이 뜻하는 표현 이해 | 각국 인사말로 서로 인사해보기 | 대인 관계에서 중요시되는 특별한 행동 분석 | 각국 전통의상을 입고 의상에 따라 국가별 인사말하기 | 각국 인사말, 전통의상 카드 매칭 |
| 개인 이해 | 각국 전통음식 조사 후 개인 선호 음식 선택 | 선호하는 음식 재료와 요리법 설명 | 선호하는 음식 레시피 만들기 | 개인이 선호하는 각국 음식과 선호하는 한식과의 차이 비교 분석 | 각국 음식 레시피 카드 분별 | 각국 음식 이름 구별 및 간단한 레시피 (주재료 및 조리법 등) 설명 |
| 자연 이해 | 각국 대표 동물 식물표 만들기 | 각국 국화 조사 및 선택 배경 이해 | 각국 국화와 전통의상을 사용해 그림 그리기 | 각국 지리적 특징 비교 분석 | 각국 지리적 환경과 특정 식물 서식지 표기 | 각국 국화 그림카드 구별 및 이름 말하기 |

〈표 11-3〉 다중지능 수업계획(다문화 관련 주제, 초등학교 5, 6학년 대상)

| 구분 | 지식 | 이해 | 적용 | 분석 | 종합 | 평가 |
|---|---|---|---|---|---|---|
| 언어 | 인사말 목록 만들기 | 인사말 의미 알아보기 | 인사말 직접 해보기 | 각 나라의 문자 비교하기 | 인사말 발표하기 | 인사말 책 만들기 |
| 논리 수학 | 세계 인구 수 알아보기 | 인구 수 그래프 알아보기 | 지도에 인구 수 표기하기 | 세계 인구 수 비교하기 | 발표 자료 만들기 | 모둠별 분석 내용 발표하기 |
| 공간 | 대륙별 나라 위치 찾아보기 | 대륙별 특징 이해하기 | 지도 그리기 | 대륙 면적 비교하기 | 대륙별 소개 자료 만들기 | 모둠별 발표하기<br>-상호평가 |
| 신체 운동 | 전통놀이 알아보기 | 놀이방법 순서도 작성하기 | 전통놀이 해보기 | 전통놀이 비교하기 | 전통놀이 박람회 | 전통놀이 운동회하기 |
| 음악 | 전통민요 알아보기 | 전통 민요 가사 알아보기 | 전통민요 부르기 | 다른 나라 민요와 비교하기 | 전통 민요 부르기 | 전통민요 합창대회 하기 |
| 대인 관계 | 세계 식사예절 알아보기 | 식사예절의 생성배경 알아보기 | 세계 식사예절 역할극 해보기 | 세계 식사예절 비교하기 | 세계 식사예절 UCC 만들기 | 식사 예절 관련 퀴즈하기 |
| 개인 이해 | 우리나라 문화 떠올리기 | 문화의 특징 알아보기 | 내 삶과 관련짓기 | 내 생각과 다른 사람의 생각 비교하기 | 우리나라 문화에 대한 나의(우리의) 생각 정리하기 | 우리 문화 탐방 계획 세우기 |
| 자연 이해 | 세계 기후 알아보기 | 기후의 다양성 원인 이해하기 | 기후의 다양성으로 인한 생활 양식 알아보기 | 생활 문화 비교하기 | 각 나라의 집 만들기 | 세계 문화 전시회하기 |

*자료: 2019년 경인교육대학교 교육대학원(계절) 다문화사회 교수방법론 수업 시간 중

### 3) 내 주변의 다양성(둘 남고 둘 가기 모형)

#### (1) 특징

우리 주변에 남녀 특징의 차이를 알아봄으로써 다문화사회는 이미 우리의 가장 가까운 곳에 있다는 사실을 깨닫는다. 인류의 절반은 남자고 절반은 여자이다. 너무나 다른 사람이 함께 살고 있는 것이다. 다문화의 시작은 남녀에서부터 시작된다. 이 활동을 하면서 특히, 이웃의 다른 모둠으로부터 정보를 얻으러 가면 사람마다 다양한 생각을 하고 있다는 것을 깨닫게 된다. 다른 사람들의 의견을 모으면서 나 혼자 또는 우리 모둠에서 나온 생각만을 정리하는 것보다 훨씬 많은 아이디어를 얻는다는 것도 깨닫는다. 즉 우리는 나보다 강하다는 것을 깨닫게 된다.

#### (2) 방법

4명을 한 모둠으로 만들고, 브레인스토밍으로 남녀의 차이점을 6가지 찾아내어 적게 한다. 그런 후 두 명(1, 2번)의 학생은 남고, 나머지 두 명(3, 4번)은 시계방향으로 다른 모둠으로 파견한다. 1번 학생은 옆에서 온 다른 모둠의 두 사람을 따뜻하게 환영해주고, 2번 학생은 그들에게 우리 모둠이 찾아낸 남녀의 차이점 6가지를 설명한다. 이때 정보를 얻으러 온 두 사람은 자기 모둠이 찾아낸 것 외에 우리 모둠에서 새롭게 소개받은 남녀의 차이점을 메모한다. 3, 4번 학생은 같은 방향으로 또 모둠을 옮겨 같은 활동을 한 번 더 한다. 두 개의 다른 모둠을 방문한 두 사람은 자기 모둠으로 돌아가서 얻어온 정보를 남아있던 동료에게 전달한다. 우리가 찾아낸 6가지 외에 새롭게 알게 된 새로운 차이를 더해서 제출한다.

## 사람마다 다른 다중지능의 활용

### ■ 제도권을 뛰쳐나와야 했던 모델 제자

1980년대 후반 고등학교 교사였던 시절 졸업생이 느닷없이 나를 찾아왔다. 재수를 하고 있는데, 대학 진학을 포기하고 모델학교로 가고 싶다는 것이다. 문제는 부모와 주변 친척은 물론 친구들까지 반대를 해서 너무 힘들어 나에게 상담하고 싶어 왔다는 것이다. 솔직히 말해서 그때 필자의 느낌은 우리가 흔히 알고 있는 유명 모델처럼 뛰어난 외모와 특출하게 늘씬한 몸매를 가지고 있어서 누가 보더라도 모델이라고 할 만큼은 아니었다. 게다가 주변에서 밀어주어도 힘든 마당에 모두들 반대를 하고 있다지 않는가? 난감했다. 필자의 말 한마디와 태도가 한 인간의 인생을 좌지우지할 수 있는 상황이어서 너무 부담스러웠다. 결국 고민하다가 평소의 긍정적 성격대로 "정말 하고 싶으면 나중에 후회하지 않도록 해 봐라."라고 말해 버렸다. 그러자 갑자기 화색이 돈 제자는 펄쩍 듯이 기뻐하며 "그렇죠, 선생님!"을 연신 외쳤고, 그동안 자신이 했던 여러 가지 노력들을 신나게 설명했다. 그런 제자의 모습에 오히려 나는 불안해지기 시작했다. '정말, 그럴 작정인가?', '아니야, 저러다가 말겠지. 모델을 한다는 게 쉬운 일이 아닐 텐데.'

그러나 제자는 한 달에 한 번씩 나를 찾아왔다. 유일하게 모델을 하라고 격려해준 주변의 유일한 사람인 나에게서 용기와 힘을 얻기 위함이었다. 모두가 대학진학을 유일한 진로로 생각하던 시절이니 대학진학을 포기하고 모델이 될지도 모르고, 된다 하더라도 생계가 가능할지도 모를 직업이니 오죽 힘들었을까? 그런데 나를 놀라게 한 것은 찾아올 때마다 변하는 그녀의 모습이었다. '아니, 원래 저렇게 예뻤나?, 저렇게 날씬했나?, 저렇게 세련되었나?' 모델이 되어가고 있었다. 모델에 대한 철학도 뚜렷했다. 크리스천인 제자는 하나님이 진선미(眞善美)라는 달란트를 우리에게 주었는데, 자신은 그중에서도 '미(美)'적 달란트를 최대한 발휘해서 하나님의 영광을 세상에 드러내는 것이라고 했다. 그 후 그녀는 자기가 고등학교 때부터 하고 싶었던 모델을 위해 제도권을 박차고 나가서 10여 년 동안 모델활동을 행복하게 하였고, 나중에는 카페를 열어서 자신의 삶을 만들어 나갔다. 스스로 다중지능을 개발한 셈이다. 당시로서는 큰 모험이었다.

나에게도 큰 변화가 있었다. 제자에게 자극받은 나도 그동안 잊고 있었던 내 안의 미적 달란트를 발휘하기 위해 고민하기 시작했는데, 그게 알고 보니 다중지능의 하나였던 것이다. 그때부터 매일 아침 샤워를 하고, 드라이도 하고, 로션도 바르고 옷도 신경 써서 입고 다닌다. 다른 분들은 원래 그렇게 하고 있었겠지만 공부하는 사람이랍시고 머리도 안 감고 아무렇게나 옷을 입고 다니던 과거에 비해서는 큰 변화였다.

### ■ 다중지능을 허(許)하라

다음 그림은 한 여대생의 유럽 배낭여행그림이다. 가는 곳마다 입을 옷을 계획한 것이다. 방문할 유적지나 자연환경의 색을 고려하여 사진이 잘 나오도록 배색까지도 고려한 것이다. 겨울이기 때문에 가져가야 할 옷을 최대한 줄여서 이동이 많은 배낭여행이므로 짐을 최소화하기 위한 목적도 있다. 물론 계획표를 문자로 할 수도 있겠지만 이 학생은 이런 그림을 쉽고 빠르고 정확하게 그린다. 고등학교 때는 수포자일 정도로 논리 · 수학 지능은 떨어지지만 공간 지능이 상대적으로 뛰어난 것이다. 글로 표현하는 것보다 그림으로 쓱싹 그리는 것이 더 빠르다. 자신이 잘하는 지능으로 계획을 세우니 실천력도 높아진다. 논리 · 수학 지능과 언어 지능으로 공부했던 기성세대들이 다중지능으로 공부한 세대들을 자신들의 잣대로 교육하는 우려를 범하지 말아야 한다.

이태리 둘째 날 베네치아

## 참 고 문 헌


윤기옥 외(2009). 수업모형. 서울: 동문사.

정문성(2022). 토의 · 토론 수업방법 99. 파주: 교육과학사.

Gardner, H. (2006). *The multiple Intelligence*. NY: Basic Books.

Gardner, H. (2011). *Frames of mind: The theory of multiple intelligence*. NY: Basic Books.

# 제12장 스토리텔링과 극화 수업

## 1. 스토리텔링 수업

### 1) 스토리텔링의 개념

스토리텔링은 스토리와 텔링의 합성어이다. 원래 '스토리(story)'는 특정 인물이 특정 시간과 공간에서 사건을 수행하는 과정으로 소설과 같은 뜻이었으나 현대 사회에서 다양한 스토리 양식이 나타나면서 광의의 개념으로 사용되고 있다(박인기 외, 2013; 14-15).

스토리(story/敍事/narrative)는 '시간적 연계 속에서 일련의 사건에 의미를 부여하여 사실이든 허구이든 연속으로 이루어지는 담론'을 말한다. 스토리는 첫째, 시간적으로 연계되어야 한다. 둘째, 사건에 의미가 부여되어야 한다. 셋째, 사실이든 허구이든 모든 이야기를 뜻한다. 넷째, 서로 연결고리를 가지는 사건들이 등장한다.

텔링(telling)은 스토리가 구현되는 매체의 다양성과 그 효과를 의미한다. 스토리텔링 학습은 예를 들어 춘향전을 학습하는 것이 아니라 춘향전을 다양하게 텔링하면서 학습하는 것을 의미한다. 〈표 12－1〉처럼 다양한 방법을 사용할 수 있다.

〈표 12-1〉 스토리텔링의 방법

| 스토리텔링 | 특징 |
|---|---|
| 쓰는 행위 | 독자에게 텔링 |
| 읽는 행위 | 스토리 자체가 텔링 |
| 스토리 바꾸기 | 늘이고, 줄이고, 일부를 바꾸고 등 |
| 스토리를 여러 매체로 바꾸기 | 그림, 사진, 만화, 동영상, 영화 등 |
| 스토리를 놀이로 바꾸기 | 참여자나 관찰자나 |
| 스토리를 극으로 바꾸기 | 연극 등 |
| 명화를 보고 스토리 떠올리기 | 내가 나에게 하는 텔링 |

## 2) 스토리의 세 요소와 교육과의 관계

보통 스토리의 세 요소는 인물, 사건, 배경이다. 첫째, 인물(행위의 주인공)이 없으면 어떠한 행위도 일어나지 않는다. 스토리는 인물을 따라가기 때문이다. 둘째, 인물이 아무리 많아도 아무런 사건이 일어나지 않는다면 스토리가 아니다. 그저 존재할 뿐이다. 셋째, 배경이라는 시간과 공간이 스토리의 구체성을 보장한다. 즉 특정한 배경에서 사건이 일어나고 그 속에서 인물이 행위 하는데 이 세 요소가 스토리를 만들어낸다.

스토리가 교육에 중요한 것은 인간의 삶이 스토리이기 때문이다. 교육은 인간의 삶을 다루고, 특히 학교는 본격적인 삶을 준비시키는 과정이다. 그러므로 학습내용은 인간 삶의 조건으로 구성된다고 볼 수 있다. 이에 학습의 내용과 방법은 스토리의 방식으로 제시되는 것이 살아있는 교육이 된다. 공부하는 과정 자체도 일종의 사건이라고 볼 수 있는 것이다. 학교에 와서 수업을 하는 것은 박제된 전시품과 같이 죽어있는 것이 아니다. 학생은 지식을 탐구하는 주인공 인물이다. 공부하는 것 자체가 스토리가 되는 것이며, 이것의 연장이 일상의 삶이 되어야 한다.

### 3) 스토리의 교육적 의의

스토리텔링 수업의 교육적 의의를 살펴보기로 하자(김재춘・배지현, 2009; 류은영, 2009; 박인기, 2011; 최시한, 2010; 최혜실, 2009).

첫째, 전체적 사고를 가능하게 한다. 우리의 삶은 본질적으로 분절적이지 않고 전체성을 가지고 있다. 보통 수업은 여러 교과로 나누어 분절적으로 하고, 이를 통합 또는 종합하는 것은 학생들에게 맡겨져 있다. 그래서 수업이 삶과 연결이 안 되는 것이다. 그러나 스토리텔링 수업은 교과와 삶을 연결시켜준다.

둘째, 스토리에는 의미가 담겨있다. 무의미한 것은 스토리가 아니다. 그것은 동물적 삶에 불과하다. 스토리에서 의미를 찾는 것이 비판적 사고를 동반하게 한다. 간단한 예로 "왜 저렇게 되었지?"라는 질문 한번만 해도 자연스럽게 비판적 사고를 하게 된다.

셋째, 자기주도적 학습의 경험을 갖게 한다. 학습자는 창의적으로 사건을 연결하고 의미화하여 스토리를 구성하기 때문이다.

넷째, 탐구학습을 경험한다. 학습을 스토리로 이어 가는 것 자체가 탐구의 여로이다.

다섯째, 어려운 지식을 쉽게 변용할 수 있다. 예를 들어 삼권분립은 민주주의의 역사적 발전과정에서 정착된 것으로 어려운 개념인데, 셋이 균등하게 권력을 나누어야 안정된다는 스토리로 이해하면 쉽게 납득이 된다.

여섯째, 사실의 경험이 가치발견의 경험으로 심화된다. 스토리는 사실의 연속으로 구성되는데 관계를 맺을 때 가치가 개입된다.

일곱째, 모든 스토리에는 삶의 교훈이 내포되어 있다. 심청전에는 효의 결과가 본인과 아버지의 행복을 가져오고, 춘향전은 지조 있는 사랑이 고난을 극복하고 행복을 가져온다는 교훈이 있듯이 스토리를 통해 교훈을 찾아내는 경험을 갖는다.

여덟째, 문화가 자연스럽게 전수된다. 스토리도 삶의 양식이고 스토리를 이해하는 순간 문화를 전수하게 되는 것이다.

아홉째, 불투명하고 흐릿한 경험을 명료하게 만들어준다. 스토리를 들으면 '아하!' 하는 각성을 하게 된다. 구체적으로 이해했다는 뜻이다.

열째, 성찰의 경험을 하게 한다. 스토리를 통해서 종합적인 깨달음을 얻을 수 있다.

열한째, 행위의 동기를 이해할 수 있게 한다. 특정한 행위만 보았을 때는 왜 그런 행위를 했는지 이해할 수 없지만 전후 문맥을 알게 되면 이해가 된다.

열두째, 문제의 상태를 문제해결의 상태로 만들어준다. 스토리는 인과관계로 구성되므로 문제가 해결되거나 문제해결의 여지를 남겨두는 형태로 정리된다.

열셋째, 창의력의 본산이다. 원래 있는 그대로의 스토리도 있지만 여기에 약간만 덧붙여도 창의적인 스토리가 된다.

열넷째, 수업에 흥미가 배가된다. 원래 인간은 스토리를 좋아한다. 내 삶과 관계도 되고 쉽게 이해되기 때문이다.

열다섯째, OSMU(One Source Multi Use)의 장점을 활용할 수 있다. 같은 스토리라도 다양한 형태로 바꾸어 활용할 수 있다. 아울러 지식을 다채로운 맥락에서 소화하여 내면화할 수 있다.

열여섯째, 확산적 사고를 훈련시켜준다. 이는 창의력과도 관계가 깊다. 이야기를 만들어가는 것 자체가 확산적 사고를 촉진한다.

열일곱째, 탈교과적 동력을 갖추고 있다. 스토리는 궁극적으로는 복합적이고 종합적이기 때문에 교과의 범위를 넘어서는 경우가 많다. 융합의 시대에 이는 오히려 권장해야 할 현상이다.

열여덟째, 스토리텔링의 진화는 학습자의 발달을 의미한다. Whitehead는 발달단계에 따른 서사작품의 범주를 〈표 12-2〉와 같이 제안하였다.

〈표 12-2〉 Whitehead의 발달단계에 따른 서사작품의 범주

| 단계 | 범주 |
|---|---|
| 1단계(6세 이하) | 주제: 동물과 자연, 단순한 동화, 친근한 사람, 사물, 배경<br>요건: 반복적 내용, 간단, 충분한 그림 |
| 2단계(8세 이하) | 주제: 가족, 놀이터, 학교 등 익숙한 공간<br>요건: 사실적, 행동전개가 빠른 것, 동일시 가능한 것 |
| 3단계(11세 이하) | 주제: 전기, 역사, 과학, 스포츠, 과장된 이야기<br>요건: 생생한 움직임, 분명한 가치와 호소력, 인물묘사 정교함 |
| 4단계(14세 이하) | 주제: 모험, 신비, 직업<br>요건: 개성, 정확, 상세 |

# 2. 스토리텔링 수업방법

## 1) 스토리텔링의 배치

스토리텔링을 수업에 배치하는 방법은 여섯 가지를 생각해 볼 수 있다(이지영, 2012).

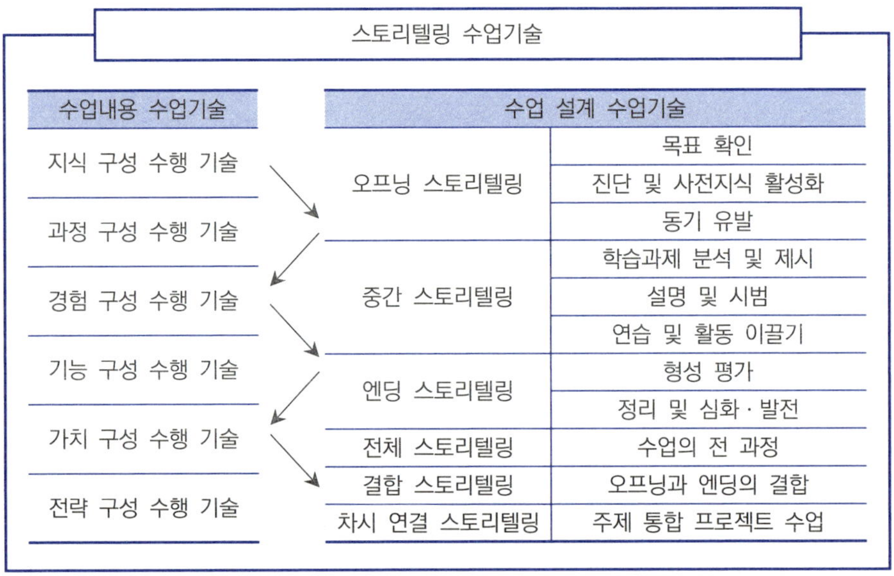


**[그림 12-1]** 국어과 스토리텔링 수업기술 사례

자료: 이지영(2012). 스토리텔링 수업기술의 국어수업 적용연구. 청람어문교육 45, p. 74.

### (1) 도입에 배치

이때 스토리텔링을 사용하는 이유는 수업목표를 확인하고, 학생의 사전 지식을 확인하고, 학습동기를 유발하기 위함이다. 예를 들어 다문화 관련 뉴스 동영상을 보여준다. 뉴스 자체가 스토리이고, 이 주제에 대한 흥미를 유발하고, 수업내용에 대한 예측을 하면서 수업목표와 연결할 수 있다.

### (2) 전개에 배치

학습과제 분석 및 제시, 설명 및 시범, 연습 및 활동 이끌기 등에 사용한다. 예를 들어 다문화 관련 동화를 읽고 등장인물의 성격을 포스트잇에 적어서 게시판에 붙이기 활동을 한다. 이를 통해 인물 분석 훈련, 스토리 이해 훈련, 표현 능력 훈련, 수업의 일탈을 제공함으로써 환기 역할을 한다.

### (3) 정리에 배치

형성 평가 정리 및 심화 발전에 활용한다. 예를 들어 다문화 태도에 관한 수업을 하고 마무리 시간에 다문화 친구와 우정을 그린 간단한 동영상을 보여준다. 즉 배운 내용을 감동적 스토리로 마무리하고, 학생의 감정에 내면화하는 기회가 된다. 그리고 긍정적 태도와 실천의 결심을 하게 될 것이다.

### (4) 전체 수업에 배치

수업 전체를 스토리로 만들 수도 있다. 예를 들어 다문화 태도 향상 시뮬레이션(SPICE: 하단에 설명)을 차시 전체로 진행할 수도 있다. 이 활동을 통해 학생들은 다문화 관련 지식, 기능, 가치·태도를 모두 익힌다. 100%가 모두 적극적으로 참여하게 되고, 흥미로운 수업이 된다.

#### (5) 전반부, 후반부 이중 배치

스토리를 이중으로 배치할 수도 있다. 예를 들어 전반부에서 동물이 나오는 동화를 읽고 동물 소리를 내어보고, 후반부에 동물이 나오는 동화를 읽고 모양을 흉내 내어 보는 등의 활동을 할 수 있다. 모방은 같지만 다양한 방법으로 모방해보는 경험을 갖는 것이다. 이를 통해 표현력이 향상되고, 다양성의 이해와 체험을 하게 된다.

#### (6) 본 차시와 다음 차시 연결

2차시 수업을 할 때, 본 차시와 다음 차시에 관통하는 스토리를 배치할 수도 있다. 본시의 결론이자, 다음 차시의 문제제기로 연결하는 경우가 많다. 이때 스토리는 선행조직자 역할을 하며, 본시 학습기억을 되살리는 효과를 얻을 수 있다.

### 2) 스토리텔링의 내용

스토리텔링의 내용은 지식, 기능, 가치·태도로 구성된다.

첫째, 지식은 사실, 개념, 일반화(법칙) 등을 다루는데 추상적 개념을 구체적 이야기로 풀어냄으로써 훨씬 쉽게 이해할 수 있다. 뉴스나 신문 기사 등에서 나타난 개념이나 일반화(법칙) 등을 스토리텔링을 통해서도 이해하는 데에 도움이 된다.

둘째, 기능을 익히는 데도 스토리텔링이 도움이 된다. 전술한 바와 같이 시뮬레이션을 비롯해 역할놀이나 연극 등을 통해 몸소 간접 체험함으로써 여러 가지 기능들을 사용해 볼 기회를 갖는다.

셋째, 가치와 태도를 내면화하는 데에 도움이 된다. 모든 스토리에는 가치와 주인공의 태도가 담겨있다. 그리고 감동도 있다. 이러한 스토리는 마음을 움직여 공감도 하고 감동도 받으면서 가치가 내면화되고 긍정적 태도도 갖게 된다. 지식의 가치에 눈을 뜨는 과학자의 전기를 활용할 수도 있고, 문화재의 가치 스토리텔링을 통해 사회문화적 가치의 중요성도 깨달을 수 있다. 또 자연 다큐멘터리 등을 통해 환경에 대한 지식과 더불어 자연보호의 태도를 배우기도 한다.

### 3) 스토리텔링 활용방법

스토리텔링의 구체적 활용방법을 살펴보기로 하자.

#### (1) 캐릭터의 활용

스토리에는 인물이 주인공이다. 이 인물들을 활용하는 방법에는 여러 가지가 있다.

① 등장인물 그대로 가져오기

등장인물을 그대로 가져오되, 다양한 활동을 할 수 있다. 예를 들어 다문화 관련 영화 동영상을 보았다면, 그 주인공을 데려와서 가상 인터뷰활동을 할 수 있다. 한국에 대한 이미지, 가장 어려웠던 일, 가장 행복했던 순간 등에 대한 의견을 나눌 수 있다.

② 등장인물을 변형하기

등장인물을 약간 변형하여 활동을 할 수 있다. 심청전의 심 봉사를 청각장애인으로 가상하고 스토리를 바꿀 수 있다.

③ 새로운 캐릭터 투입하기

기존의 스토리에 새로운 캐릭터를 투입할 수도 있다. 예를 들어 춘향전에 이몽룡 대신에 암행어사 박문수를 투입하여 사건을 전개시킬 수도 있다.

④ 캐릭터 창조하기

기존의 스토리에 새로운 인물을 넣어서 스토리를 바꿀 수도 있다. 이때는 수업목표를 고려하여 필요한 캐릭터를 넣으면 수업목표에 부합하는 수업으로 전개하기 쉽다.

⑤ 학습용 캐릭터를 활용하기

의도적으로 수업목표를 달성하기 위해 학습용 캐릭터를 활용할 수도 있다. 예컨대, 문제유발형, 문제해결형, 학습가이드형, 학습동반형, 스토리 조종형, 스토리 참여형, 스토리 전복형, 스토리 해설형 등이 있다. 이때는 기존의 스토리를 크게 건드리지 않고 끼어드는 형태로 구성한다.

### (2) 스토리의 구성 변화

스토리의 구성을 변화시켜서 수업에 활용할 수 있다.

#### ① 스토리 바꾸기

기존의 스토리를 바꾸는 활동이다. 예를 들어 토끼와 거북이의 재대결을 구상하면 기존의 결말과는 다른 결과가 나올 수 있을 것이다.

#### ② 스토리 쪼개기

토끼와 거북이에서 거북이 이야기만 따로 구성할 수도 있다. 또 토끼의 이야기만 따로 구성할 수 있다. 그런 다음 둘을 합치면 기본 스토리는 바뀌지 않지만 내용은 풍요로워질 것이다.

#### ③ 스토리 지연시키기

기존의 스토리에서 특정 부분을 확대할 수 있다. 예를 들어 토끼와 거북이의 경주 상황을 좀 더 디테일하게 늘릴 수 있다.

#### ④ 스토리 압축하기

서로 다른 긴 스토리를 단순 비교하기 위해 전체 주제만 파악할 때 사용한다. 즉 핵심적인 내용만 압축해서 비교한다.

#### ⑤ 스토리 번안하기

학습자의 수준에 따라 스토리가 어려울 수도 너무 쉬울 수도 있으므로 학습대상의 수준에 맞게 번안할 수 있다.

### (3) 스토리의 변용

스토리를 필요에 따라 변용할 수 있다.

첫째, 인물의 변용이다. 인물의 성격을 더 구체적으로 정교화할 수도 있고, 인물이 심리와 정서를 사건 속에서 더 구체화할 수도 있다. 또한 인물의 사고와 행동방식을 특정 임무 속에서 더 구체적으로 표현할 수 있다.

둘째, 사건의 변용이다. 기존 사건을 수업의 사건으로 바꿀 수도 있고, 마치 내가 겪은 이야기처럼 바꿀 수도 있다. 또한 사건의 일부만을 바꿀 수도 있다.

셋째, 환경의 변용이다. 기존 스토리를 지금 여기로 바꿀 수 있고, 지금 여기를 과거나 미래의 스토리로 바꿀 수도 있다.

넷째, 학습자 수준 변용이다. 학습자의 수준에 맞게 구체적 또는 추상적, 단순 또는 복잡하게 구성할 수 있다.

다섯째, 매체의 변용이다. 음성을 문자로, 문자를 음성으로, 또는 영상을 사진으로, 사진을 영상으로 바꿀 수 있다.

## 4) 스토리텔링 수행 수업기술

스토리텔링을 수행할 때 사용할 수 있는 수업기술도 매우 다양하다. 구체적인 방법을 소개하면 다음과 같다.

첫째, 음성과 문자의 연출이다. 낭독, 구술, 연극, 노래, 글 등이 있다.

둘째, 시각적 연출이다. 그림, 삽화, 만화, 조각 등이 있다.

셋째, 공연적 연출이다. 연극, 타블로 등이 있다.

넷째, 음악적 연출이다. 노래, 뮤지컬 등이 있다.

다섯째, 도구적 연출이다. 각종 실물 도구를 사용한다.

여섯째, 모사적 연출이다. 성대모사, 패러디, 재현 등을 할 수 있다.

일곱째, 지도와 그래픽을 사용할 수 있다.

여덟째, 퀴즈식 연출도 가능하다.

## 3. 극화(劇畫) 수업

극화 수업은 몸 학습이라고 할 수 있다. 온몸을 이용하여 학습하기 때문이다. 극화 수업은 크게 교육연극, 역할놀이, 시뮬레이션 등 세 가지 종류로 나눌 수 있다. 이 세 가지 유형의 활동은 활용 목적과 특징이 다르지만 학교 현장에서는 혼동하여 사용하는 경향이 있다.

교육연극은 상황이해가 목적이고, 역할놀이는 역할이해, 시뮬레이션은 원리와 개념 및 기능획득이 목적이다. 그래서 역할놀이와 시뮬레이션은 각본이 없는 데 비해, 정확한 상황이해가 목적인 교육연극은 각본이 반드시 있고, 그대로 해야 한다. 역할놀이는 역할을 이해하는 것이 주목적이므로 각본 없이 주어진 상황에 맞게 그 역할을 하면서 역할을 이해한다. 시뮬레이션은 세 가지 조건이 있다. 첫째는 역할이 있고, 둘째는 규칙이 있으며, 셋째는 본인이 의사결정을 해서 그 결과가 그대로 나타난다. 즉 축소된 실생활과 같다. 세 활동 모두 활동이 끝나게 되면 활동에 대한 토의를 하면서 수업을 전개한다. 이 과정도 매우 중요하다. 왜냐하면 활동의 목적이 달성되었는지 확인하는 자리이기 때문이다.

## 1) 교육연극

교육연극은 '공연되는 연극'보다는 '과정중심의 연극'에 관심을 갖는다. 즉 참여자의 표현과 상상력, 개성과 창의성 및 잠재력 개발에 더 관심을 갖는다. 즉 교육에 활용하는 것이다(최지영, 2007). 학교교육뿐만 아니라 성인교육, 치료와 예방, 진료 등등 많은 영역에서 활용된다(Landy, 1982). 교육연극에는 연극, 정지장면 연출(타블로), 인형극, 그림자극 등 연기와 대사가 있는 여러 가지 방법들을 사용한다. 여기서는 간단하게 할 수 있는 타블로를 소개한다.

### (1) 목적과 특징

타블로는 정지화면을 뜻한다. 신문의 삽화 한 것이 많은 의미를 내포하여 어떤 메시지를 강하게 상징하듯 메시지를 전달할 장면을 연출해 보는 것이다. 다만 교사가 '시작' 하면 한 사람이 한 마디 정도의 대사를 하면서 연기를 하고, 전체(모둠)는 하나의 장면을 상징하면 된다. 간단한 장면이지만 주어진 주제를 상징적으로 반영하는 장면이므로 구상하는 과정에서 학생들은 많은 지식과 기능 및 가치·태도를 갖게 된다.

### (2) 방법

① 교사는 학생들을 4명씩 모둠을 구성한다.

② 교사가 주제를 제시한다. 예를 들어 모둠별 토의를 통해 '외국인 차별'을 주제로 타블로를 구상하게 한다. 구성원 모두가 연기에 참여해야

하고, 한 사람당 한 대사만을 구사할 수 있게 한다.

③ 학생들은 모둠 토의를 통해 장면을 구상한다. 간단한 소품을 사용할 수 있으며, 책상도 재배치할 수 있다.

④ 모둠별 발표를 할 때, 학생들이 준비가 되면 교사는 임의의 순서로 한 명씩 손을 댄다. 교사가 손을 대면 그 학생은 연기와 함께 대사를 한다.

⑤ 4명 모두 연기와 대사를 한 다음에 교사는 다른 모둠의 학생들에게 어떤 장면이며, 그리고 순서가 어떻게 되는지 맞추어 보라고 한다.

⑥ 교사가 "시작!" 하면 학생들은 준비한 장면을 한꺼번에 연출한다.

⑦ 이끔이 학생은 왜 이렇게 구성하여 연출하였는지 설명하고, 질의응답 후 교사가 마무리해준다.

## 2) 역할놀이

### (1) 목적과 특징

역할놀이는 오랫동안 유용한 수업방법으로 사용되어 왔다. 역할놀이를 하는 목적은 특정 역할을 이해하거나 그 역할을 연습해보기 위함이다. 역할놀이란 어떤 상황을 맞이할지 모르기 때문에 대본은 없다. 다만 그 역할이 어떤 것인지에 대한 충분한 이해를 한 상태에서 즉흥적으로 감정이입을 하면서 그 역할을 의식해서 해 보는 것이다.

### (2) 방법

① 교사는 상황을 제시해준다. 다문화학생에 대한 왕따 문제(피해자와 가해자 역할놀이)를 예로 들어보자.

② 우선 모든 학생이 다 해볼 수는 없기 때문에 참여자를 선정한다. 자발적으로 할 수도 있고, 교사가 임의로 또는 의도적으로 지적하여 선정할 수도 있다.

③ 참여자가 정해졌으면 실제 역할 연기를 즉흥적으로 해 본다. 주고받는 역할이기 때문에 대부분 진지하게 연기를 한다.

④ 역할이 끝났으면 관찰자들과 함께 역할에 대해 토의를 한다. 우선 관찰자들의 의견을 듣고, 참여자의 의견을 듣는 순서가 좋다. 객관적으로 어떻게 보였는지를 먼저 듣는 것이 선입견을 막을 수 있기 때문이다.

⑤ 첫 역할 연기는 그 역할을 충분히 이해하고, 감정이입도 충분히 하기 힘들다. 그러므로 다른 참여자가 한 번 더 역할연기를 하도록 한다.

⑥ 두 번째는 역할 연기가 더 진지하고 더 많은 것들을 표현하는 것이 보통이다. 마찬가지로 관찰자들과 함께 토의를 한다.

⑦ 교사가 평가를 하고 정리한다.

## 3) 시뮬레이션(simulation)

### (1) 목적과 특징

시뮬레이션의 종류에는 기계 작동법을 익히는 물리적 시뮬레이션, 작업공정 같은 절차를 익히는 절차적 시뮬레이션, 그리고 상황 속에서 문제해결능력을 익히는 상황적 시뮬레이션이 있다(박건호, 1977). 보통 수업에서는 상황적 시뮬레이션이 많이 사용된다. 여기에는 역할, 규칙, 의사결정의 결과가 나타나야 한다. 우리말로 '모의'라고도 하는데, 학교에서 많이 하는 것이 시장놀이라든가 모의의회 등이다. 시장놀이는 돈, 상품들을 종이 등으로 만들어서 실제 시장상인과 손님으로 역할을 맡고, 가격 등의 규칙을 지키면서 물건을 사고팔고 누가 많이 팔고, 누가 경제적으로 구매했는지 등을 평가한다. 모의의회도 지방의원들이 되어서 실제로 안건을 제안하고 지지발언 및 표결을 해서 통과 여부도 결정하는 등의 활동을 한다. 이를 통해 개념, 원리, 기능 및 가치·태도 등을 익힌다. 여기서는 다문화 이해 시뮬레이션 SPICE를 소개한다.

### (2) 방법

① 교사는 상황을 설명하고, 역할과 규칙을 설명한다.

② 참여자를 두 집단으로 나누어 거북이 나라와 토끼 나라로 정하고, 각 나라의 문화규칙을 설명한다. 이때 각 팀은 상대 팀의 문화규칙이 무엇인지 전혀 몰라야 한다. 그래서 두 명의 교사와 두 개의 교실이 필요하다.

③ 각 나라에서 3명씩 스파이를 선정한다. 스파이는 다른 나라에 가서 세밀히 관찰하여 그 나라의 문화규칙을 파악하는 것이 임무이다.

④ 활동이 시작되고, 다른 나라의 스파이가 오면 각 나라 주민들은 자기 나라의 문화규칙 대로 생활하는 있는 그대로의 모습을 보여준다. 2분

정도가 적당한 시간인데, 2분이 지나면 활동을 중단하고 스파이를 돌려보낸다.

⑤ 스파이는 자신의 나라로 돌아와서 자신이 발견한 다른 나라의 문화규칙을 설명하고 함께 토의·토론한다.

⑥ 다음으로 2차 스파이가 파견된다. 3차 스파이까지 똑같은 방법이 반복된다. 점점 상대방 나라의 문화규칙을 많이 찾아내게 된다. 스파이는 문화규칙을 적용해 볼 수 있으나, 틀리면 바로 추방당한다. 그래서 3차 스파이가 1분 정도 남겨 놓고, 상대방의 문화규칙을 적용해 본다.

⑦ 3번의 활동이 끝나면 전체가 모여 스파이가 찾은 상대 문화의 규칙을 발표한다. 애매한 것이나, 모르는 것은 그대로 발표한다.

⑧ 상대 문화규칙을 발표한 후, 활동에 대한 소감을 발표한다. 그리고 교사는 다른 나라 문화를 있는 그대로 찾아내는 것이 얼마나 어려운지, 그리고 자신도 모르게 자기 나라의 문화규칙을 의식하고 타문화 규칙을 찾으려고 했기 때문에 자신도 모르게 편견을 가지게 된다는 사실도 깨닫게 한다.

## 다문화와 스토리텔링

다양한 사람, 사회, 문화만큼 다양한 이야기가 존재하고 이 이야기들은 개인과 사회, 민족, 지역, 국가 등을 이해하게 할 뿐만 아니라 역사적, 민족학적 가치 또한 지니고 있다. 다음은 지역 사회, 기관에서 실시하고 있는 다문화 관련 스토리텔링의 사례이다.

### ■ 그림동화로 만난 엄마 나라… 서울시, 다문화 스토리텔링 공모전 ■

1. 공모명 : '多(다)가치, 多(다)같이 스토리텔링 공모전'
2. 공모 주제 : 다문화 가족 엄마, 아빠 나라 이야기
   (예) 출신국 옛이야기 : 전래동화, 만담, 신화, 우화 등 / 자랑스런 문화 유산: 인물, 전통 공연, 놀이, 축제 등
3. 내용 : 7~9세 아동에게 재미나게 들려줄 수 있는 이야기 글과 표현
4. 분량 : A4 3매 또는 원고지 20매 이상
5. 사용 언어 : 모국어로 병행 출품 가능
6. 국내에 소개되거나 출판되지 않은 이야기와 적절한 소재를 발굴함. 우수작 다섯 작품을 골라 그림동화로 수록함
7. 시상식 : 내 · 외국인이 함께 즐길 수 있는 북콘서트로 기획
8. 의의 : 복지서비스의 수혜자에 머물던 외국인 주민들이 직접 글을 쓰고, 그림을 그리는 작가가 되어 어린이들이 즐길 수 있는 동화 창작에 기여함. 문화적 역량이 뛰어난 외국인 주민을 적극 활용한 다양한 문화 콘텐츠들을 개발하고 다양한 문화가 공존하고 더불어 사는 사회를 모색함

■ 도서관에서 듣고 체험하는 다문화 스토리텔링 ■

문화체육관광부에서 주관하는 다문화 프로그램 지원사업

"여러 나라 엄마들이 들려주는 이야기"

○ ○도서관은 이번 달부터 초등학교 저학년 어린이들을 대상으로 '다문화 스토리텔링' 프로그램을 운영하고 있습니다….

"두 가지 언어로 동화책을 읽고 독후 활동을 하는 이중 언어 스토리텔링 수업"

(예) 몽골: 동화책 "꾀 많은 쥐"를 패널시어터로 감상하고 한국어와 몽골어로 읽음

- 패널시어터 : 공연자가 패널(보드) 앞에 서서 그림 인형을 붙였다 떼었다 하면서 이야기를 진행시키는 연극
- "쥐와 치즈"를 종이 장난감으로 만들어 봄
- 몽골 전통놀이인 "샤가이" 체험

## 참 고 문 헌

김재춘・배지현(2009). 의미 생성 활동으로서 스토리텔링의 교육적 함의. 초등교육연구, 22, pp. 61-82.

류은영(2009). 내러티브와 스토리텔링 : 문학에서 문화콘텐츠로. 인문콘텐츠, 14, pp. 229-262.

박인기(2011). 스토리텔링과 수업기술. 한국문학논총, 59, pp. 411-435.

박인기 외(2013). 스토리텔링과 수업기술. 서울: 사회평론.

이지영(2012). 스토리텔링 수업 기술의 국어수업적용연구. 청람어문교육, 45, pp. 65-88.

최시한(2010). 스토리텔링 교육의 방법 모색. 대중서사연구, 24, pp. 419-437.

최지영(2010). 드라마 스페샬리스트가 되자. 서울: 연극과 인간.

최혜실(2009). 문화, 문화산업, 문학교육의 연결고리로서 스토리텔링. 문학교육학, 29, pp. 53-76.

Landy, R. J. (1982). *Handbook of educational drama and theatre*. NY: Grenwood Press.

# 제13장 평가

## 1. 평가의 기초

### 1) 평가의 기원과 개념

평가는 우리 삶의 모든 영역에 개입해서 중요한 역할을 한다. 넓은 의미에서 보면 아침에 날씨를 평가하고 무슨 옷을 입을지 결정하고, 내 몸 상태를 평가한다. 또 조식을 무엇으로, 어느 정도 먹을지 평가한다. 출근시간, 직장까지의 거리, 내 몸의 피곤함, 교통 체증 등을 종합 평가해서 교통편을 선택하기도 한다. 이처럼 삶은 평가의 연속이다. 그러나 우리가 좁은 의미의 평가를 생각할 때는 주로 학업 성취도 평가를 생각한다. 대한민국 국민이라면 학교에서의 평가가 내 삶에 얼마나 많은 영향을 주었는지 알 것이다. 특히 교육 분야에서 평가의 역할은 일상화되어있다.

그러나 평가가 이렇게 큰 역할을 하게 된 것은 최근의 일이다(배호순, 1991). 평가의 개념이 처음 도입된 것은 산업혁명 이후 영국의 복지 프로그램이었다. 산업혁명으로 도시에 몰려든 노동자들의 삶은 열악하였다. 특히 부녀자의 삶이 비참하였다. 이에 영국 정부는 처음으로 복지 프로그램을 수행했으며, 그 효과가 궁금해서 복지 정책을 평가하려는 노력을 했다. 이것이 계기가 되어 평가에 대한 관심이 일기 시작했고, 이를 계기로 평가는 여러 영역에 사용되기 시작했다. 특히 학교교육에서 가장 활발하게 사용되었으며, 지속적인 연구로 발전되었다.

처음에는 인간의 능력을 어떻게 수량화할 수 있는지에 대한 고민과 이를 해결하려는 노력이 평가의 주된 관심이었다. 가장 대표적인 노력의 결과물이 지능지수(intelligence quotient) IQ의 측정이었다. 인간의 능력이 절대적 또는 상대적으로 수치화가 가능하게 된 것이다. 물론 초창기는 그 신뢰도가 낮았지만 그것은 연구와 실험을 통해 신뢰도를 올릴 수 있음을 보여주었다. 이후 다른 다양한 영역에서도 평가가 중요한 역할을 하기 시작했고, 지금은 모든 분야에서 유용하게 사용되고 있다. 특히 2015 개정 교육과정이 역량중심을 강조하면서 역량을 평가하는 방법을 강조하고 있다. 교수평가의 일체화(교육과정－수업－평가－기록)를 강조하여 수업을 시작할 때부터 평가를 염두에 두어야 한다.

## 2) 평가관점

평가에 대한 관점은 다음과 같은 순서로 변해왔다.

### (1) 측정관(measurement)

처음 평가를 하기 시작했을 때는 과연 인간의 능력을 수치로 측정하는 것이 가능한가라는 논쟁이 일어났다. 수량화가 필요한 연구는 인간의 능력을 객관적으로 표현하지 못한다면 평가의 기능은 그만큼 축소될 수밖에 없기 때문이다. 그러나 이것이 수량화된다면 그 활용도는 엄청나게 커진다. 그래서 초창기는 인간의 능력을 어떻게 정확하게 수량화할 것인가에 초점이 맞추어졌다. 예를 들어 "A학생은 B학생보다 머리가 좋다."라는 표현보다는 "A학생의 지능이 130이고, B학생의 지능이 120이다."라고 하는 것이 훨씬 활용도가 높을 것이다. 후자의 경우는 어느 정도 차이가 나는지 정확하게 비교할 수 있을 뿐만 아니라 수많은 학생들의 지능도 비교할 수 있기 때문이다. 또한 이러한 학생의 능력을 수치화해서 우수한 학생을 선발하고 배치하는 데에도 활용할 수 있다. 다만 이런 점수가 얼마나 정확한가 하는 것이 숙제로 남는다. 그러나 과학자들은 연구와 실험을 통해 신뢰도를 계속 높여왔고 이러한 노력이 평가 연구의 발전과 확산에 기여하였다. 대표적인 것이 IQ의 등장이었다. Alfred Binet가 처음 고안할 때는 취학 연령대 어린이 중에 정신지체아를 가려내기 위한 것이 목적이었으나 그 이후 급속히 발전하여 IQ는 가장 많이 사용되는 인간 능력의 지표가 되었다. 인간의 능력뿐만 아니라 정책 프로그램의 평가도 마찬가지이다. 정확한 수치화가 가능하면 정책 효과의 크기와 비교가 가능하다.

### (2) 평가관(evaluation)

인간의 능력이나 프로그램의 효과를 어느 정도 정확하게 측정할 수 있다는 사실에 따라 이제는 그 결과를 어떻게 활용할 것인가에 대한 고민을 하게 되었다. 단순히 학생의 능력에 따른 선발 배치 또는 정책 프로그램의 효과 확인 및 개선을 넘어 좀 더 그 수치를 다양하고 유용하게 활용할 수 없을까 하는 것이다. 즉 단순한 측정의 수준을 넘어 더 발전된 활용 방안을 연구하게 되었다. 예컨대 수업목표를 학생들이 얼마나 달성했는지 확인하고, 달성하지 못한 부분을 해결하기 위한 개선의 자료를 사용한다든가, 정책 프로그램의 어떤 부분은 효과적이었고 어떤 부분은 효과가 없었는지를 확인해서 개선의 자료로 쓸 수도 있을 것이다. 즉 대상의 측정을 넘어 그 결과를 어떻게 활용할 것인가에 대한 관점을 평가관이라고 한다.

### (3) 총평관(assessment)

평가의 격언 중에 '평가되지 않으면 성취하지 못한 것(not find it, not get it)'이라는 표현이 있다. 교사가 학생의 능력을 평가해내지 못하면 그 학생은 그 능력이 없는 것이 된다. 왜냐하면 학생은 스스로 자신이 어떤 능력을 가지고 있는지 잘 알지 못하기 때문에 교사나 부모가 그 학생이나 자녀의 능력을 찾아내어 아이에게 인식시키는 것이 중요하다는 것이다. 그래서 "만남은 교육에 앞선다."는 말이 있다. 어릴 때 훌륭한 교사와 현명한 부모를 만나는 것이 중요하다는 것이다. 총평관은 이러한 철학에 기초한다. 마치 의사가 환자를 진료해서 병명을 정확하게 찾아내어야 그에 따른 정확한 처방이 가능한 것처럼 말이다. 즉 정확한 진단이 중요하다는 것이다. 그래서 처방적 평가관이라고도 한다.

이전의 평가관이 주로 집단에 대한 관심을 가졌다면, 총평관은 개인 한 사람에게 관심을 가진다. 그 개인의 능력을 정확하게 평가하는 데에 초점을 둔다. 그래서 수행평가의 개념이 등장하였다. 수행평가란, 평가의 타당도와 정확도를 높이기 위해 전통적인 지필평가와 같은 간접적인 방식이 아니라, 학생의 직접 수행으로 능력을 평가하는 것이다. 좀 더 구체적으로 정의하면, 자신의 지식이나 기능을 나타낼 수 있도록 산출물을 만든다거나 행동으로 보여주어서 답을 작성하는 방식이다(백순근, 2008). 그러나 한 교사가 다수의 학생을 수행평가 하는 데에는 많은 시간과 노력이 들기 때문에 최근에는 전통적인 평가와 수행평가를 병행하는 경우가 대부분이다.

〈표 13-1〉 세 평가관점의 비교

| | 측정관 | 평가관 | 총평관 |
|---|---|---|---|
| 환경을 보는 시각 | • 환경의 불변성<br>• 환경변인의 통제 및 영향의 극소화 노력<br>• 환경을 오차변인으로 간주 | • 환경의 변화성<br>• 환경변인의 이용<br>• 환경을 행동변화의 자원으로 간주 | • 환경의 변화성<br>• 환경-학습자의 상호작용을 이용<br>• 환경을 학습자 변화의 한 변인으로 간주 |
| 인간행동 특성을 보는 시각 | • 항구적이고 불변적인 것으로 간주<br>• 개인의 정적 특성 | • 안정성이 없고 가변적인 것으로 간주<br>• 개인의 동적 특성 | • 환경과의 상호작용에 의한 가변적인 것으로 간주<br>• 환경과 개인은 역동적으로 변화하는 특성 |
| 검사에서의 강조점 | • 규준에 비추어 본 개인의 양적 기술 강조 | • 교육목적에 비추어 본 개인의 양적 · 질적 기술 강조 | • 전인적인 기능 혹은 전체 적합도에 비추어 본 질적 기술 강조 |
| 기본적 증거 수집방법 | • 간접 증거<br>• 객관도와 신뢰도 강조<br>• 필답검사(표준화검사)<br>• 객관적(양적) 평가 | • 직접 증거<br>• 내용타당도 강조<br>• 변화의 증거를 얻을 수 있는 모든 방법<br>• 주관적 및 객관적(양적 및 질적) 평가 | • 직접, 간접 증거<br>• 구인타당도 강조<br>• 상황에 따른 변화 증거를 얻을 수 있는 모든 방법<br>• 주관적(질적) 평가 |
| 검사결과의 활용 | • 예언, 분류, 자격부여, 실험<br>• 진단에 무관심 | • 예언, 자격부여, 프로그램 효과 판정<br>• 교육목표 달성도의 진단 | • 예언, 분류, 자격부여, 실험, 선발<br>• 준거 상황이나 역할에 비추어 본 진단 |

자료: 박도순 외(2005). 교육과정과 교육평가. 서울: 문음사. p. 270.

### 3) 평가의 조건

제대로 된 평가가 되기 위해서는 두 가지 조건이 필요하다.

#### (1) 타당도

타당도란 평가문항이 측정하고자 하는 것을 충실하게 측정하고 있는지를 말한다. 예를 들어 수학수업을 했는데 수학능력을 국어시험으로 평가한다면 그 평가는 타당도가 없는 것이다. 그동안 수업 따로, 평가 따로에 대한 비판이 많았던 것도 타당도의 문제를 지적한 것이다. 타당도는 전문가가 검토하는 안면 타당도나 요인분석 같이 통계적으로 검토하는 구인 타당도가 많이 사용된다.

#### (2) 신뢰도

신뢰도는 반복하여 측정하여도 항상 같은 결과가 나오는지를 말한다. 같은 평가문항인데 실시할 때마다 점수가 다르게 나온다면 그 평가문항은 신뢰도가 없다는 뜻이다. 통계적으로는 크론바하(Cronbach) 알파 점수를 많이 사용한다.

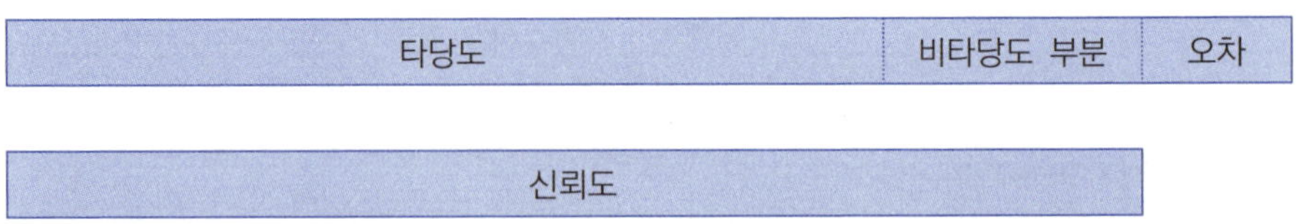


[그림 13-1] 한 검사가 측정하는 전체 영역

한 검사가 측정하는 전체 영역에는 항상 오차는 생기기 마련이고, 이를 제거한 것이 신뢰도이다. 신뢰도 안에서도 일정 부분은 비타당한 부분도 존재하며, 이를 제거하면 타당도가 된다(황정규, 2005).

### 4) 평가자의 자세

평가자는 다음과 같은 자세를 가져야 한다.

#### (1) 거울식 평가

우리는 매일 거울을 본다. 몸단장이 제대로 되었는지, 자기 몸에 이상은 없는지 등 매일 자신을 되돌아보기 위해 거울을 본다. 이처럼 평가도 마치 매일 거울을 보는 것처럼 자주 실시해야 한다는 뜻이다. 의사가 환자의 상태를 자주 관찰해서 차도를 살펴보듯이 교육의 효과를 자주 관찰하여야 한다는 것이다.

#### (2) 확대경식 평가

평가는 구체적이고 정교해야 한다. 확대경을 보듯이 평가를 통해 교육의 효과를 자세히 관찰해야 한다는 뜻이다. 이처럼 확대경을 자세히 보듯이 학생의 미세한 변화도 놓치지 않아야 한다는 것이다.

#### (3) 망원경식 평가

멀리서 전체적인 전망을 가지고 평가를 해야 한다. 다문화가정 자녀가 겪는 가장 큰 어려움은 언어문제이다. 생활언어와 학습언어는 다르다. 생활언어로서 한국어를 익히기는 쉽지만, 학습언어로서 한국어를 익히는 데에는 시간이 걸린다. 예를 들어 수학 문제를 푸는데, 한국어가 익숙지 않아서 문제의 뜻을 제대로 이해하지 못해 풀지 못하는 경우가 있다. 이는 그 학생에게 한국어 문제일 뿐, 수학 문제가 아니다. 이러한 점을 고려하지 않고 평가해버린다면 학습자는 자신감을 잃어버려 자신은 무능한 사람이라고 스스로 낙인찍고 노력을 포기할 수도 있다. 그러므로 좀 더 길게 보고 기다려가며 평가하는 태도를 가질 필요가 있다.

호주의 경우, 운전면허 시험을 볼 때, 영어, 아랍어, 중국어, 크로아티아어, 그리스어, 한국어, 스페인어, 터키어, 베트남어, 세르비아어 등 10개 언어 중 선택할 수 있다. 운전면허 시험은 운전면허 응시자의 어학능력이 아니라 운전능력을 평가하는 것이기 때문이다(http://www.rms.nsw.gov.au/roads/licence/driver/tests/driver-knowledge-test.html 참고).

### (4) 광학렌즈식 평가

다양한 관점에서 평가할 필요가 있다. 다중지능 이론에서 알 수 있듯이 학습자마다 다양한 능력이 있고, 다양한 적성을 가지고 있다. 이처럼 다양한 능력과 적성을 찾아내어주는 교사가 필요하다. 그래서 만남은 교육에 앞선다는 말이 있다. 즉 스승이 교육에 앞선다는 말이다. 베드로가 예수를 만나지 않았다면 초대 교황이 되지 못했을 것이다. 히딩크가 박지성을 찾아내지 않았다면 그는 그저 평범한 축구선수로 남았을지 모른다. 헬렌 켈러가 설리번 선생님을 만나지 않았다면, 시각, 청각 장애를 극복한 작자, 교육자, 사회주의 사업가가 되지 못했을 것이다. 즉 훌륭한 교사는 학생의 능력을 찾아낼 줄 알아야 한다는 것이다. 그러기 위해서는 다양한 렌즈로 학습자를 평가할 수 있어야 한다.

## 2. 평가의 실제

### 1) 평가의 절차

#### (1) 수업목표와 평가목표의 확인

평가하기 위해 제일 먼저 해야 할 일은 수업목표의 확인이다. 그래야 어떤 내용을 어떤 방법으로 평가할 것인지 방향과 범위를 잡을 수 있다. 이것은 타당도가 높은 평가를 하기 위함이다. 이를 위해 교육과정의 성취기준을 먼저 확인한다. 〈표 13-2〉는 2015 개정 교육과정 통합사회 성취기준과 성취기준 해설이다.

〈표 13-2〉 예시: 2015 개정 교육과정 통합사회 성취기준과 해설

| | |
|---|---|
| 성취기준 | [10통사04-03] 사회적 소수자 차별, 청소년의 노동권 등 국내 인권 문제와 인권지수를 통해 확인할 수 있는 세계 인권 문제의 양상을 조사하고, 이에 대한 해결 방안을 제시한다. |
| 성취기준 해설 | [10통사04-03]에서 사회적 소수자의 사례로는 장애인, 이주 외국인 등을 다룰 수 있으며, 청소년 노동권의 경우 청소년들이 일을 하면서 보장받아야 할 권리 및 관련 법규를 청소년 아르바이트와 같은 사례에 적용하여 다룰 수 있다. 세계 인권 문제는 국제기구나 비정부 기구 등에서 발표하는 인권지수를 활용하여 세계 각 지역에서 나타나는 인권 문제의 양상과 해결 방안을 다루도록 한다. |

위의 예시에서 학생들은 세계 인권 문제의 양상을 조사하고, 이에 대한 해결방안을 제시할 수 있는지를 평가해야 한다. 교과서는 성취기준을 중심으로 만들어지기 때문에 성취기준을 수업목표의 기준으로 삼는 것이 좋다.

다음으로 평가목표의 확인이 필요하다. 수업목표가 달성되었는지 모두 다 평가하기에는 한계가 있다. 그러므로 교사의 전문적인 선택이 필요한데, 어떤 내용을 어떤 방법으로 무엇을 평가할지 평가목표를 세울 필요가 있다. 그리고 어느 정도의 성취를 보여주면 만족할 수 있을지도 생각해 두어야 한다. 또는 더 나아가 수업을 제대로 했는지를 알아보기 위한 평가도 고려할 필요가 있다.

### (2) 평가영역과 내용의 선정

평가영역이란 소위 '평가범위'를 말하는 것이다. 학생들은 시험범위라고도 한다. 평가영역을 정한 다음에 평가에 사용할 내용을 정해야 한다. 평가내용은 교육과정의 성취기준에 근거하면 된다. 다만 내용과 관련하여 구체적으로 학생의 어떤 행동을 평가할 것이냐를 결정할 때는 행동과 내용의 이원분류표를 작성하는 것이 도움이 된다. 이원분류표란, 주로 내용 영역과 행동 영역을 구분하여 표로 만든 것이다. 즉 학생에게서 나타나야 할 행동과 그 행동과 관련된 내용의 두 가지 요소를 표현한다. 이렇게 하는 이유는 대부분의 평가가 단순한 지식 암기만을 확인하는 경향으로 흐르기 때문에 이를 방지하기 위함이다. 또한 광학렌즈식 평가를 강조한 것처럼 학생들의 다양한 사고력을 평가하기 위해 평가문항이 이원분류표에 골고루 분포되도록 하기 위함이다. 〈표 13-3〉의 예처럼 '사회적 소수자의 개념'에서는 이해를 평가하고, '외국인 근로자'에서는 적용을, '장애인'에서는 종합의 행동 능력을 평가한다는 뜻이다.

〈표 13-3〉 이원분류표

| 내용 ＼ 행동 | 지식 | 이해 | 적용 | 분석 | 종합 | 평가 |
|---|---|---|---|---|---|---|
| 1. 사회적 소수자의 개념 | | ○ | | | | |
| 2. 외국인 근로자 | | | ○ | | | |
| 3. 장애인 | | | | | ○ | |

### (3) 평가방법의 결정

평가방법은 기준에 따라 다양하게 분류된다. 몇 가지 특징을 알아보기로 한다.

첫째, 지필평가와 구술평가이다. 대부분의 평가는 지필평가로 이루어지지만 최근에는 구술평가의 중요성이 많이 강조되고 있다. 실제 입시에서도 면접의 중요성이 점점 커지고 있다. 우리는 실제 생활에서 글보다는 말을 더 많이 한다. 말로 자신의 의견을 표현하는 것이 매우 중요하다는 뜻이다.

둘째, 전통평가와 수행평가이다. 전통적인 지필평가에 대한 반성으로 수행평가가 많이 강조되고 있다. 왜냐하면 학생의 능력을 정확히 평가하기 위해서는 학생이 직접적으로 수행하는 것을 평가하는 것이 타당하기 때문이다. 두 평가의 차이점은 〈표 13-4〉와 같다.

〈표 13-4〉 전통평가와 수행평가의 비교

| 구분 | 전통평가 | 수행평가 |
|---|---|---|
| 진리관 | 절대주의적인 진리관 | 상대주의적 진리관 |
| 지식관 | 객관적 사실이나 법칙<br>개인과 독립적으로 존재 | 상황이나 맥락에 따라 변함<br>개개인에 의해 창조되고 구성되고 재조직됨 |
| 철학적 근거 | 합리론, 경험론 | 구성주의, 현상학, 해석학, 인류학 |
| 시대적 상황 | 산업화 시대<br>소품종 대량 생산 | 정보화 시대<br>다품종 소량 생산 |
| 학습관 | 직선적, 위계적, 연속적 과정<br>추상적, 객관적 상황 중시<br>학습자의 기억, 재생산 중시 | 인지 구조의 계속적 변화<br>구체적, 주관적 상황 중시<br>학습자의 이해, 성장 중시 |
| 평가체제 | 상대평가, 양적평가, 선발형 평가 | 절대평가, 질적평가, 충고형 평가 |
| 평가목적 | 선발, 분류, 배치<br>한 줄 세우기 | 지도, 조언, 개선<br>여러 줄 세우기 |
| 평가내용 | 선언적(내용적) 지식<br>학습의 결과 중시<br>학문적 지능의 구성요소 | 절차적(방법적) 지식<br>학습의 결과 및 과정도 중시<br>실천적 지능의 구성요소 |
| 평가방법 | 선택형 평가 위주<br>표준화 검사 중시<br>대규모 평가 중시<br>일회적 · 부분적인 평가<br>일관성 · 공정성 강조 | 수행평가 위주<br>개별교사에 의한 평가 중시<br>소규모 평가 중시<br>지속적 · 종합적인 평가<br>전문성 · 타당도 · 적합성 강조 |
| 평가 시기 | 학습활동이 종료되는 시점<br>교수-학습과 평가 활동 분리 | 학습활동의 모든 과정<br>교수-학습과 평가 활동 통합 |
| 교사의 역할 | 지식의 전달자 | 학습의 안내자, 촉진자 |
| 학생의 역할 | 수동적인 학습자<br>지식의 재생산자 | 능동적인 학습자<br>지식의 창조자 |

| 구분 | 전통평가 | 수행평가 |
| --- | --- | --- |
| 교과서의 역할 | 교수-학습 평가의 핵심 내용 | 교수-학습 평가의 보조 자료 |
| 교수-학습 활동 | 교사 중심<br>인지적 영역 중심<br>암기 위주<br>기본 학습 능력 강조 | 학생 중심<br>지정체 모두 강조<br>탐구 위주<br>창의성 등 고등 사고 기능 강조 |

자료: 백순근(2000). 수행평가의 원리. 서울: 교육과학사, pp. 53-54.

셋째, 개별평가와 모둠평가이다. 우리의 삶은 대부분 여러 사람이 더불어 살아가는 것이고, 지식이 전문화되고 세분화되어 서로 협력 없이는 문제를 해결하기 힘든 사회가 되었다. 따라서 다른 사람들과 얼마나 잘 협력을 하느냐가 중요한 능력으로 인정되고 있다. 그러므로 개별평가 외에 모둠평가가 강조되고 있다. 모둠을 평가하는 방식은 다음과 같이 다양하며 각각 장·단점이 있다.

① 모둠원 점수를 합산하여 모둠 점수로 함. 간단한 방법이지만 모둠원 개인의 부담이 큼
② 모둠원이 함께 만든 모둠작품을 점수로 함. 모둠원 개인이 어떤 기여를 했는지 알기가 힘듦
③ 모둠원이 모두 통과되어야 모둠 점수를 줌. 모둠원 개인이 부담감은 있지만 모둠원 간 서로 도와주도록 하는 효과가 있음
④ 임의의 모둠원 한 명을 평가하여 모둠 점수를 줌. 누가 선정될지 모르기 때문에 모둠원이 열심히 참여하고 서로 도와주지만 개인의 부담감이 큼
⑤ 모둠의 과거 점수에서 얼마나 향상되었는지를 계산해서 모둠 점수를 줌. 각자 개인의 과거와의 경쟁이므로 모둠원들이 협력하고 열심히 노력함

### (4) 평가 시점

평가 시점에 따라 세 가지 평가방법이 있다.

첫째, 진단평가는 출발점 평가라고 한다. 교사는 수업하기 전에 학생들의 수준을 진단하기 위해 평가를 하고, 이 결과를 보고 수업의 수준과 속도 등을 결정하는 데에 활용한다.

둘째, 형성평가는 한 단원 또는 한 차시 수업 도중 현재 수업목표를 잘 달성하고 있는지 확인하기 위해 현재까지 배운 내용을 평가하는 것이다. 그 결과를 보고 그동안의 수업에 대해 반성하고, 남은 수업시간 동안 학습목표 달성 전략을 수립한다.

셋째, 총괄평가는 한 단원 또는 한 차시 수업이 끝난 후 수업목표 달성 여부를 총괄적으로 평가한다.

### (5) 평가결과의 해석

평가결과 해석과 관련하여 세 가지 방식이 있다.

첫째, 절대평가는 특정 준거(criterion)를 기준으로 하여 학생의 수준을 평가하는 방식이고, 상대평가는 규준(norm)의 분포에서 학생이 상대적으로 어떤 위치를 차지하는지를 기준으로 평가하는 방식이다. 여기서 규준이란 좌우 대칭의 정상분포 곡선을 말하는데, 한 학생의 상대적 위치를 알 수 있다(성태제, 2014).

둘째, 측정관은 학생의 능력을 얼마나 수치로 잘 나타내었는가에 관심이 있고, 평가관은 학생의 학업성취 여부를 판단하는 데 관심이 있으며, 총평관은 학업 능력의 진단을 통해 학생을 돕는 데 관심을 가지고 있다.

셋째, 수업평가는 평가결과를 수업의 개선에 사용하는 경우를 말하며, 학생평가는 학생의 성취 여부를 확인하는 데 사용한다.

## 2) 평가문항의 조건

보통 평가는 일련의 평가문항 세트로 이루어진다. 평가문항을 만들기 전에 다음과 같은 조건을 알아둘 필요가 있다.

### (1) 변별도(item discrimination)

변별도는 문항점수와 총점수의 상관관계로 수험자의 상, 하 능력을 변별할 수 있느냐를 말하는 개념이다. 상위집단의 학생이 하위집단의 학생보다 문항에 정답 할 확률이 높아야 변별력을 가진 문항이라고 할 수 있다. 만약 모든 학생이 다 정답에 표시를 했다면 이 문항은 변별도가 0이라는 뜻이다. 보통 .4 이상이면 변별력이 높은 문항이고 .3 미만이면 변별력이 낮은 문항으로 본다. 다음은 변별도를 계산하는 방법이다.

$$\text{변별도} = \frac{2(R_H - R_L)}{N}$$

$R_H$ : 상위집단의 정답자수, $R_L$ : 하위집단의 정답자수,

N : 전체 반응자수

다음과 같은 경우 하위집단의 정답률이 더 높았으므로 변별도가 좋지 못

한 문항이라고 할 수 있다.

예) 문항의 통계

| | 오답 | 정답 | |
|---|---|---|---|
| 상위집단 | 80 | 20 | 100 |
| 하위집단 | 40 | 60 | 100 |
| | 120 | 80 | 200 |

$$\text{변별도} = \frac{2(20-60)}{200} = \frac{-80}{200} = -0.40$$

### (2) 난이도(item difficulty, 難易度)

난이도는 정답률로 표시하는데 높을수록 쉬운 문항이다. 문항의 어렵고 쉬운 정도가 학생의 수준에 적절해야 한다. 상대평가인 경우에는 20%에서 80%의 문항을 적절히 안배하여 P=50%로 하는 것이 적절하다(정문성 외, 2008).

P = (R/N) * 100 R=정답자/ N=응시자

## 3) 평가문항의 종류

평가문항의 종류는 여러 가지 기준에 따라 다양하게 분류할 수 있다.

### (1) 평가자의 기준

평가자, 즉 채점자의 판단에 따라 점수가 달라진다면 이는 채점자의 주관이 개입된 경우이다. 이런 경우를 주관식 평가라고 한다. 반면에 채점자가 누구이든 혹은 많은 적든 간에 평가결과가 똑같이 나온다면 이는 객관식 평가라고 한다(황정규, 2005).

## (2) 수험자의 기준

〈표 13-5〉 평가문항의 종류(수험자의 기준)

| 종류 | 유형 | | |
|---|---|---|---|
| 선택형(객관식) | 진위형 | 선다형 | 배합형 |
| 서답형(주관식) | 단답형 | 서술형 | 논술형 |

### ① 선택형

선택형은 수험자가 주어진 선택지에서 정답을 고르는 형식인데, 세 가지 유형이 있다.

첫째, 진위형은 흔히 OX문항이라 불리는 것으로 주어진 지문에 대해 '진실'과 '거짓'으로 표현하게 한다. 명백한 진위가 있는 경우가 없으므로 문제 내기도 어렵고 맞히기도 어렵다.

둘째, 선다형은 주어진 답지가 몇 개인지에 따라 4지선다, 5지선다 등으로 부른다. 주어진 답지 중에 정답을 고르는 방식이다. 때로는 복수로 고르게 하는 문항도 사용한다.

셋째, 배합형은 A군의 답지와 B군의 답지를 연결하게 하는 방식이다. 직접 연결하게도 하고, 보기를 2개 이상 주고 각각 선택하게도 한다.

② 서답형

서답형은 수험자가 자신의 대답을 글로 쓰는 형식이다. 단답형과 서술형은 주로 외워서 쓰는 경우가 많고, 논술형은 비판적 사고를 통해 자신의 주장을 논증과 실증으로 정당화하는 방식으로 쓴다.

첫째, 단답형은 정답이 어휘의 형식으로 되어서 직접 묻는 방식과 문장 중에 빈칸을 주고 적게 하는 방식이 있다.

둘째, 서술형은 정답을 문장으로 표현하여 답하게 하는 방식이다.

셋째, 논술형은 주어진 주제에 대해 논증이나 실증으로 자신의 주장을 쓰게 하는 방식이다.

### (3) 질문 형식의 기준

평가문항의 문두에서 어떤 지시를 하느냐에 따라 여러 가지 유형이 있다.

① 최선답형(best-answer variety)

최선답형은 여러 답지 중에 가장 맞는 답, 정답의 정도가 가장 큰 것을 선택하게 하는 방법인데 주로 '가장'이라는 표현을 많이 사용한다. '가장'이라는 표현을 사용하는 이유는 오답시비를 없앨 수 있는 좋은 방법이기 때문이다.

② 정답형(correct-answer variety)

정답형은 한 개만 정답이고 다른 것은 오답으로 답지를 구성한다. 오답을 만드는 것이 힘들기 때문에, 오답시비가 나타날 가능성이 있다. 명백히 맞고 틀려야 하기 때문에 사실에 대한 확인 문항이 많고, 사고력을 요하는 문항을 만들기가 어렵다.

③ 합답형(combined-response variety)

합답형은 여러 개의 답 중에서 둘 이상 합해서 정답이 되는 형식이다. 합해진 답지 세트를 고르게 하는데 생각을 많이 하게 하므로 문항의 난이도를 높일 때 많이 사용한다.

④ 부정형과 긍정형(negative variety)

문두가 '-가 아닌 것은?', '-와 거리가 먼 것은?' 등 부정형으로 물을 수도 있고, 긍정형으로 물을 수도 있다. 부정형으로 할 때는 반드시 밑줄을 그어야 하는데, 이는 수험자가 실수하지 않도록 하기 위함이다. 가능하면 긍정적인 형식으로 문항을 만들라는 요구가 있는 것은 이 때문이다. 그러나 수험생이 오해하거나 실수할 염려가 없다면 어떤 형태든지 크게 문제되지 않는다.

## 3. 평가문항 제작의 원리

### 1) 평가문항의 개념과 문항제작의 준비

문항이란, 채점 단위(scoring unit)를 말하며 이의 조합에 대한 검사 또는 시험문제를 말한다. 문항의 제작은 오답시비가 없고, 배운 내용을 담아서 만들어야 하는 고도의 창의적 활동이다. 문항제작자는 다음과 같은 준비를 해야 한다.

### (1) 평가내용에 대한 충분한 지식

평가내용에 대한 충분한 지식이 있어야 원하는 대로 문항을 만들 수 있다. 왜냐하면 한 문항에는 표현된 것 이외에 보이지 않는 수많은 의미들을 담아야 하기 때문이다.

### (2) 수업목표에 대한 이해

수업목표를 확인하고, 다음으로 평가목표를 확인하는데 이것이 중요한 것은 타당한 평가문항을 만들기 위함이다. 그러므로 평가문항을 만드는 과정에서 계속적으로 수업목표와 평가목표를 의식하고 확인하면서 진행해야 한다.

### (3) 학생의 심리발달 이해

학생의 심리발달에 대한 이해는 문항제작의 난이도와 관계가 깊다. 학생의 수준을 잘 알고 있어야 적절한 수준의 문항을 만들 수 있기 때문이다.

### (4) 언어적 능력

지필검사인 만큼 문항제작에 필요한 언어적 능력이 있어야 한다. 즉 학생들과 의사소통이 되는 문항을 만들어야 한다는 뜻이다. 문항제작자는 묻고자 하는 것이 무엇인지 학생들이 쉽게 이해되는 표현을 사용해야 한다. 문제가 어려운 것이 아니라 문항표현이 어렵다면 이는 좋은 문항이 아니다.

### (5) 문항의 종류와 제작 방법

사전에 문항에는 어떤 종류가 있고, 각 문항의 장단점은 무엇이 있는지를 잘 알고 있어야 한다. 평가문항은 '눈금자(scale)'와 같다. 눈금자가 정확해야 길이를 정확하게 대는 것처럼 평가문항은 학생의 능력을 확인하는 것이므로 오류가 없어야 한다.

## 2) 문항제작의 점검

문항을 제작할 때는 다음을 점검해야 한다.

### (1) 평가 시기 결정

전술한 바와 같이 진단검사, 형성검사, 총괄검사에 따라 시기를 결정한다.

### (2) 평가문항의 유형 결정

앞서 평가문항의 다양함을 살펴보았다. 평가목표에 맞게 유형들을 결정한다.

### (3) 수업목표의 부합 여부 확인

평가문항이 수업목표에 부합하는지 점검해야 한다. 그래야 타당도가 높아진다.

### (4) 문항의 수 결정

문항의 수가 지나치게 많거나 적어도 문제가 생긴다. 주어진 시험시간을 고려해서 적절한 문항 수를 만든다.

## 3) 좋은 문항의 조건

문항을 다 만든 다음에는 다음과 같은 좋은 문항의 조건을 갖추었는지 확인할 필요가 있다.

① 학생이 배운 내용이 적절히 반영된 장면이어야 함
② 문항장면이 적절히 복합적이어서 일상생활과 연결되어야 함
③ 지나친 추상적 표현은 지양해야 함
④ 참신한 문항이 필요함
⑤ 학생이 실수로 답하지 않도록 구조화함
⑥ 난이도가 적절해야 함
⑦ 지시문이 분명해서 애매하지 않아야 함
⑧ 지시문이 지나치게 길거나 복합적이어서 학생들이 잘못 이해하지 않아야 함
⑨ 지시문에서 강조할 부분, 조심해야 할 부분을 표시함
⑩ 문항유형의 특징과 평가목표가 적합해야 함

## 다문화 평가철학과 역량 평가

### ■ 나의 문화다양성 점수는 몇 점일까요?

다문화학생을 가르치는 교사의 문화다양성이 훨씬 개방적이어야 할 것이다. 먼저 다음 세대 재단의 홈페이지에 가서 나의 문화다양성 감수성 지수를 알아보고, 학생들에게도 측정을 해서 이야기를 나누어 보자.

### ■ 미국교사평가협회(INTASC)의 8가지 다문화교사를 위한 평가 철학

미국교사평가협회는 성공적 교사가 되기 위한 36지침 중에 평가와 관련하여 다문화교사를 위한 8가지 지침을 소개한다.

1. 모든 학생은 최고수준의 성취를 달성할 수 있음을 믿고, 모든 학생이 성취를 달성할 수 있도록 추구하라.
2. 공동체와 문화 규범에 민감하라.
3. 학생의 다양한 관점을 인정하고 그 관점으로부터 지식이 어떻게 발전되어 이

해되는지를 설명해 주라.

4. 학생의 다양한 재능과 관점을 존중한다는 것을 밝히고, 개인의 독특한 우수함이 발현되도록 헌신하는 인간의 다양성의 가치를 인정하라.
5. 서로 다른 개인과 가정의 배경, 기능, 재능, 흥미를 가진 개인으로서 학생을 존중하라.
6. 교실에서 학생들 간 문화적 민감한 소통에 적절히 반응하고 지지해 주는 것은 소통의 문화적 차원임을 인정하라.
7. 모든 학생의 삶의 경험의 중요성의 가치를 인정하라.
8. 학생이 인간으로서 자신의 잠재력에 대한 가치를 느끼게 해주고, 서로에게 가치를 부여하도록 가르치라.

### ■ 핵심역량과 평가

2019년도에 완전히 적용된 2015개정 교육과정은 역량중심교육과정이라고도 부른다. 교육의 세계적 추세에 맞게 5대 핵심역량을 제시하였다. 역량이란 그동안 분리하여 가르쳤던 지식, 기능, 가치 · 태도를 종합한 말 그대로 '할 줄 아는 능력'을 말한다. 그러므로 평가도 부분적으로 평가하기보다는 역량을 평가하는 방향으로 가고 있다. 왜냐하면 역량이 평가되면 그 안에 지식, 기능, 가치 · 태도가 모두 포함되어 있기 때문이다. 수업은 핵심질문으로 출발한다. 핵심질문은 결국 평가 질문이기도 하다. 이 질문에 대답할 수 있도록 수업이 진행되기 때문이다. 학생들은 핵심질문과 이를 위한 하위질문들에 대답을 찾아가다 보면 수업이 끝날 때쯤이면 대답을 하게 되고, 이는 곧 역량을 획득한 것이 된다. 이를 '교수평기'라고도 하는데 교육과정-수업-평가-기록이 일체화된다는 뜻이다(유영식, 2017). 이는 당연한 것인데, 그동안 그렇게 하지 못했다는 것이다. 지금이라도 바로잡았으니 다행이다. 그래서 '오래된 미래'라고 표현하기도 한다. 다음의 100년이 넘은 과거 초등학교 평가 문항이 훨씬 교육의 본질에 가까운 것으로 보인다.

평안도 공립소학교 졸업시험문제

[문제] 영국은 무엇 때문에 흥성하여 세계 일등국이 되며 정치 선불선(善不善)이 아(我)국에 비하면 어떠한지 숨기지 말고 실에 의거하여 직서함이 가(可)함.

[문제] 돌궐국(突厥國)은 어떠한 국인고. 그 정치 선불선(善不善)을 언(言)함이 가(可)함.

[문제] 아(我) 대한은 어떻게 정치를 하여야 세계 일등국이 되며 또 구습은 불개(不改)하여 어떠한 지경에 이르를고. 소소명백(昭昭明白)히 저론(著論)함이 가(可)함.

황성신문(1898.11.5.)

# 참고문헌

김재춘 외(2005). 교육과정과 교육평가. 서울: 교육과학사.

백순근(2000). 수행평가의 원리. 서울: 교육과학사.

성태제(2006). 현대 기초통계학의 이해와 적용. 서울: 교육과학사.

유영식(2017). 과정중심평가. 즐거운학교.

정문성(2008). 사회과교수학습법. 서울: 교육과학사.

황정규(2005). 학교학습과 교육평가. 서울: 교육과학사.

# 저자약력

## 정문성

서울대학교 사범대학 사회교육과 졸업
서울대학교 교육학박사(일반사회교육 전공)
호주 UNSW 연구교수
전 경인교육대학교 대학원장 및 부총장
전 한국열린교육학회 회장
전 한국사회과교육학회 회장
경인교육대학교 사회교육과 교수 및 교육전문대학원(다문화교육전공) 교수

## 전영은

독일 Marburg 대학교 문화예술미디어경영학과 졸업
인하대학교 교육학 박사(다문화교육전공)
호주 UNSW postdoctoral fellow
대구사이버대학교 외래교수
광주교육대학교 강사
기독간호대학교 교수

## 김태진

이화여자대학교 사범대학 사회과교육과 졸업
이화여자대학교 한국학 박사
전 맨해튼한국학교 교장
(사)해봄재외동포교육재단 상임이사
서울사이버대학교 다문화사회교수방법론 객원교수
삼육보건대학교 연구교수, 국제언어교육원 부원장

<2판>

# 다문화사회 교수방법론

2016년 5월 30일 1판 1쇄 발행
2019년 2월 28일 1판 2쇄 발행
2023년 1월 15일 2판 1쇄 인쇄
2023년 1월 20일 2판 1쇄 발행

저 자 : 정문성 전영은
김태진
발행자 : 한 정 주
발행처 : 교육과학사

경기도 파주시 광인사길 71
전화(031)955-6956~8/팩스(031)955-6037
Home-page : www.kyoyookbook.co.kr
E-mail : kyoyook@chol.com
등록 : 1970년 5월 18일 제2-73호

낙장・파본은 교환해 드립니다.
Printed in Korea.

정가 **18,000 원**
ISBN 978-89-254-1498-0